Wie ticken junge Muslime?

Klaus Spenlen

Wie ticken junge Muslime?

100 Antworten auf Fragen von Kitas, Schulen und der Jugendhilfe

d|u|p
düsseldorf university press

ISBN 978-3-11-066993-0
e-ISBN (PDF) 978-3-11-067005-9
e-ISBN (EPUB) 978-3-11-067015-8

Library of Congress Control Number: 2019950547

Bibliografische Information der Deutschen Nationalbibliothek
Die Deutsche Nationalbibliothek verzeichnet diese Publikation in der Deutschen Nationalbibliografie; detaillierte bibliografische Daten sind im Internet über http://dnb.dnb.de abrufbar.

d|u|p Düsseldorf University Press ist ein Imprint der Walter de Gruyter GmbH
Printing and binding: CPI books GmbH, Leck
Einbandabbildung: Jirkaejc / iStock / Getty Images Plus

www.dup.degruyter.com

MIX
Papier aus verantwortungsvollen Quellen
FSC® C083411

Unzureichende Informationen und Vorurteile erzeugen wechselseitig unbegründete Angst, die nicht weniger gefährlich sein kann als Rüstung.
Richard von Weizsäcker (1920–2015)

Vorwort

Diversität ist in Kitas, Schulen sowie Einrichtungen der Jugendhilfe durch das Aufeinandertreffen zahlreicher Ethnien, Familiensprachen, Kulturen, Bräuchen und Religionen allgegenwärtig. Die damit verbundenen und bislang eher vernachlässigten „soft facts" haben sich zu „hard facts" entwickelt – darin sind sich Sozialwissenschaftler einig.

Die Basis der „hard facts" für das vorliegende Buch bilden eigene Forschungsarbeiten, Lehrveranstaltungen und Workshops. Besonders wichtig waren jedoch Anregungen, die sich aus Fortbildungen mit Kitas, Schulen und Jugendhilfeeinrichtungen sowie vertrauensvollen und langjährigen Kontakten zu ihnen ergeben haben. Sie mündeten in Fragen aus deren Berufsalltag ein. Ziel war es, diese Fragen knapp und konkret zu beantworten. Damit erhalten Pädagog*innen auch Argumente für die täglichen Diskurse mit ihren Kindern und Jugendlichen.

Fragen zum Islam und zu Muslimen brennen vielen pädagogischen Fachkräften aus alltagspraktischen Gründen offensichtlich auf den Nägeln, auch um gegen kulturalistische und rassistische Angriffe gefeit zu sein. Deshalb war es für belastbare Antworten unverzichtbar, religiöse, rechtliche, historische und gesellschaftliche Zusammenhänge aufzuzeigen und dabei stets die Erfahrungen der Zielgruppen im Auge zu behalten.

Alle Antworten sind dennoch gut verständlich. Die Informationen, Details und Quellen können zudem für Unterricht genutzt werden. Sie enthalten vieles, was man nicht mal eben googeln oder in kurzer Zeit anderweitig nachlesen kann. Daraus entstanden ist ein kleines Nachschlagewerk, kein Lesebuch.

Über fachliche Anteile hinaus erfahren Lehrkräfte und Sozialpädagog*innen, wie junge Muslim*innen ticken, was sie prägt: ihre Religion, die Familie, die Peers, das Internet, die islamischen Vereine und Verbände, Strömungen innerhalb des Islam sowie Erfahrungen von Ablehnung. Die Bezüge werden ihnen helfen, ihr Hintergrundwissen zu erweitern und Verknüpfungen herzustellen, um im Berufsalltag und in ihrem Verhältnis zu Muslimen und Muslima gut klarzukommen. Denn diese Kinder und Jugendlichen sind keine wandelnden Korane, sie legen vielmehr Wert darauf, in ihrer vielschichtigen Identität und nicht nur mit ihrem Religionsmerkmal wahrgenommen und respektiert zu werden – auch wenn dieses oft dominant erscheint.

Miteinander statt nebeneinander – das ist der Grundsatz für ein funktionierendes Gemeinwesen und das Engagement seiner Menschen. Zusammengehörigkeit ist der Schlüssel für eine gemeinsame Identität von Menschen mit unterschiedlichen Biografien. Pädagog*innen müssen dazu allerdings auch die Kunst beherrschen, Grenzen zu ziehen, ohne auszugrenzen. Nur indem sie festlegen und

https://doi.org/10.1515/9783110670059-001

folgerichtig durchsetzen, welche Werte und welche Rechte und Pflichten für alle verbindlich sind, uneingeschränkt und gegenseitig gelten, erfüllt der Schlüssel seinen Zweck.

Klaus Spenlen

Inhalt

Hinweise und Zeichenerklärungen

Zeichenerklärungen:
►F/A: Hiermit werden hilfreiche Verweise auf andere Fragen und Antworten in diesem Buch markiert, die in einem thematischen oder terminologischen Kontext stehen, auch auf Links, die im Anhang aufgeführt sind.

Hinweise zu Literatur, Quellen, Abbildungen und Schreibweisen:
Alle Koranzitate in diesem Buch beziehen sich auf Übersetzungen von Rudi Paret, der als philologisch sehr guter Übersetzer gilt und deswegen von Muslimen wie Nichtmuslimen gleichermaßen geschätzt wird. Die in etlichen Suren in Klammern gesetzten Versteile sind Bestandteile seiner Übersetzungen.

Hadîthe wurden der fünfbändigen Auswahl und Übersetzung von Adel Theodor Khoury entnommen.

Diese „heiligen Quellen" sowie weitere Zitate und Namen von Autoren, auf die sich das Buch bezieht, sind mit näheren Angaben im Literaturverzeichnis hinterlegt.

Die Abbildungen und Tabellen sind – sofern keine Quelle genannt ist – eigene Darstellungen, bei Zitaten und Literaturverweisen sind die Verfasser samt Quellen angegeben.

In ihrer aus dem Arabischen eingedeutschten Form erscheinen häufig vorkommende Wörter wie *ǧihâd, halāl, hadîth, ramadān* oder *sunna* in der wissenschaftlich üblichen Transkription, kursiv und durchweg mit kleinem Anfangsbuchstaben.

Das generische Maskulinum wurde oftmals durch das ästhetisch kritisierbare, aber Männer und Frauen einschließende *-Ungetüm ersetzt, so z. B. in „Schüler*innen".

https://doi.org/10.1515/9783110670059-002

Fragen und Antworten

1. Welche Bedeutung hat die Herkunft der Kinder meiner Lerngruppe?

Herkunft sei eine komplexe Frage, so Saša Stanišić, S. 32:

> Zuerst müsse geklärt werden, worauf das Woher ziele. Auf die geografische Lage des Hügels, auf dem der Kreißsaal sich befand? Auf die Landesgrenzen des Staates zum Zeitpunkt der letzten Wehe? Provenienz der Eltern? Gene, Ahnen, Dialekt? Wie man es dreht, Herkunft bleibt doch ein Konstrukt! Eine Art Kostüm, das man ewig tragen soll, nachdem es einem übergestülpt worden ist. Als solches ein Fluch! Oder, mit etwas Glück, ein Vermögen. Das keinem Talent sich verdankt, aber Vorurteile und Privilegien schafft!

Unter den hier lebenden 4,5 – 5 Mio. Muslim*innen haben die meisten türkische Wurzeln, gefolgt von Menschen aus süd-osteuropäischen Staaten (Bosnien-Herzegowina, Bulgarien, Albanien), dem Nahen Osten (hauptsächlich aus dem Libanon, dem Irak, Ägypten und Syrien), aus Nordafrika (mehrheitlich aus Marokko, Algerien und Tunesien) sowie aus Zentralasien, Iran, Süd-/Südostasien und dem sonstigen Afrika. Gut jeder vierte Muslim ist in den letzten zehn Jahren nach Deutschland zugewandert, und die „Forschungsgruppe Weltanschauungen in Deutschland" geht davon aus, dass 20 Prozent der Muslim*innen in Deutschland „Kulturmuslime" sind, also Menschen, die den Islam nicht praktizieren, sich aber dennoch der islamischen Kultur zugehörig fühlen. Damit verbietet sich eine pauschalierende Betrachtung dieser Population angesichts unterschiedlicher Herkünfte, Wanderungsmotive, Aufenthaltsdauer, Integrationsständen, Lebensverhältnissen, und Religionsnähe (►F/A 53, 92). Sie alle tragen lediglich zwei gemeinsame Identitätsmerkmale, das der Migration sowie dasjenige ihrer Religion, und die gelebte islamische Religion unterscheidet sich zwischen Menschen unterschiedlicher Herkunft erheblich.

Daher ist es besser, wenn sich Kitas, Schulen und die Jugendhilfe bei ihren muslimischen Kindern und Jugendlichen an anderen, an pädagogischen Faktoren orientieren: Welches meiner Kinder bringt welche Stärken mit? Wie kann ich die weiter unterstützen, fördern? Kann ich gemeinsam mit Kolleg*innen für jedes Kind einen Lern-/Entwicklungsplan aufstellen? Welche gemeinsamen und individuellen Ziele streben wir für sie an? Welche Ziele streben sie und ihre Eltern an? Können wir die Erreichung aller Ziele selbst steuern? Welches Kind, welcher Jugendliche muss gezielt unterstützt werden? Worin? Von wem? Können/Sollen außer Pädagog*innen auch Tutoren Aufgaben übernehmen? In welche Aufgaben können/müssen wir Eltern einbinden? Mit wem sollte unsere Kita/Schule au-

https://doi.org/10.1515/9783110670059-003

ßerdem zusammenarbeiten? Zu welchen Themen müssen wir uns fort- und weiterbilden? Was sollten wir über die Migrationsgründe und die Herkunftsstaaten unserer Kinder wissen? Was muss im Mittelpunkt unserer Arbeit mit multikulturellen, multiethnischen, mehrsprachigen und multireligiösen Lerngruppen stehen? In welchen Formen kann ich Empathie und Zuwendung für alle leben? Wann muss ich meine allgemeine Berufsrolle verlassen und mich um Einzelne kümmern? Welche kulturellen Mindestregeln, und welche Rechte und Pflichten sind für alle verbindlich? Wo ziehen wir Grenzen, ohne auszugrenzen?

> Meine Rebellion war die Anpassung. Nicht an eine Erwartung, wie man in Deutschland als Migrant zu sein hatte, aber auch nicht bewusst dagegen [...]. Ich war für das Dazugehören. Überall, wo man mich haben wollte. Kleinsten gemeinsamen Nenner finden: genügte (Ebenda, S. 216).

Fordert nicht gerade diese resignative Selbstbeschränkung Kitas, Schulen und die Jugendhilfe auf, sich nicht mit dem kleinsten gemeinsamen Nenner zufriedenzugeben? Was sonst sollte ihren Ehrgeiz wecken, die beschriebenen pädagogischen Fragmente nach ihren Vorstellungen und Ressourcen sowie mit wachem Blick auf die Hoffnungen ihrer Kinder und Jugendlichen selbst auszubauen, mit Empathie anzureichern und als Grundhaltung in ihrem Alltag zu leben? Die Einrichtungen und ihr Personal haben Möglichkeiten, dem „Kostüm Herkunft“ den Fluch zu nehmen.

2. Warum sollten „der Islam“ und „die Muslime“ gesondert betrachtet werden?

Die Frage zielt auf die Wertvorstellungen von Islam und Zuwanderern aus dem islamischen Kulturkreis und den Strukturen und Mechanismen hier in Deutschland, sie in das Wertesystem zu integrieren. Im Kern geht es um Gleichberechtigung, Gleichstellung, individuelle Freiheitsrechte und Teilhabe.

Antworten auf diese Frage spalten die Gesellschaft, wenn Politiker die Muslime, nicht aber den Islam als zugehörig zu Deutschland ansehen. Viele mögen bei dieser Einschätzung daran denken, dass der Islam eher für Tradition, Bevormundung, Benachteiligung von Frauen und religiöse Abgrenzung steht. Für sie ist kein Islam erkennbar, der vollumfänglich mit freiheitlich-demokratischen Grundwerten übereinstimmt. Denn wenn man den Willen *Allāhs* erfüllen soll, gehört dazu auch, sich von denjenigen abzugrenzen, die der Koran als Gegner benennt: die Nichtmuslime. Der Islam kann keine positiven Beziehungen zu

Menschen und Systemen aufbauen, die nach koranischer Lesart in der Hölle enden werden.

Die starken Seiten des Islam, Spiritualität und soziales Engagement, werden von Individuen, nicht jedoch der Religion als System, gelebt. Womit sich der Blick auf die Muslim*innen richtet, deren Großteil die dem Islam inhärenten Probleme ausblendet, ihren Glauben lebt, indem sie die „Fünf Säulen" erfüllt und ansonsten ein gedeihliches Miteinander zu leben versucht (►F/A 8). Viele Muslim*innen haben sich mit unserer Werteordnung nicht nur arrangiert, sie haben sie schätzen gelernt (►F/A 92). Die meisten von ihnen „sind kein Koran auf zwei Beinen" (Abdel-Samad -2-). Ihre Handlungsbasis besteht im Idealfall aus kritischem Denken, Kommunikation, Kooperation und Kreativität, und am wenigsten ist ihr Verhalten durch Beharrungsvermögen gekennzeichnet, denn sie sind jederzeit und allerorten – gerade als Migranten oder als Minderheit – gezwungen, sich anzupassen. Damit unterscheiden sich die Merkmale von Menschen grundlegend von Indikatoren, die Religionen ausmachen.

Deshalb sind auch Muslim*innen in erster Linie Menschen, und als solche wollen und sollten sie gesehen werden. Sie sind zudem Individuen mit vielfältigen Identitäten, die oftmals lediglich ihre Herkunft und das Religionsmerkmal eint. Wenn Politik und Mehrheitsgesellschaft nicht wollen, dass Muslim*innen den Einflüssen und Einflüsterern von Integrationsgegnern ausgesetzt werden, müssen alle aufeinander zugehen, voneinander lernen und sich gegenseitig anerkennen. Wenn Religionen und damit auch der Islam nur schwerlich reformierbar scheinen, so haben gleichwohl die meisten Muslime, die mit und unter uns leben, Flexibilität gezeigt (►F/A 93, 94).

Dieser Gedanke knüpft an die ohnehin vorhandenen Stärken von Kitas, Schulen und der Jugendhilfe an: Kinder und Jugendliche in ihrer Vielfalt anzunehmen und sie auf einem guten Weg zu fördern. Es empfiehlt sich deshalb als Grundhaltung – innerhalb und außerhalb von Bildungseinrichtungen –, zwischen „dem Islam" und „den Muslim*innen" zu unterscheiden.

3. Welches religiöse Selbstverständnis haben Muslim*innen?

Das Selbstverständnis unterscheidet den Islam grundlegend vom Christentum, auf das die Mehrheit des Personals in den Einrichtungen rekurriert. Im Islam steht der Mensch in einer unmittelbaren Beziehung zu *Allāh*, der ihn geschaffen hat. Dafür benötigt er keine Vermittlung in Gestalt Dritter, etwa eines Imam oder sonstiger Amtsträger, auch nicht von Engeln (*malāk*, die jedoch anstelle der Menschen Gott um Vergebung bitten) und Propheten. Entsprechend ist jeder Mensch seinem Wesen nach auf Gott ausgerichtet und kommt seiner Bestimmung nach, indem er glaubt, also sich Gott im Wortsinn von „Islam“ unterwirft und damit zum „Muslim“ wird, zu einem sich Gott Ergebenden. Für diese Beziehung Mensch – *Allāh* bedarf es keines gesonderten Initiationsritus, es reicht, möglichst vor Zeugen das Glaubensbekenntnis (*šahāda*) abzulegen.

Daraus folgert u. a., dass der Islam keine Kirche ist, sondern vielmehr eine *umma*, eine Gemeinschaft von Gläubigen (►F/A 39). Jede Muslima und jeder Muslim ist berechtigt (und verpflichtet), seine Rituale allein, möglichst jedoch mit anderen, etwa beim Freitagsgebet, zu erfüllen. Mithin sind Gläubige ihre eigenen Seelsorger, sie alleine sind für die Einhaltung von Geboten und Verboten verantwortlich.

Dieses wiederum hat zur Folge, dass viele Muslime um der eigenen Identität willen Organisationsformen und -strukturen, die dem Islam fremd sind, ablehnen. Wenn dennoch einige Strömungen innerhalb des Islam, z. B. die Ahmadiyya Muslim Jamaat oder die die Sufigemeinschaft der Maktab Targihat Oveyssi Shahmaghsoudi – School of Islamic Sufism e.V. (MTO), in Deutschland den Status einer Körperschaft des öffentlichen Rechts begehren, so wollen sie das damit verbundene „Privilegienbündel“ erhalten. Dieses versetzt sie in einen erheblich besseren Status als den eines e.V. Diese zwei aus Sicht des traditionellen Islam eher am Rande stehenden Organisationen begeben sich damit aus Sicht von Traditionalisten auf den Weg der Verkirchlichung, die durch eine „strukturelle Assimilation des Islams in Deutschland“ (Ayyub Axel Köhler 1999) gekennzeichnet ist. In einem Beitrag von 1997 zu diesem Thema zog der damalige ZMD-Vorsitzende Köhler folgende Konsequenz, die nach wie vor für die große Mehrheit der Muslim*innen und ihrer Funktionäre Bestand hat:

> Wer aber diese Körperschaft mit Kirchenstruktur anstrebt, muß den Islam reformieren, d. h. säkularistisch deformieren. Naturgemäß setzen sie sich der großen Gefahr aus, aufgrund ihres nun ambivalenten Verhältnisses zu Staat und Welt sich politisch-ideologisch anzupassen und dabei ihren religiösen Gehalt zu opfern. Die endgültige Spaltung der Muslime und schwere innerislamische Auseinandersetzungen werden ein böses Erwachen auslösen. Über die weitreichenden Konsequenzen dieser Bestrebungen [...] müßten sich die Verantwortlichen, wenn sie den Islam verstanden haben, eigentlich im Klaren sein (sic!).

Welche Konsequenzen die nichtkirchliche Organisation des Islam gesellschaftspolitisch und verfassungsrechtlich in Deutschland hat, machen die erfolglosen Verwaltungsstreitverfahren der islamischen Dachverbände exemplarisch deutlich, mit denen sie den Status einer „Religionsgemeinschaft“ im Sinne des Grundgesetzes (GG) erreichen wollten, um u. a. nach Art. 7 Abs. 3 GG die Glaubensgrundsätze für einen Religionsunterricht zu bestimmen (►F/A 25).

Das Hauptthema der koranischen Botschaft ist der strenge Monotheismus, d. h. die Lehre von der Einheit und Einzigkeit Gottes (*tauḥīd*):

> [2:163]: Euer Gott ist einer allein. Es gibt keinen Gott außer ihm, dem Barmherzigen und Gütigen.
>
> [112:1–4]: Sag: Er ist Allāh, ein Einziger, Allāh, der souveräne (Herrscher). Er hat weder Kinder gezeugt, noch ist er (selber) gezeugt worden. Und keiner kann sich mit ihm messen.

Zum Selbstverständnis von Muslim*innen gehört zudem nicht an prioritärer Stelle Religionstoleranz, sondern ein islamischer Absolutheitsanspruch, der auf der Annahme gründet, dass der Islam die Fortführung und Vervollständigung der zwei älteren abrahamischen Religionen – Juden- und Christentum – und damit einhergehend die reine Form der ursprünglichen Religion darstellt:

> [3:68]: Die Menschen, die Abraham am nächsten stehen, sind diejenigen, die ihm (und seiner Verkündigung seinerzeit) gefolgt sind, und dieser Prophet (d. h. Mohammed) und die, die (mit ihm) gläubig sind. Gott ist der Freund der Gläubigen.

Dafür steht Mohammed, der als letzter aller Gottgesandten gilt, als Siegel der Propheten:

> [33:40]: Muhammad ist [...] der Gesandte Allāhs und das Siegel der Propheten. Allāh weiß über alles Bescheid.

Zwar toleriert der Koran andere Glaubensbekenntnisse, er fordert sogar zu einem positiven Wetteifern auf, im jeweiligen Bekenntnis Gutes zu tun:

> [5:48]: [...] Für jeden von euch (die ihr verschiedenen Bekenntnissen angehört) haben wir ein (eigenes) Brauchtum und einen (eigenen) Weg bestimmt. Und wenn Allāh gewollt hätte, hätte er euch zu einer einzigen Gemeinschaft (umma) gemacht. Aber er (teilte euch in verschiedene Gemeinschaften auf und) wollte euch (so) in dem, was er euch (von der Offenbarung) gegeben hat, auf die Probe stellen. Wetteifert nun nach den guten Dingen!

Zum Selbstverständnis selbst von islamischen Reformtheologen gehört aber die Dominanz des Islam (*al-taǧallub*). Dieses zentrale islamische Selbstverständnis, auf das sich nicht nur fundamentalistische Muslime berufen, ist koranisch begründet:

> [3:19]: Als (einzig wahre) Religion gilt bei Gott der Islam. Und diejenigen, die die Schrift erhalten haben, wurden – in gegenseitiger Auflehnung – erst uneins, nachdem das Wissen zu ihnen gekommen war. Wenn aber einer nicht an die Zeichen Gottes glaubt, ist Gott schnell im Abrechnen.

Entsprechend betrachtet der Koran die Anhänger des Islam als die beste Gemeinschaft der Menschheit (►F/A 39):

> [3:110]: Ihr (Gläubigen) seid die beste Gemeinschaft, die unter den Menschen entstanden ist. Ihr gebietet, was recht ist, verbietet, was verwerflich ist und glaubt an Gott. Und wenn die Leute der Schrift geglaubt hätten, wahrlich, es wäre gut für sie gewesen! Unter ihnen sind Gläubige, aber die Mehrzahl von ihnen sind Frevler.

Im Sinne dieses Koranverses sehen sich nicht wenige Muslim*innen selbst, auch einige Kinder und Jugendliche. Mit diesem Selbstverständnis ecken sie jedoch nicht nur immer wieder in Aufnahmeländern wie Deutschland oder in den Einrichtungen an, es ignoriert zudem die positive und negative Religionsfreiheit von Art. 4 GG. Kitas, Schulen und die Jugendhilfe sollten konsequent Pluralismus und Religionsfreiheit einfordern, Verengungen auf eine Religion müssen nicht toleriert werden.

4. Wie bewahren Muslim*innen in der Diaspora ihre religiöse Identität?

Die Frage nach Wahrung der Identität in der Diaspora berührt Muslim*innen in dreifacher Hinsicht: als gesellschaftliche Minderheit von Migranten, als Gläubige in einem mehrheitlich nicht muslimischen Umfeld sowie durch Abweichungen von Selbst- und Fremdbild samt deren Folgen.

Muslim*innen in der Diaspora sind auf Selbstorganisation angewiesen, da es eine islamische „Kirche“ nicht gibt, die etwa mit der Errichtung von Moscheen und der Ausbildung von Religionslehrkräften für eine weltweite religiöse Struktur sorgen könnte. Sie orientieren sich daher durchweg an ihrem Herkunftsland, an die dort praktizierte Form des Islam sowie die damit verbundenen religiösen, organisatorischen und finanziellen Strukturen (►F/A 24, 25).

Der Islam in der Fremde unterscheidet sich deutlich vom Islam in der Herkunftsgesellschaft. Damit ist zunächst die besondere Ausprägung des Glaubens gemeint: Die Religion dient in der Fremde an erster Stelle als Halt und Stütze im alltäglichen Leben und nicht als spiritueller Wegweiser für das Jenseits. Zudem gibt es unter Muslimen ethnisch bedingte religiöse Unterschiede: So leben etwa Türkeistämmige und muslimische Araber den Islam in der Diaspora ausgeprägter als z. B. Menschen aus dem Iran oder aus Bosnien-Herzegowina.

Darüber hinaus ist die mitgebrachte Religion als Lebensform zu betrachten. Die muslimische Diaspora sieht sich mit der Herausforderung konfrontiert, als Minderheit in einer nichtislamischen und zudem säkularisierten Gesellschaft zu leben. Deswegen erhöht sich für Zuwanderer die Bedeutung ihrer Religion. In der Fremde bietet sie auch Identifikation, Geborgenheit und Trost. Religion wird in der Fremde zum Ersatz für die Heimat und in manchen Fällen auch Ersatz für die

Familie, wenn man etwa an junge alleinreisende Geflüchtete denkt. Das Festhalten an der Religion bringt Respekt und Ansehen innerhalb von konservativen Kreisen in der Diaspora und bietet zugleich symbolisch eine Möglichkeit einer Rückkehr zu Sippe und Heimat.

Außerdem spielt bei der Identitätswahrung der Faktor eine Rolle, dass die muslimische Diaspora tendenziell wertkonservativ und kollektivistisch geprägt ist. Muslimische Migranten entwickeln in der Diaspora daher zumeist Verhaltensweisen, die im koranischen Sinne Moral, gutes Benehmen, Gemeinschaftssinn und hergebrachte Normen erhalten und fördern (►F/A 34–36). Deshalb verstärken sie eher ihr durch Erziehung und Sozialisation erworbenes Grundmuster von Respekt und Gehorsam, als dass sie Freizügigkeit tolerieren. Ihr Ziel ist es, sich den nötigen Halt und Fixpunkt in der als fremd erlebten Umgebung anzueignen. Im Zweifel bleibt man lieber unter sich, um die eigene Identität zu schützen – und trägt dadurch tendenziell zu einer Integrationsverweigerung und gesellschaftlicher Kritik der Aufnahmeumgebung bei. Zudem beschränken sich die beschriebenen Verhaltensweisen durchweg auf die *umma* und nicht auch auf Angehörige der Mehrheitsgesellschaft, die solche Abgrenzungen zusätzlich irritieren, wozu auch das Gros derjenigen zählt, die in Kitas, Schulen und der Jugendhilfe arbeiten. Sie müssen sich obendrein mit Kulturmuslimen auseinandersetzen, die zwar behaupten, Muslim zu sein, sich aber dennoch im Zweifel nicht an den islamischen Normen orientieren.

Da es sich bei muslimischen Migranten vielfach um Menschen handelt, die aus ländlichen Gebieten mit einer eher traditionellen und wenig modernen Struktur kommen, sind die Unterschiede zu Deutschland für sie in jeder Hinsicht besonders gravierend. Der Akkulturationsstress ist für beide Seiten dort am stärksten, wo die Unterschiede zwischen der Herkunfts- und der Aufnahmekultur am größten sind. Denn in Deutschland treffen diese Muslime auf eine Gesellschaft, die tendenziell individualistisch ausgerichtet und gesellschaftlich vielfältig ist, die sich an anderen Normen und Werten orientiert und Migranten, insbesondere Muslim*innen, oft nicht die erforderliche Anerkennung zukommen lässt.

Zudem sind in der Fremde Lebende emotional verletzbarer als die Daheimgebliebenen. Ein arabisches Sprichwort bringt dies auf den Punkt:

> In einem fremden Land kann sogar der Hase dein Kind beleidigen.

Alle diese Faktoren bestimmen maßgeblich die Eingliederungsbereitschaft sowie die Geschwindigkeit der Integration, und beide werden davon bestimmt, wie groß die Distanz zwischen den Kulturen ist. Migranten, mithin auch Muslim*innen, müssen Chancen angeboten werden, sich aktiv zu beteiligen, auf Augenhöhe mitzugestalten, um diesen für sie neuen gesellschaftlichen Raum zu ihrer Heimat werden zu lassen. Heimat ist nicht gegeben und nicht verordnet, jeder Einzelne muss sie sich vielmehr schaffen. Die Alternativen für Aufnahmegesellschaft wie für Zuwanderer zu einer umfassenden Teilhabe-, Verteilungs- und Anerkennungsgerechtigkeit bestehen darin, dass Zukunftsaussichten entweder ausschließlich in den Händen des Aufnahmelandes liegen oder in den Machtbefugnissen der islamisch geprägten Herkunftsstaaten, die sie aus der Ferne beeinflussen und z.T. rigide manipulieren (►F/A 24, 26). Lehrkräfte und Sozialpädagog*innen sollten versuchen, durchgängig Gerechtigkeit an ihren Arbeitsplätzen zu verwirklichen.

5. Sind Muslim*innen besonders religiöse Menschen?

Eine Reihe von Koransuren enthält Abschnitte, in denen ausführliche Beschreibungen eines frommen und gottesfürchtigen Lebens sowie der dafür zu erwartende Lohn vorgenommen werden, so die Suren 25:63–67, 13:19–24, 2:177, 22:77–78 sowie 9:71–72.

Aussagen über die Religiosität von Muslim*innen, die in Deutschland leben, sind in mehrfacher Hinsicht fragwürdig: Wie wird „Gläubigkeit" definiert? Wie belastbar sind Selbsteinschätzungen Befragter darüber? Wann wurden die Daten erhoben? Wie lange haben solche Daten Bestand? Wie alt waren die Befragten? Wie lange leben sie bereits in der nichtmuslimischen Mehrheitsgesellschaft? Leben sie in einem mehrheitlich muslimischen Umfeld? Ergeben Zugehörigkeiten zu Konfessionen innerhalb des Islam Unterschiede? Wie viele Menschen der einzelnen Konfessionen und Regionen leben überhaupt in Deutschland? Fühlen sich alle Gläubigen unter den Befragten dem Islam zugehörig? Welche Folgen haben die Daten für die Gesellschaft? Und: Was bedeuten sie für meine Kita, Schule und meine Lerngruppe? Was sagen sie über meine muslimischen Kinder und Jugendlichen aus?

Anmerkungen zu den Tabellen 1–4:

Die Zahlen dieser Tabellen beziehen sich auf Datenmaterial der Deutschen Islamkonferenz von 2008/des Bundesamtes für Migration und Flüchtlinge (BAMF), die mehr als 6.000 Muslime über 16 Jahren zum Thema „Muslimisches Leben in Deutschland" befragt hatten. Es gibt keine aktuellen Daten, mithin konnten auch Anpassungen aufgrund der zwischenzeitlichen Aufnahme muslimischer Geflüchteter nicht vorgenommen werden. Zudem wurde die Aufenthaltsdauer in Deutschland nicht erfragt. Tendenziell scheinen Muslima jedoch gläubiger zu sein als Muslime.

Tabelle 1: Gläubigkeit von Muslim*innen in Deutschland nach Herkunft in Prozent

Religiosität	Herkunft: Türkei insg. / m. / w.	Herkunft: Afrika insg. / m. / w.	Herkunft: Naher Osten insg. / m. / w.	Herkunft: Iran insg. / m. / w.
sehr gläubig	41,4 / 35,8 / 47,1	40,5 / 39,4 / 45,0	23 / 22 / 25,4	10,1 / 13,9 / 3,1
Gläubig	47,1 / 50,9 / 43,1	49,0 / 49,6 / 51,6	60,2 / 58,3 / 65,1	34,8 / 27,8 / 43,8
weniger gläubig	8,4 / 10,1 / 6,7	5,9 / 4,8 / 2,5	8,9 / 9,4 / 7,9	24,6 / 36,1 / 12,5
nicht gläubig	3,1 / 3,1 / 3,1	4,5 / 6,1 / 0,8	7,9 / 10,2 / 1,6	30,4 / 22,2 / 40,6

Tabelle 2: Gläubigkeit von Muslim*innen in Deutschland nach Konfession in Prozent

Konfession	sehr stark gläubig	eher gläubig	eher nicht gläubig	gar nicht gläubig
Sunnitisch	42,1	48,3	7,5	2,1
Schiitisch	21,1	53,8	13,5	11,7
Alevitisch	24,4	53,7	11,1	10,8
Sonstige	42,9	47,6	8,2	1,2

Die Population der „Sonstigen“ (z. B. Ahmadiyya) bezeichnen sich häufiger als „sehr stark gläubig“, und zugleich geben sie seltener an, „gar nicht gläubig“ zu sein. Bei Schiiten ist der hohe Anteil an Iranstämmigen unter ihnen zu beachten und zugleich deren geringere Zahl im Vergleich zu Sunniten aus anderen Herkunftsstaaten. Unter den Türkeistämmigen gelten etwa 25–30 Prozent als Aleviten (►F/A 7, 56).

Tabelle 3: Praktizierung des Glaubens von Muslim*innen nach Konfession in Prozent

	Sunniten	Schiiten	Aleviten	Sonstige
Beachtung von Speise- und Getränkevorschriften	91,2	60,2	49,4	80,0

Bei den Tabellen 3 und 4 wurden exemplarisch markante religiöse Rituale und Handlungen erfragt, die Rückschlüsse auf die Religiosität von Muslimen zulassen.

Tabelle 4: Praktizierung des Glaubens von Muslim*innen im Vergleich in Prozent

Ritual	Muslime täglich / unregelm. / nie	sonstige Religion täglich / unregelm. / nie
Gebetshäufigkeit	33,9 / 55,7 / 20,4	29,4 / 45,7 / 24,9
	ja / teilweise / nein	**ja / teilweise / nein**
Begehen religiöser Feste	68,9 / 11,5 / 19,5	48,9 / 21,6 / 29,5
Fasten aus religiösen Gründen	56,7 / 19,7 / 23,6	18,8 / 48,3 / 32,9
	häufig / selten / nie	**häufig / selten / nie**
Besuch religiöser Veranstaltungen	26,0 / 34,3 / 38,5	38,7 / 43,8 / 17,5

Tabelle 4 spiegelt ein gemischtes Bild, denn es gibt keinen linearen Unterschied zwischen Muslim*innen und Angehörigen anderer Religionen. Wenn die „Gebetshäufigkeit" isoliert betrachtet wird, fällt auf, dass lediglich ein Drittel der Muslime das religiöse Gebot erfüllt und täglich fünfmal betet. Und auch die zwei anderen Rituale lassen keine prägnanten Aussagen zu: So feiern Nichtmuslime etwa religiöse Feste teilweise häufiger als Muslime, und sie bleiben seltener Gottesdiensten und sonstigen religiösen Veranstaltungen fern.

Gesamteinschätzung:
Religion spielt für sehr viele Muslim*innen offensichtlich eine wichtige Rolle, es gibt jedoch starke Unterschiede durch die Herkunftsregionen. Und auch unter Muslimen gibt es eine erhebliche Anzahl, die ihre Religiosität Alltagserfordernissen bzw. -hindernissen anpasst. Muslime scheinen jedenfalls nicht a priori religiöser zu sein als Nichtmuslime, eine pauschale Zuordnung für Muslime als „strenggläubig" trägt nicht. Zudem ist zu bedenken, dass die Angaben sämtlicher Befragten auf Selbsteinschätzungen beruhen und in der Gesamtbetrachtung nicht in jedem Punkt plausibel sein müssen. Denn ein Wesensmerkmal von Religiosität ist die Selbstwahrnehmung, die sich öffentlicher Bewertung und Messung verschließt. Gerade Schulen erfahren fast täglich, dass Inszenierungen Einzelner als Muslim nicht zwangsläufig religiös konnotiert sind (►F/A 58).

6. Welches Gottes- und Menschenbild haben Muslim*innen?

Der Glaube an *Allāh* ist das Zentrum des Islam, die Menschen gelten grundsätzlich als gut. Sämtliche Regeln und Riten der Religion sind auf die uneingeschränkte Hingabe an Gott gerichtet. Muslim*innen glauben an einen einzigen

Gott, Schöpfer und Erhalter der Welt. Kennzeichnend für die islamische Gottesvorstellung sind die 99 Eigenschaften Gottes, die als „schönste Namen Gottes" (*asma' Allāh al-Husna*) im Koran erwähnt werden:

> [17:110]: Sag: Ihr mögt zu Allāh beten oder zum Barmherzigen. Wie ihr ihn auch nennt, ihm stehen die schönsten Namen zu. Und mach dein Gebet nicht (zu) laut, aber (auch) nicht (zu) leise! Schlag (vielmehr) einen Mittelweg ein!
>
> [7:180]: Und Allāh stehen die schönsten Namen zu. Ruft ihn damit an, und laßt diejenigen, die hinsichtlich seiner Namen eine abwegige Haltung einnehmen [...].

Beispiele für Namen/Eigenschaften *Allāhs* sind u. a.: der Richter, der Gerechte, der Liebevolle, aber auch der Rächer. Die beiden am häufigsten im Koran vorkommenden Attribute Gottes sind der Erbarmer (*ar-Rahman*) und der Barmherzige (*ar-Rahim*). Damit wird nach islamischer Auffassung die prinzipielle Güte und Barmherzigkeit Gottes ausgedrückt, die sich *Allāh* selbst zugeschrieben hat.

Diese Sicht auf *Allāh* ist jedoch innerislamisch umstritten, wie ein Gutachten des Koordinierungsrates der Muslime (KRM) im Verfahren gegen Mouhanad Khorchide zeigt, mit dem diesem die universitäre Lehrbefugnis nihil obstat unter Verweis auf seine „Irrlehre von der Barmherzigkeit Gottes" entzogen werden sollte. Seine Theologie widerspreche in Grundsätzen der islamischen Glaubenslehre. In ihrem „Gutachten zur Barmherzigkeitstheologie" vom 17.12.2013 heißt es:

> Wesentliche, als theologisch deklarierte Positionen von ihm sind jedoch von der Meinung der mehrheitlichen sunnitischen Gelehrten abweichend, [...] diese [geht] weder mit dem dahinter stehenden wissenschaftlichen Anspruch, noch mit Khorchides Selbstverpflichtung zur bekenntnisgebundenen Islamtheologie konform (sic!).

Was auf den ersten Blick als Konflikt zwischen einem liberalen Vertreter des Islam und konservativen Verbänden erscheint, ist jedoch in Wahrheit Religionspolitik: Wer prägt den Islam in Deutschland? Wer setzt dabei seinen Einfluss aufs Spiel? Und lässt der Islam ein anderes Verhältnis des Menschen zu Gott zu als *abd*, also Knecht *Allāhs* zu sein, absolut zu gehorchen und sich der Vernunft zu verschließen?

Gottes- und Menschenbild sind in Religionen vielfältig miteinander verknüpft: Dort, wo der barmherzige Gott bestimmt, können Menschen auf Gnade hoffen, auch und gerade wegen ihrer Verfehlungen. Herrscht jedoch der strafende, rächende Gott, wird abgerechnet. Dazu Khorchide unter Verweis auf sein Barmherzigkeitsbuch 2012 in einem ZEIT-Interview:

> [...] Gott ist kein archaischer Stammesvater, kein Diktator. Warum beginnen 113 von 114 Suren mit der Formel „Im Namen Gottes des Allbarmherzigen, des Allerbarmers"? Das muss doch einen Grund haben. Der koranische Gott stellt sich als liebender Gott vor. Deshalb ist die

> Beziehung zwischen Gott und Mensch eine Liebesbeziehung, ähnlich wie die zwischen einer Mutter und ihrem Kind. Ich möchte, dass sich die Muslime befreien von dem Bild eines archaischen Gottes, das einem in vielen Moscheen, im Religionsunterricht oder während der theologischen Ausbildung suggeriert wird.

Nach dem Verständnis des Münsteraner Professors ist Gott kein Buchhalter, der Leben bilanziert. In der Lebensbilanz von Menschen zähle auch, was sich nicht rechne. Nach koranischer Lehre hat Gott den Menschen nämlich nicht nur zum Herrn über die gesamte Schöpfung erhoben, er hat ihn – anders als in der Bibel – sogar über die Engel gestellt:

> [15:28, 29]: Und (damals) als dein Herr zu den Engeln sagte: Ich werde einen Menschen aus trockenem, tönendem Lehm, aus schwarzem, zu Gestalt gebildetem Schlamm schaffen. Wenn ich ihn dann geformt und ihm Geist von mir eingeblasen habe, dann fallt (voller Ehrfurcht) vor ihm nieder!

Im Koran wird der Mensch als Stellvertreter *Allāhs* auf Erden bezeichnet (►F/A 74). Insofern hat er bestimmte Eigenschaften, die er mit Gott teilt. Allerdings offenbaren das zitierte Gutachten wie die Gegenpositionen, dass über die ethischen und existenzphilosophischen Fragen des Gottes- und Menschenbildes im Islam, also um Verantwortlichkeit und Freiheit des Menschen, nach wie vor ein Kampf mit harten Bandagen ausgefochten wird (►F/A 24, 25, 93, 94). Dabei geht es vor allem um die Lufthoheit über Freitagspredigten, Koranschulen, Islamischen Religionsunterricht und die Frage religiöser Selbstbestimmung, also auch einem zentralen Ziel von Kitas, Schulen und der Jugendhilfe (►F/A 10, 55).

7. Welche Glaubensunterschiede gibt es in meiner Lerngruppe?

Das Gros der nichtchristlichen Kinder und Jugendlichen gehört in den meisten Regionen Deutschlands einer islamischen Glaubensrichtung an. Das islamische Gemeinwesen erlebte im Laufe seiner Geschichte zahlreiche Spaltungen und unentwegte geistige Auseinandersetzungen über das „richtige“ Verständnis des Islam und seiner Praxis. Daraus entwickelten sich schließlich mehrere Bewegungen. Der Religionssoziologe Volkhard Krech hat für den Islam in Deutschland zwischen 70 und 80 Richtungen, Strömungen und Organisationen ausgemacht. Dies alleine verbietet schon, vom Islam als monolithischem Block zu sprechen. Und durch Geflüchtete, die dauerhaft in Deutschland bleiben werden, wird der Islam hier noch heterogener, vielleicht archaischer.

Nach Angaben des BAMF bezeichnen sich von den ca. 4,5 Millionen Muslim*innen in Deutschland 74,1 Prozent als Sunniten, 12,7 Prozent als Aleviten, 7,1 Prozent als Schiiten sowie 6,1 Prozent als sonstigen Strömungen zugehörig.

Das Sunnitentum ist weltweit der Hauptstrom des Islam. Es ist lehrmäßig einigermaßen homogen, nicht zuletzt durch die Rechtsschulen sowie die Methoden der Rechtsfindung, die die Lehren sowie die rechtlichen Ordnungen verbindlich festlegen (►F/A 8). Das Gros der muslimischen Kinder und Jugendlichen ist sunnitisch.

Schiiten unterscheiden sich im Glauben und in der religiösen Praxis nur wenig von der Mehrheit, den Sunniten. In beiden Hauptrichtungen des Islam gibt es jedoch unterschiedliche Rechtsschulen, d. h. auch das Schiitentum hat eigene Rechtsschulen. Zum Schisma kam es wegen der Nachfolgefrage Mohammeds: Im Schiitentum gilt nur ein direkter Nachfolger von ihm als rechtmäßiger Führer der muslimischen Gemeinschaft. Entsprechend der akzeptierten Nachfolger gibt es Untergruppierungen wie z. B. die Fünfer-Schia (*zaiditen*), die Siebener-Schia (*ismailiten*) und die Zwölfer-Schia (*imamiten*).

Das Alevitentum führt seinen Namen auf den vierten Kalifen und Vetter sowie Schwiegersohn des Propheten Mohammed zurück, ca. 20 – 30 Prozent der Zuwanderer aus der Türkei sind Aleviten. Das Alevitentum besitzt kein „heiliges Buch" oder überlieferte Texte aus seiner Entstehungszeit. Es ist somit keine Schriftreligion, konnte aber dank der Priesterschaft und der Volksbarden, die Mythen und die Ausführung der Rituale mündlich tradierten, bis in die heutige Zeit überleben (►F/A 56). Diese Faktoren machen es heute vor allem den Aleviten selbst schwer, ihre Religion Außenstehenden zu vermitteln und zu erklären. Zumal vielen Aleviten durch die in der Türkei erlittene Verfolgung und deren noch andauernde Assimilationspolitik der Zugang und das Verständnis zu ihrer eigenen Religion erschwert wird. Ein Teil der Aleviten versteht ihre Religion innerhalb, ein anderer als außerhalb des Islam.

Die bekannteste unter den „sonstigen" islamischen Glaubensrichtungen in Deutschland bildet die Ahmadiyya Muslim Jamaat. Sie hat in Deutschland ca. 30.000 Anhänger. Die Ahmadiyya-Bewegung ist eine aus dem Islam hervorgegangene Gruppierung, die Ende des 19. Jahrhunderts im indo-pakistanischen Raum entstand. Der Gründer, Mirza Ghulam Ahmad, verkündete schon bald, er sei ein von Gott beauftragter Prophet, der Offenbarungen von Gott erhalten habe. Damit stieß er bei sunnitischen wie schiitischen Muslimen auf Widerspruch, denn er verletzte in deren Augen die bereits im Koran formulierte und im Islam allgemein anerkannte Lehrmeinung von der abschließenden Sendung Mohammeds als letztem Propheten der Geschichte, dem „Siegel der Propheten". Konsequent wurde die Ahmadiyya-Bewegung 1974 aus der islamischen Gemeinschaft ausgeschlossen. 1976 bezeichneten saudi-arabische Islamgelehrte Ahmadiyya-Anhänger offen als Ungläubige (also als Nichtmuslime) und verwehrten ihnen auch den Zugang nach Mekka.

Neben den genannten islamischen Denominationen, und neben jüdischen und christlichen Schüler*innen sind vereinzelt auch Jesid*innen in Kitas, Schulen und Gruppen der Jugendhilfe vertreten. Auch sie gehören einer monotheistischen Religion an, sogar vermutlich der weltältesten, die ebenfalls keine Buchreligion ist. Hier lebende Jesid*innen sind in der Mehrzahl Geflüchtete aus dem nördlichen Irak, aus Nordsyrien und der südöstlichen Türkei. Wenn der Vergleich für Lehrkräfte und Sozialpädagog*innen Orientierung bietet: Sie vertreten wie Angehörige anderer Religionen aus diesen Gebieten eine vergleichbare „orientalische" Erziehungs-, Geschlechter- und Sexualmoral.

Aus systematischen Gründen werden die Anhänger islamischer Mystik und die *Salafisten* an anderer Stelle besprochen (►F/A 17, 89, 90).

8. Welche Bausteine bilden die Grundarchitektur des Islam?

Das Fundament der islamischen Religion und Religionspraxis bildet der Koran, der aus 114 Suren und 6.348 Versen besteht. Die Suren sind der Länge nach absteigend geordnet, d. h. Sure 1 ist die längste, Sure 114 die kürzeste. Alle außer der neunten Sure beginnen mit der *basmala* (►F/A 42).

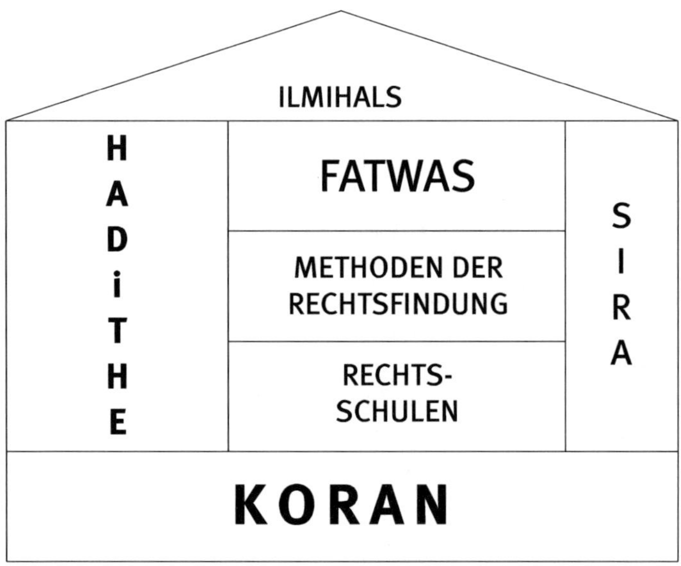

Abbildung 1: Bausteine der islamischen Religion und Religionspraxis

Der Koran gilt als unmittelbare Offenbarung Gottes (vgl. Sure 25:1–3), mithin als unhinterfragbar und zu allen Zeiten und überall gültig. Er enthält allerdings keine systematisch aufgebaute Glaubenslehre, er thematisiert den Glauben jedoch mehr als achthundertmal. Auf ihm bauen die *sunna* bzw. die *hadîthe* auf (►F/A 11). Die auch Tradition genannte zweite Offenbarungsquelle neben dem Koran besteht aus Sammlungen von Texten, die oft in erzählender Form geschrieben sind. Sie versammelt Aussprüche, Anordnungen und Handlungen des Propheten, deren Überlieferung auf seine Gefährten (*ṣahâba*) zurückgeführt wird.

Da sich Muslim*innen dazu Mohammed als Vorbild nehmen, hat auch die *sīra* eine Bedeutung, denn in ihr wird das Leben des Propheten nachgezeichnet. Sie gilt als literarische Gattung innerhalb der islamischen Geschichtsschreibung und versammelt viele Legenden, poetische Texte, Versuche der Koranexegese, politische Vertragstexte, militärische Auflistungen u.a.m. Allerdings ist die Bedeutung dieser Biografie deutlich geringer als die von *hadîthen.*

Zu den zentralen Religionsstützen gehören zudem die Rechtsschulen (*madhhab*). Der sunnitische Islam kennt vier, der schiitische zwei Rechtsschulen, die ihre Lehrmeinungen gegenseitig anerkennen. Ihre Aufgabe ist es, bestimmte Prinzipien der Normenfindung (*usūl al-fiqh*) aufzustellen und besondere Einzelregelungen zu religiösen Angelegenheiten (*furūʿ*) zu treffen. Als einleuchtende exemplarische Aufgabe im Rahmen der Normenfindung wird die Festsetzung der Gebetszeiten genannt: Da sich die vier sunnitischen Rechtsschulen die Erde sozusagen unter sich aufgeteilt haben, orientieren sie sich auch für ihren Bereich an den jeweiligen Sonnenständen und legen die Gebetszeiten danach fest (►F/A 13). Und als exemplarische Einzelregelung wird die Ablehnung der Ahmadiyya Muslim Jamaat als islamische Gemeinschaft genannt. Alle Rechtgläubigen gehören durch ihren Geburtsort einer Rechtsschule an, sie kann jedoch – nach eigenem Ermessen und ohne dies mitzuteilen – gewechselt werden.

Die zweite zentrale Religionsstütze sind die Methoden der Rechtsfindung, von denen die zwei wichtigsten die Übereinstimmung (*al-Idjmāʿ*) und der Analogieschluss (*al-qiyās*) sind. Beide Methoden sind dazu da, aktuelle, in den religiösen Quellen nicht gelöste Fragen abschließend zu regeln (►F/A 13).

Den dritten Halt bilden *fatwās* (►F/A 14). Sie sind bindende Rechtsgutachten eines Rechtsgelehrten (*mufti*), keine Urteile eines Richters. Der Gläubige stellt dem *mufti* eine ihm wichtige religiöse Frage und befolgt danach durchweg diese „Empfehlung".

Der letzte Baustein sind *ʿilmihâls*. Sie sind gewissermaßen die Katechismen der Muslim*innen, also Handbücher zur Unterweisung in die Grundfragen des islamischen Glaubens. Obwohl *ʿilmihals* keine eigenständige Quelle sind, haben sie enorme normative, oft einengende Kraft (►F/A 15).

Konflikte, die sich aus islamischer Religionsausübung in Kitas, Schulen und der Jugendhilfe ergeben können, löst belastbar und gut verständlich an zahlreichen Beispielen: Klaus Spenlen, Sondieren, abwägen, handeln. Schule und Islam – wie sich 90 Alltagskonflikte lösen lassen, Dortmund 2019.

9. Gibt der Koran auf Einzelfragen abschließende Antworten?

Die Sprache des Koran ist metaphorisch und elliptisch, die Textsammlung steckt voller Andeutungen und Anspielungen. Der Koran ist weit davon entfernt, aus sich selbst heraus verständlich zu sein, für ein Strukturverständnis bedarf es gründlicher Studien, mindestens aber Anleitungen (vgl. dazu Hans Zirker sowie Hartmut und Katharina Bobzin). Seine Bestimmungen sind als Verfügungen Gottes und seines absoluten Willens zu verstehen. Seine Autorität fordert von Rechtgläubigen die unhinterfragbare Akzeptanz des genauen Wortlauts des arabischen Originaltextes.

Die Koranverse, die sich auf rechtliche Bestimmungen beziehen, werden in „deutliche“ und „mehrdeutige“ unterteilt. Die deutlichen lassen nur eine Interpretation zu (exemplarisch das Erbrecht, in dem es heißt, Frauen erbten die Hälfte dessen was Männer erbten). Die mehrdeutigen Koranverse lassen Interpretationen zu. Hierzu können als Beispiel Verse über den Umfang von rituellen Waschungen angeführt werden, die u. a. auch abhängig von Klimazonen sind.

Die zwei Beispiele machen deutlich, dass der Koran nicht „gelesen“ werden kann, er ist ein sprachlich und inhaltlich hochkomplexer Text mit lediglich geringen Anteilen an Geschichten. Auch die meisten Surenüberschriften geben eher keine Hinweise auf ihre Inhalte (z. B. Sure 2 „Die Kuh“, Sure 16 „Die Biene“, Sure 18 „Die Höhle“), andere hingegen (z. B. Sure 4 „Die Frauen“ und Sure 40 „Die Gläubigen“) lassen auf Inhalte schließen. Weil jedoch etwa über Sure 4 hinaus zahlreiche Aussagen zu Frauen in anderen Versen zu finden sind, geben auch diese Überschriften keine sicheren Hinweise oder umfassende Antworten zu Teilgebieten.

Das führt eher zu der Frage, nicht ob, sondern wie der Koran als *Allāhs* unmittelbare Offenbarung gedeutet werden kann (►F/A 10). Dabei müssen mehrere Aspekte beachtet werden: Zum einen muss geklärt werden, auf welchen Grundlagen die im Koran enthaltenen Widersprüche und Mehrdeutigkeiten seriös ausgelegt und evtl. ausgeräumt werden können. Zum anderen geht es darum, Koranauslegungen (*uṣūl al-tafsīr*) zu legitimieren. Als Grundlage hierfür beziehen sich Koranexegeten auf Koranvers 3:7:

> Er ist es, der die Schrift auf dich herabgesandt hat. Darin gibt es (eindeutig) bestimmte Verse – sie sind die Urschrift – und andere, mehrdeutige [...]. Alles (was in der Schrift steht) stammt von unserem Herrn (und ist wahre Offenbarung, ob wir es deuten können oder nicht) [...].

10. Ist es Aufgabe von Kitas und Schulen, Kinder an Koranexegese heranzuführen?

Kitas und Schulen eignen sich deshalb besonders gut, sich mit Religionen auseinanderzusetzen, weil sich hier Gläubige verschiedener Religionen und Kulturräume begegnen. Im interreligiösen Lernen werden diese Lernsituationen deshalb als „Königsweg“ bezeichnet, ihnen werden in der Religionspädagogik große Bedeutung beigemessen (►F/A 22). Kitas und Schulen sind erfahren darin, mit „fremden“ Kulturen und Religionen achtsam umzugehen und sie für das Leben mit „Anderen“ und dem eigenen Glauben aufzuarbeiten. Durch die direkte Auseinandersetzung mit dem Anderen (und Fremden) werden Gemeinsamkeiten erkannt, Unterschiede reflektiert und Vorurteile abgebaut. Dabei befördert die Wahrnehmung der Differenzen vom Eigenen und Fremden im Idealfall das Verständnis auch der eigenen Person und Religion. Ein so ausgerichtetes interreligiöses Lernen kann zu Toleranz befähigen, die Unterschiede bzw. Andersheit wahrnimmt und diese nicht aufhebt oder negiert.

> Bevor somit interreligiöses Lernen didaktisch modelliert werden kann, bedarf es einer Hermeneutik des Fremden, die grundlegend danach fragt, wie der oder das Fremde, Andere, Differente wahrgenommen und erschlossen werden kann. Denn jegliche Didaktik interreligiösen Lernens basiert (explizit oder implizit) auf einer Vorstellung, wie das Eigene das Fremde verstehen kann (Claudia Gärtner).

Heinz Streib weist darauf hin, dass Fremdheit u.a. Furcht und Abwehr hervorrufen und deshalb abgelehnt werden kann. Fremdheit kann aber auch als Dissonanz wahrgenommen werden, der mit Harmonie zum Eigenen begegnet wird. „Fremdheit als Widerstand und Herausforderung“ begreift Fremdheit hingegen als Gewinn für die eigene Identität. Damit werden für Kitas und Grundschulen Linien aufgezeigt, bei denen eher Empathie, nicht jedoch Exegese, der „Königsweg“ für Begegnungen ist.

Schulen ab der S I sollten jedoch die Möglichkeiten nutzen, Informationen über das Eigene und Fremde mit Methoden der Interpretation von Texten und des Verstehens zu erfassen. Der Islam bezeichnet die Auslegung des Koran, also seine Exegese, als *tafsir.* Da die apodiktische Auslegung, das wortwörtliche Verstehen eines Textes, im Kern keine Exegese ist, verbleiben an Interpretationsansätzen:

(1) Die textimmanente Auslegung. Sie versucht die Deutung innerhalb des Verses, ggf. der Sure, zu finden. (2) Die systemimmanente Auslegung. Hier werden zum Verständnis eines Verses/einer Sure ggf. der komplette Koran, mindestens weitere Suren und Verse, herangezogen. (3) Die historische Auslegung. Sie wird bei historischen Sachverhalten, also etwa Fragen der medinensischen Gesellschaft, der Kleidung im arabischen Raum des 7. Jahrhundert christlicher Zeitrechnung etc. angewendet. (4) Die teleologische Auslegung. Sie fragt nach dem Zweck des Verses/der Sure, warum etwa das Zeugnisrecht von Frauen vor Gericht eingeschränkt ist. (5) Die philologische Auslegung. Bei der philologischen Auslegung geht es um Sprache, Absicht, Übersetzung und Wirkungen des Geschriebenen oder Gesagten. (6) Die historisch-kritische Auslegung. Sie berücksichtigt den Wandel religiöser Normen, geht insofern über den historischen Ansatz hinaus und fragt z. B. nach zeitgemäßer Anwendung von Normen.

Deutlich wird, dass die islamischen Exegesemethoden auch auf „heilige Quellen" anderer Religionen – mit einem erweiterten Textbegriff, der z. B. Abbildungen einbezieht – angewendet werden können. Aus anderen Wissenschaften sind zudem bekannt:

(7) Methoden der literarischen Analyse. Sie bedienen sich der rhetorischen, der narrativen sowie der semiotischen Analyse von Texten. (8) Methoden der Tradition. Hier geht es um spezifische Zugänge etwa zu *hadîthen,* zum kanonischen Recht sowie zur jüdischen Interpretations-Tradition. (9) Schließlich fragen die Methode der Wirkungsgeschichte und Rezeptionsästhetik nach den Wahrnehmungen und Wirkungen auf Rezipienten, also vornehmlich auf Gläubige.

Solch umfassende Exegese sollte jedoch den Religionsunterrichten vorbehalten sein.

11. Sind alle *Hadîthe* gleichwertig?

Der Islam ist eine Religion der Orthopraxie, bei der es auf das richtige, das „rechtgeleitete" Verhalten ankommt:

> [16:89]: [...] Und wir haben die Schrift auf dich hinabgesandt, um alles (was irgendwie umstritten ist) klarzulegen, und als Rechtleitung, Barmherzigkeit und Frohbotschaft für die, die sich (uns) ergeben haben.

Mohammed gilt darin als Vorbild, die Überlieferungen über ihn, die *hadîthe*, bestimmen deshalb das Verhalten von Muslim*innen. Darüber hinaus hat der

Prophet für den islamischen Glauben die göttliche Offenbarung verkündet, er gilt deshalb auch als deren bester und authentischer Interpret. In unzähligen Koranversen ergeht der Befehl *Allāhs*, dem Gesandten zu gehorchen (8:1,46; 3:32; 33:33; 66:71 u. a. m.).

Die Überlieferungen seiner Aussprüche, Anordnungen und Handlungen in Form von *hadîthen* können grob in zwei Kategorien eingeteilt werden: 1. Die ursprünglichen, in ununterbrochener Tradition überlieferten Erzählungen und Aussagen, deren Zeugen Mohammeds Gefährten oder diejenigen der zwei nachfolgenden Generationen waren. 2. Überlieferungen nach dieser Zeit, die späteren Generationen zugeordnet werden, denen die unmittelbare Nähe zu Mohammed fehlte und die deshalb in der Wertigkeit als nachrangig angesehen werden.

Wichtiger ist jedoch, dass Pädagog*innen *hadîthe* in der rechtlichen Wirksamkeit unterscheiden, nämlich sog. „starke" von „schwachen" *hadîthen*. Starke *hadîthe* sind Überlieferungen, die mehrere Quellen als authentisch belegen. Bereits im 9. Jahrhundert christlicher Zeitrechnung gab es sehr viele *hadîthe:* So soll der *Hadîthe*-Sammler *al-Bukhârî* von 40.000 Überlieferungen, die ihm bekannt waren, immerhin 2.000 als zuverlässig anerkannt haben. Und *Abū Dâwūd* soll gar von 500.000 Überlieferungen lediglich 4.800 als echt akzeptiert haben. Wie viele *hadîthe* es insgesamt gibt, ist unbekannt. Die wichtigsten (kanonischen, „starken") *Hadîthe*-Sammlungen sind: *Sahîh al-Bukhârî* (810 – 870); *Sahîh Muslim* (817/821 – 875); *Sunan Abū Dâwūd* (817 – 888); *Sunan* al-*Tirmidhî* (815 – 892); *Abū ʿAbd al Rahmân* (830 – 915); *Abū ʿAbdallâh Muhammad ibn Yazîd Mâdj* (824 – 886). Alle anderen gelten als „schwache", nicht-kanonische *hadîthe.*

Darüber hinaus gibt es auch behauptete, nirgendwo nachweisbare *hadîthe*, die lediglich Positionen untermauern sollen, religionswissenschaftlich aber Fakes und damit haltlos sind. Interessierte sollten deshalb bei Bedarf eine Lehrkraft für Islamischen Religionsunterricht befragen.

12. Bestimmt Mohammed noch heute das Leben gläubiger Muslim*innen?

Muhammad Sven Kalisch, der Vorgänger von Mouhanad Khorchide auf dem Lehrstuhl für Islamische Religionspädagogik in Münster (►F/A 6), zog 2008 die Historizität Mohammeds in Zweifel und läutete damit den Verlust seiner universitären Lehrerlaubnis ein. Ob der Prophet tatsächlich gelebt hat oder nicht, ist für unsere Frage jedoch bedeutungslos.

> Viele sind noch heute Gefangene der mysteriösen Figur Mohammed, die im 7. Jahrhundert gelebt hat. Aber auch der historische Mohammed ist ein Gefangener – der übertriebenen

> Verehrung und des Anspruchs der Muslime an seine Unantastbarkeit. Die Omnipräsenz des Propheten [...], die Überbetonung der religiösen Komponente in vielen islamischen Gesellschaften verhindert die Entstehung alternativer Identitätsquellen. Alles geht auf ihn zurück, er schwebt über allem und bestimmt den Alltag von muslimischen Bürgern, Politikern und Theologen [...].

Mit diesen Sätzen leitet Hamed Abdel-Samad sein Buch „Mohammed. Eine Abrechnung" ein. Annemarie Schimmel stellt die Bedeutung des Propheten für die Frömmigkeit von Muslim*innen heraus. Und der *'ilmihâl* von Hasan Arikan konkretisiert auf S. 21 ff. Eigenschaften von Propheten, „deren Kenntnis wadschib (verpflichtend, Anmerkung von K. S.) und notwendig" sei. Konkret benennt er deren Eigenschaften als: aufrichtig; sie würden niemals lügen; vertrauenswürdig; fehlerlos und ohne Zurückhaltung; in höchstem Maße intelligent; frei von Sünden; weit davon entfernt, Sünden zu begehen; sie verkündeten *Allāhs* Gebote und Verbote. Zu Mohammed ergänzt er:

> 1. Er ist allen anderen Propheten überlegen. (Er steht über ihnen.) 2. Er ist an die ganze Menschheit und Dschinn (übersinnliches Wesen, Anmerkung von K. S.) gesandt. 3. Er ist das letzte Glied in der Kette der Gesandten [...], d. h. der letzte Prophet. Nach ihm wird kein Prophet mehr kommen. 4. Er ist allen Welten (der ganzen Schöpfung) als Gnade entsandt worden. 5. Seine Religion (Scharia) wird bis zum Jüngsten Tag (qiyamet) fortbestehen. [...] Und da er sich genau an das göttliche Gebot „Wende dich in die dir gebotene Richtung!" hielt, war er in allen Lebensstufen ein lebendiges Beispiel für Treue und Aufrichtigkeit. Weit entfernt hielt er sich von Heuchelei und Lüge in allen Ausprägungen. Während zu seiner Zeit keiner einem anderen zu vertrauen vermochte, schenkte jedermann ihm Glauben, vertraute ihm, rief ihn zum Schiedsrichter in Streitverhältnissen an und beugte sich seiner Entscheidung [...].

An keiner Stelle wird reflektiert, dass Mohammed unvollkommener Mensch war, Feldherr, der verletzt, getötet, vertrieben, versklavt und in Anwendung der *šarīʿa* als Richter grausam gestraft hat. Vielmehr wird durch die tausenden von *hadîthen* sowie die *sira*, die von *Ibn Ishāk* überarbeitete Biografie von *Ibn Hischām* über Mohammed, die Zeit von vor 1.400 Jahren perpetuiert. Mohammed ist nicht nur bis heute gegenwärtig, er dient rechtgeleiteten Muslim*innen ungebrochen und unhinterfragt als Vorbild (vgl. Hamed Abdel-Samad -1-). Das gilt auch für archaisches und nichtreligiöses Tun.

> [33:21]: Im Gesandten Allāhs habt ihr doch ein schönes Beispiel – (alle haben in ihm ein schönes Beispiel), die auf Allāh hoffen und sich auf den jüngsten Tag gefaßt machen und unablässig Allāhs gedenken.

Die folgenden Beispiele markieren die Spannbreite und dienen als Belege für dafür:

a. Steinigung, zunächst ein *hadîth* von *Muslim*, danach einer von *al-Bukhârî:*

> Abu Nudschaid Imran ibn al-Husain al-Khuzaʿi berichtete, dass eine Frau aus dem Dschuhaina-Stamm aufgrund eines Ehebruchs schwanger wurde. Sie kam zum Propheten (sas), gab ihre Schuld zu und sagte: „Oh Gesandter Allāhs, ich habe eine schwere Sünde begangen. Bestrafe mich also dementsprechend." Der Prophet (sas) ließ ihren Vormund kommen und sagte zu ihm: „Behandle sie gut, und bringe sie wieder zu mir, wenn sie entbunden hat". Der Vormund führte die Anweisungen durch und brachte sie zurück zum Propheten (sas), der das Urteil sprach und ihre Hinrichtung anordnete. Man band daher ihre Kleider um ihren Körper fest, und sie wurde zu Tode gesteinigt [...].
>
> Ein Mann von (dem Stamm) Aslam kam zum Propheten, Allāhs Segen und Friede auf ihm, während er sich in der Moschee aufhielt, erzählte er ihm, dass er Unzucht begangen hat. Der Prophet wandte sich von ihm ab, und der Mann begab sich zu der Seite, zu der der Prophet sich hinwandte, und leistete viermal die Zeugnisaussage gegen sich selbst. Der Prophet ließ ihn zu sich näherkommen und sagte zu ihm: „Bist du verrückt! Bist du verheiratet?" Der Mann sagte: „Ja!" Darauf veranlasste der Prophet seine Steinigung im Gebetssaal [...].

Steinigungen wurden in den letzten Jahren in Afghanistan, Nigeria, im Iran, Irak, Jemen, in Nigeria, Pakistan, Saudi-Arabien, Somalia, im Sudan und den Vereinigten Arabischen Emiraten als Anwendung der *šarīʿa* durchgeführt.

b. Mohammed nimmt auch heute noch auf nichtreligiöses Verhalten Einfluss. Es wird jedoch religiös überhöht und so zum Verhaltensrepertoire rechtgeleiteter Muslim*innen: So ordnete er an, dass Muslime nicht mit der linken Hand essen oder trinken dürften, denn der Teufel esse und trinke mit der linken Hand, Muslime jedoch immer mit der rechten. Oder: Die Moschee betreten Muslime – wie Mohammed – zuerst mit dem rechten Fuß, da sie dem geistlichen Bereich angehört, dagegen Badezimmer und WC, die dem weltlichen Bereich angehören, zuerst mit dem linken Fuß. Sie sprechen wie er vor dem Toilettengang ein Gebet zum Schutz vor bösen Dämonen und nach dem Toilettengang als Dank an *Allāh*, dass er sie vor bösen Geistern bewahrt habe. Die Liste ließe sich beliebig fortsetzen.

c. Die enorme Bedeutung Mohammeds für heutige Muslime wird vielleicht am deutlichsten durch den *hadîth* 5,227 von *al-Bukhârî*, der Muslime zum fünfmaligen täglichen Gebet auffordert, während der Koran lediglich dreimaliges Beten am Tag vorsieht (Koranverse 11:114, 17:78 und 2:238).

Auf Kinderehen als weiteres Beispiel für die Vorbildfunktion Mohammeds wird unter ►F/A 61 näher eingegangen.

13. Wodurch prägt der Islam das Alltagsverhalten von Muslim*innen?

Es wird empfohlen, die Kapitel 13, 14 und 15 im Zusammenhang zu lesen.

Für Muslim*innen ist jegliches Verhalten religiös, mithin auch Alltagsverhalten. Dies begründen die „heiligen Quellen“ (►F/A 8). Zu den Quellen des Islam gehören auch die Methoden der Rechtsfindung: die Übereinstimmung (*al-idjmā'*), die Ableitung und Schlussfolgerung (*al-qiyās*), der Brauch (*'urf*) und das Gewohnheitsrecht (*'ada*) sowie Grundsätze der Urteilsbildung (*iǧihād*). An dieser Stelle werden *al-idjmā'* und *al-qiyās* in ihrer Bedeutung für Muslim*innen kurz erläutert. Beide sind bereits in der Frühzeit des Islam als weitere Offenbarungsquellen und Bestandteile des *fiqh* installiert worden, um Entwicklungen zwischen der Entstehungszeit des Islam und der Gegenwart möglichst widerspruchsfrei zu Koran und *sunna* zu entscheiden.

Al-idjmā' besteht in übereinstimmenden Festlegungen der islamischen Rechtsgelehrten. Sie sind mit Dogmen der Katholischen Kirche vergleichbar. Jede Übereinstimmung wird auf diese Weise ein Beweis für ihre eigene und alle folgenden Perioden. Sie kann ausgedrückt werden durch Worte, durch die Tat oder durch Schweigen. Die Ergebnisse der Übereinstimmungsmethode haben nach Vers 4:115 bindenden Charakter.

Beispiele verdeutlichen die Funktion dieser Methode: So hat *al-idjmā'* manche Lehre, z. B. die der Heiligenverehrung oder die Lehre von der Sündlosigkeit und Unfehlbarkeit Mohammeds, sogar gegen klar gegenteilige Sätze von Koran und *sunna* entschieden. Aber auch Fragen, die das Alltagsverhalten prägen, werden durch *al-idjmā'* endgültig festgelegt. So geht es etwa um die Frage, ob Muslime sich an Meinungsstreit (*iḫtilāf*) beteiligen dürfen. Durch Übereinstimmung wurde festgelegt, dass Meinungsstreit durchaus willkommen ist, wenn er den Rechtsbereich betrifft, wenn es also z. B. um die hierzulande geführte Diskussion um „Dieselgate“ oder eine CO_2-Steuer geht. Meinungsstreit um theologische und politische Positionen, wie er etwa zum Gottesbeweis oder zur Beobachtung von Organisationen durch den Verfassungsschutz stattfindet, verbietet die Übereinstimmung jedoch Muslimen. Und damit entziehen sich auch Grenzbereiche, wie z. B. die Präimplantationsdiagnostik, öffentlichem Meinungsstreit (►F/A 73).

Eine weitere Erkenntnisquelle ist *al-qiyās*, das sind Analogieschlüsse aus den Offenbarungsquellen Koran, *sunna* sowie der *idjmā'*, die ebenfalls von beauftragten Führern getroffen werden und in ihrem Einflussbereich Geltung haben. Dies sind die Rechtsgelehrten, die *'ulemā'*, sowie die vier sunnitischen Rechtsschulen der *mālikiyya*, *ḥanafīya*, *šāfi'īya* und *hanbaliya* (►F/A 8, 69).

Das für diese Methode hier ausgewählte Beispiel hat ebenfalls Auswirkungen auf Alltagsverhalten: Der Koran verbietet den Weingenuss wegen seiner berauschenden Wirkung. In Analogie dazu verbietet *al-qiyās* jede Sorte von alkoholischen Getränken, denn diese sind wie Wein berauschende Getränke. Das Gleiche gilt für sonstige Rauschmittel, auf die Muslim*innen evtl. zurückgreifen möchten.

Beide Methoden sind mächtige Mittel, Reformen anzustoßen oder Restriktionen zu verfestigen. Gemeinsam mit *hadîthen, fatwās* und *ʿilmihâls* bestimmen sie das Alltagsverhalten von Muslim*innen, wobei die zwei letztgenannten Grundlagen keine Offenbarungsquellen sind,

14. Welche Bedeutung und Bindungen haben *Fatwās* für den Islam?

Eine *fatwā* ist ein bindendes Rechtsgutachten, also ein *Šarīʿa*-Gutachten eines Rechtsgelehrten, eines *mufti*, sie ist kein Urteil eines Richters, eines *qadi* (►F/A 8), mithin ist die geläufige Übersetzung von *fatwā* als „Todesurteil" falsch.

Der Gläubige, der um ein Rechtsgutachten gebeten hat, befolgt durchweg diese „Empfehlung". Er kann die Bindung jedoch durch eine *fatwā* eines anderen *mufti* einer anderen Rechtsschule umgehen. In der Regel hat eine *fatwā* allerdings solange Bestand, wie der Gutachter lebt und welche Akzeptanz er als Rechtsgelehrter genießt. Genießt er die nicht, muss er damit rechnen, dass seine *fatwā* durch diejenige eines *muftis* mit höherer Reputation ersetzt wird.

Das Besondere an *fatwās* ist, dass zahllose Fernsehsender weltweit und daher in vielen Sprachen fast rund um die Uhr durch *muftis* Antworten in Form von *fatwās* auf tatsächlich oder extra für die Sendungen konstruierte Fragen geben, die sich Muslim*innen für den religiösen Alltag stellen: Gibt es islamisch bevorzugtes Gemüse? Kann zur Geburt unseres Kindes auch ein männlicher Arzt hinzugezogen werden? Dürfen Muslima Fahrradfahren? Sollten sich auch Mädchen im Kindesalter verschleiern? Gelten Juden und Christen als ungläubig? Wie kann ich das Versäumnis eines Gebets heilen? Dürfen Muslim*innen Juden und Christen zu deren Geburtstagen beglückwünschen? Darf ein Muslim einen Nichtmuslim beerben? Muss ich gegen Nichtmuslime ehrlich und vertragstreu sein (►F/A 76)? Dürfen Muslima an Klassenfahrten teilnehmen? (Die berühmt-berüchtigte „Kamelfatwā" dazu kann unter dem Namen ihres Verfassers Amir Zaidan gegoogelt werden).

Die Liste ließe sich beliebig verlängern. Entscheidender ist jedoch, dass viele Muslim*innen weltweit solche Sendungen nebenbei zu ihren Arbeiten oder in der Freizeit, also beispielsweise beim Bügeln, Kochen, im Café usw., gucken und auf diese Weise im Sinne eines konservativen Islam eingeschworen werden. Manche Fragen oder Antworten können nicht absurd genug sein, um nicht in den Katalog rechtgläubigen Verhaltens aufgenommen zu werden (►Link im Anhang unter „Islamische Sekundärquellen“). Allerdings werden viele dieser Rechtsgutachten auch von Muslim*innen kritisiert und ironisiert, die Gläubigkeit und Selbstbestimmung nicht als Gegensatz ansehen.

15. Was empfiehlt der islamische Katechismus, der *Ilmihâl?*

Ruft man den entsprechenden Link im Anhang zu *ʿilmihâls* auf, erscheinen 18 verschiedene *ʿilmihâls*, zumeist in türkischer Sprache. *Ilmihâls* sind die meistgekauften Bücher in der Türkei ist, sie rangieren in den Verkaufszahlen noch vor dem Koran. Und es wird deutlich, dass die Dachverbände und Organisationen je eigene *ʿilmihâls* favorisieren oder herausgeben, um die Gläubigen an ihre Glaubensauffassungen zu binden. Ihre Bedeutung erschließt sich aus dem Vorwort des *ʿilmihâl* von Lütfi Şentürk und Seyfettin Yazici, beides Mitglieder des Hochrats für religiöse Angelegenheiten von Diyanet, der Religionsbehörde der Türkei:

> Das vörderste Ziel der Prinzipien des Islam ist die Glückseligkeit des Menschen im Diesseits und im Jenseits. Unsere Religion zeigt uns den Weg hierzu und weist uns unsere Aufgaben und Verantwortungen. Die Glückseligkeit erreichen wir in dem Maße, in welchem wir diese Verantwortung tragen können. Verantwortung erfordert wissen. Unkenntnis ist keine Entschuldigung in der Religion. Mit der Berufung auf Unkenntnis kann man sich der Verantwortung nicht entziehen. Denn unsere Religion befahl zuallererst das lesen und machte das Lernen allen Gläubigen zur Pflicht. So gehört zu den wichtigsten Aufgaben eines Muslims, sich religiöses und weltliches Wissen anzueignen. Zu unserer religiösen Verantwortung gehört der Glaube und dann die Praktizierung des Geglaubten. Wie es uns obliegt, die Gebote der Religion zu befolgen, so müssen wir auch ihre Verbote einhalten. Darüber hinaus tragen wir Verantwortung gegenüber unserer Familie, unserer Gesellschaft und den Menschen um uns. Wahrhaft gläubig sind wir nur, wenn wir auch die moralischen Werte und Tugenden unserer Religion einhalten [...]. (sic!)

Die zwei von mir unterstrichenen Satzteile machen deutlich, worum es in *ʿilmihâls* geht: um Anweisungen für die tägliche Glaubenspraxis. Entsprechend behandeln sie in gesonderten Kapiteln Themen wie „Beseitigung von ritueller Unreinheit“, „Verpönte Verhaltensformen der Gebetswaschung“, „Hinfälligmachen ritueller Reinigung“, „Verhalten bei den besonderen Zuständen bei den Frauen“, „Verpönte Gebetszeiten“, „Verpönte Verhaltensformen des rituellen Gebets“, „Gebetshaltungen von Männern und Frauen“, „Verpöntes während des Fastens“, „Voraussetzungen für die Gültigkeit der Wallfahrt“, „Verhalten an Gräbern“. u. a. m. Unter dem Stichwort „Dinge, die das Fasten zwar hinfällig werden lassen, aber nachgeholt werden können“, werden solche Überschriften exemplarisch konkret. Der bereits zitierte Hasan Arikan (►F/A 12) zählt darunter auf S. 159 ff. folgende Situationen auf:

> 1. Wenn einem etwas in die Speiseröhre gerät, während man durchaus nicht vergessen hat, Fastender zu sein. 2. Wenn beim Putzen der Zähne (oder beim Gurgeln) Wasser in die Speiseröhre läuft. [...] 5. Wenn man Schnee oder Regenwasser, das einem in den Mund geraten ist, verschluckt. 6. Wenn man sich eine Spritze (Injektion) machen läßt. [...] 8. Wenn man sich Öl in die Ohren laufen läßt [...]. 11. Wenn man Erbrochenes nicht ausspeit, sondern schluckt. 12. Wenn man Speichel einer anderen Person als der Ehefrau oder des Freundes schluckt. 13. Wenn man eigenen Speichel schluckt, nachdem er den Mund verlassen hat. 14. Wenn man seine nassen oder öligen Finger in die Ausscheidungsöffnungen schiebt. 15. Wenn man Zahnbluten hat und mehr Blut als Speichel bzw. Blut und Speichel zu gleichen Mengen schluckt. 16. Wenn man Weihrauch entzündet und ihn einatmet. (sic!)

Diese Anweisungen für die tägliche Glaubenspraxis sind ein Gemisch aus Gebräuchen orientalischer Herkunftsregionen (etwa wenn davon gesprochen wird, sich Öl in die Ohren laufen zu lassen oder wenn es um das Entzünden und Einatmen von Weihrauch geht) und dem Versuch, auch höchst ungewöhnliche Tatbestände zu beschreiben (etwa die Folgen, wenn jemand seine nassen oder öligen Finger in Ausscheidungsöffnungen schiebt oder Speichel schluckt). Da im Islam alles Verhalten religiöses Verhalten ist, wird es jedoch bis in intimste Bereiche beeinflusst und von Glaubenseiferern zu regeln versucht. *Ilmihâls* lassen zudem Rückschlüsse auf das Gottes- und Menschenbild (►F/A 6) ihrer (männlichen!) Verfasser zu.

Lehrkräfte und Sozialpädagog*innen sollten davon ausgehen, dass ein Teil ihrer muslimischen Kinder aus traditionellen Familien stammen und auch im Sinne von *ʿilmihâls* sozialisiert wurden. Das erfordert von ihnen besonderes Fingerspitzengefühl im täglichen Umgang mit Themen und Menschen, ein Abtun als Aberglaube verbietet sich.

16. Welche Ziele verfolgt die Gülen-Bewegung?

Der Name der Bewegung bezieht sich auf ihren türkischen Gründer und Prediger Fethullah Gülen, der seit 1999 in den USA lebt. Die Bewegung nennt sich selbst „Hizmet“ (Türkisch: „Dienst“) und versteht sich als eine vom Islam inspirierte soziale Gemeinschaft mit einem inneren Kreis von engagierten freiwilligen Mitarbeiter*innen, soll aber weltweit bis zu fünf Millionen Anhänger zählen, mithin ist davon auszugehen, dass auch Kita- und Schulkinder durch ihre Eltern der Gülen-Bewegung nahestehen.

Sie versteht sich selbst nicht als politische oder ideologische Organisation, auch nicht als religiöser Orden oder Bruderschaft, sondern als einzigartige moderne soziale Bewegung. Zu ihrem Selbstverständnis gehört zudem ein klassisches türkisch-sunnitisches Islamverständnis mit sufischer Grundhaltung (►F/A 17), Aufgeschlossenheit für die Moderne sowie die Sicht als „Reformer" sowie Förderer des Dialogs zwischen den Kulturen. Kritiker sehen in ihr eine intransparente Organisation mit sektenhaften Zügen sowie islamistischer Indoktrination, Kreationismus und einem konservativen Frauenbild. Der Islamwissenschaftler Ralph Ghadban wirft Fethullah Gülen vor, es gehe ihm darum, eine Elite zu positionieren, um Politik und Gesellschaft zu beeinflussen.

Gülen nahestehende Träger sind weltweit aktiv. Sie betreiben in Deutschland über 300 Kultur- und Bildungsvereine, mehr als 150 Nachhilfeeinrichtungen, fast 30 Schulen und viele Kitas (!) sowie „ein kleines Medienimperium" (taz), das unter dem Dach der World Media Group AG Zeitungen (wie Zaman), Radio- und Fernsehsender (wie Ebru, Samanyolu) und Zeitschriften vereint. Zur Bewegung zählen sich zudem Akademiker- und Unternehmerverbände. Sympathisanten sehen in den Einrichtungen der Bewegung eine Integrationsmöglichkeit.

Die Gülen-Bewegung ruht im Kern auf fünf Pfeilern:

- Dem Bildungsauftrag. Von Fethullah Gülen stammt der Satz „Baut Schulen statt Moscheen" und die damit verbundene Strategie, gerade junge Menschen im Sinne ihrer Ziele zu erziehen.
- Den Lichthäusern. Sie sind Versammlungs- und Wohnort von Gülen-Anhängern, in denen sie in der Gülen-Ideologie unterwiesen werden, was den Sekten-Vorwurf begründet.
- Den Missionierungs-Aktivitäten. Diese *daʿwa*-Versuche begründen den Vorwurf totalitären Anspruchs, den Kritiker erheben:

> Ferner muss der Mensch des hizmet alles Widrige aus seiner Hand stoßen können, das ihn von seiner daʿwa zurückhält. Ob Haus, Frau und Kind, Arbeit, er darf unter dem Einfluss keiner Sache stehen, die eine Kette für seine Füße ist. Im Wesentlichen hat der Mensch der dava außer in einigen bestimmten Situationen kein persönliches Leben (Fethullah Gülen). (sic!).

- Dem *ǧihâd*. Der Begriff meint Anstrengung, die Welt in Richtung Islam zu verändern, bestimmte Mittel werden dabei nicht ausdrücklich ausgeschlossen.
- Der Opferbereitschaft. Kampfgeist und Entbehrung sind für den Einsatz für die Sache Gottes zentral. Die letzten beiden Punkte begründen den Vorwurf, nicht gewaltfrei zu sein und tendenziell Islamismus zu fördern.

Die Gülen-Bewegung ist mithin kein Bekenntnis innerhalb des Islam, und wer zu Anhängern oder Schulen der Bewegung Kontakt aufnimmt, gerät derzeit ins Visier der türkischen Geheimdienste.

17. Was ist islamische Mystik?

Die islamische Mystik, die als „Sufitum" oder „Sufismus" (*tasawwuf*), bezeichnet wird, ist eine Sammelbezeichnung für Strömungen, die asketische Tendenzen und eine spirituelle Orientierung aufweisen. Es gibt Sufi-Vereinigungen, die als sunnitisch oder schiitisch klassifiziert werden können, aber auch solche, die beiden, und andere, die keiner der beiden islamischen Richtungen zuzuordnen sind. Die meisten Sufis bewegen sich aber innerhalb des Islam von *sunna* und *schīʿa* und sind somit entweder Sunniten, Schiiten oder diejenigen Aleviten, die sich als religiöse Bewegung innerhalb des Islam verstehen.

Das Sufitum ist zahlenmäßig in Deutschland nicht sehr hoch, dafür für manche Muslime und Nichtmuslime jedoch attraktiv, weil es darum geht, dem Göttlichen mittels der eigenen unmittelbaren Erfahrung zu begegnen. Anhänger des Sufismus nennt man Sufi (*ṣūfīya*) oder auch Derwisch (*darwīš*). Die Herleitung von „Sufi" beschreibt ihren Kern: gereinigt zu sein von Unwissenheit, Aberglauben, Dogmatismus, Egoismus und Fanatismus.

Für die Ausarbeitung ihrer praktischen und theoretischen Lehren beziehen sich Sufis auf einen „inneren Sinn" (*bāṭin*) des Koran und auf diejenigen Verse und *hadîthe*, die auf eine individuelle Beziehung oder Unmittelbarkeit zu Gott verweisen. Allerdings lehnen viele Sufis Teile der „Fünf Säulen" des Islam als rein äußerliches Abarbeiten von Pflichten ab, weil sie ein Glaubensverständnis haben, dem sie einen verinnerlichten Umgang mit den Riten entgegensetzen. Als Beispiel dafür wird die verpflichtende Pilgerreise der Orthodoxie nach Mekka genannt, die Sufis durch eine Reise in ihrem Herzen ersetzen. Zudem spielen *hadîthe* mit Alltagsregelungen, die für traditionelle Muslime oftmals eine größere Bedeutung haben als der Koran, für Sufis eher eine unbedeutende Rolle. Für sie steht der Koran im Mittelpunkt. Nicht wie in der islamisch-orthodoxen Lehre ist ihr Streben darauf gerichtet, genaue *ŝari*ʿa-gemäße Verhaltensvorschriften zu befolgen, um das Paradies zu erlangen.

Zu den religiösen Pflichten für gesunde Muslime gehört im Islam auch der *ğihâd*, der Glaubenskampf, er wird allein im Koran 35 Mal erwähnt. Sufis schränken den *ğihâd* i.d.R. auf den Kampf gegen die böse und verführerische „Triebseele" ein, ihr Verständnis von *ğihâd* bezieht sich also auf den „großen *ğihâd*" (►F/A 84–86).

Sufische Mystik versteht das Verhältnis zu Gott als eine Bewegung von unten nach oben, vom Menschen zu Gott, während es für traditionelle Muslime eine Bewegung von oben nach unten ist, vom rechtleitenden und befehlenden Gott zum Menschen, der sich unterzuordnen hat. Sufis tragen Gott in ihrem Herzen und versuchen sich so zu entwickeln und zu verhalten, dass sie den göttlichen Eigenschaften möglichst nahekommen (►F/A 6). Ihr Menschenbild ist das eines autonomen und selbstbestimmten Menschen.

Sufis sind geprägt von unendlichem Gottvertrauen (*tawakkul*) und von brennender Sehnsucht nach einer ganz persönlichen Beziehung zu Gott. Sie versuchen durch Meditation (*fikr*) und besonderes Gottesgedenken (*dhikr*) den Sinn des Islam, die vollkommene Hingabe an Gott, zu verwirklichen. „*Dhikr*" ist im Rahmen der islamischen Mystik zu einem Terminus technicus für das laute oder leise Gedenken *Allāhs* geworden, zu dem schon im Koran aufgerufen wird. Dies kann geschehen durch Koranrezitationen, die ständige Wiederholung eines der Namen Gottes oder durch Hersagen des Glaubensbekenntnisses (*ŝahāda*) in einem von der Gemeinschaft organisierten Ritus. Die Wiederholungen können zudem mit entsprechenden Körperbewegungen und Atemtechniken verbunden werden, bei denen es ggf. auch zu ekstatischen Zuständen kommen kann, die ihrerseits als religiöse Erfahrungen verstanden werden. Dabei ist ihre Gebetsrichtung (*qibla*) nicht nach Mekka ausgerichtet, die Gläubigen sitzen vielmehr im Kreis und schauen einander an. Durch den Inhalt ihrer Liturgie und durch das *dhikr* selbst unterscheiden sich Sufi-Schulen voneinander.

Auf der höchsten Stufe eines langen Prozesses der Gotteserfahrung, der Stufe des aufrichtig Liebenden, kommen einige wenige Sufis so weit, auch auf Menschen zu verzichten, die sie daran hindern, nur noch an Gott zu denken. Das bedeutet nicht zwangsläufig den Abbruch sozialer Kontakte, wohl aber Verzicht auf Gemeinschaft, wenn sie als Hindernis für das Leben allein mit Gott angesehen wird.

Sufis sind durchweg offen, auch dafür, sich mit Lerngruppen auf Diskussionen einzulassen.

18. Welche Mythen sind im Islam geläufig?

Der Islam hat – wie das Christentum auch – zahlreiche Mythen. So soll z. B. der Stein der *kaʿba* aus dem Paradies stammen und ein Meteorit sein. Eine andere Legende besagt, dass der Stein früher weiß war und sich erst durch die Sünden der Menschen schwarz einfärbte.

Zudem rankt um den Bart des Propheten ein Mythos. Mohammed soll sich kurz vor seinem Tod noch einmal rasiert und die Haare an Gefährten und Gläubige verteilt haben. Heute werden in einigen islamisch geprägten Staaten seine (?) Barthaare ausgestellt und verehrt, etwa in der in *Hazratbal*-Moschee in Srinagar (Indien), der *Ahmed-Jezzar*-Moschee in Akko (Israel) und im Topkapi-Palast-Museum in Istanbul Neben den Barthaaren wird auch ein goldener Fußabdruck des Propheten verehrt, ebenso wie sein Mantel, seine Standarte, Schuhe und sein Schwert.

Die über den islamischen Kulturkreis hinausreichende bekannteste Legende ist die der Huris, sie spielen nicht nur in der Vorstellung von Neo-*Salafisten* eine mythische Rolle (►F/A 89, 90). Huris sind nach islamischem Glauben Jungfrauen (*al-ḥūr*, „die Blendendweißen") im Paradies, die den Seligen beigegeben werden (►F/A 86):

> [56:35–37]: Und Huris stehen zu ihren Diensten. Wir haben sie regelrecht geschaffen und sie zu Jungfrauen gemacht, heiß liebend und gleichaltrig.
>
> [52:20]: Wir geben ihnen großäugige Houris als Gattinnen.
>
> [55:56]: Darinnen befinden sich auch, die Augen sittsam niedergeschlagen, weibliche Wesen, die vor ihnen weder Mensch noch Dschinn entjungfert hat.
>
> [55:57]: Sie sind so strahlend schön, wie wenn sie aus Hyazinth und Korallen wären.
>
> [78:31–33]: Die Gottesfürchtigen dagegen haben großes Glück zu erwarten, Gärten und Weinstöcke, gleichaltrige Houris mit schwellenden Brüsten [...].

In dem *hadîth* Nr. 6793 von *Sahîh Muslim* heißt es:

> Im Paradies wird jeder zwei so wunderschöne Frauen haben, von so zarter Haut, daß sie wie durchscheinend sein wird, und kein Mann wird im Paradies ohne eine Frau sein.

Und der mittelalterliche Theologe *al-Suyuti* schreibt:

> Jedes Mal, wenn wir mit einer huri schlafen, verwandelt sie sich danach wieder in eine Jungfrau. Der Penis eines Muslim wird niemals erschlaffen. Die Erektion hält ewig, und der Genuss bei der Vereinigung ist unendlich süß und nicht von dieser Welt [...]. Jeder Auserwählte wird siebzig huris haben [...]. Alle werden eine köstlich verlockende Vagina haben.

Huris als „Paradiesjungfrauen" anzusehen, ist philologisch allerdings umstritten und deshalb für manche Muslime nur schwer zu verdauen. Der Semitist, der unter dem Pseudonym Christoph Luxenberg publiziert, weist nach, dass der Koran an vielen Stellen von den Kommentatoren fehlgelesen und missdeutet wurde, weil sie Altarabisch und Syro-Aramäisch, die Sprachen des Koran, nicht mehr beherrschten. So hat auch seine Neudeutung der Huris Brisanz. Nach Luxenbergs Erkenntnissen spricht der Koran gar nicht von Jungfrauen, die Huris seien in

Wirklichkeit nichts anderes als „weiße, kristallklare Trauben“, Früchte, die in den Paradiesvorstellungen des Orients von alters her als Sinnbild von Wohlleben, Behaglichkeit und Sorglosigkeit in Bezug auf die Alltagsbewältigung galten.

19. Gibt es Gemeinsamkeiten von Christentum und Islam?

An dieser Stelle erfolgen weder ein systematischer Religionsvergleich (vgl. dazu Mathias Rohe u. a.), noch wird das Verhältnis Islam/Christentum thematisiert. Vielmehr werden einige Übereinstimmungen und Unterschiede zwischen diesen Religionen eher holzschnittartig benannt. Sie können dennoch für Lehrkräfte und Sozialpädagog*innen Basis zum Brückenbauen sein.

Beide Religionen (wie auch das Judentum) berufen sich auf zwei Quellen, das jeweils heilige Buch sowie die Tradition.

abrahamische und monotheistische Religionen; Offenbarungsreligionen; die Welt ist die Schöpfung Gottes; die Erschaffung Adams als gemeinsamer Ursprung; „der Tag des Weltgerichts“ mit der Auferstehung der Toten; Gebete zu Gott; Wallfahrten; der Glaube an Engel und Propheten sowie an Sünde und Vergebung, an Paradies und Hölle und die Existenz des Teufels; hohe Feiertage, besonderer Gebetstag; Jerusalem als heiliger Ort.	
Christentum	**Islam**
1. Altes und Neues Testament 2. Tradition (Schriften der Kirchenväter, Dogmen, Enzykliken)	1. Koran 2. Tradition (*sunna, hadithe*)
Dreifaltigkeit Altes und Neues Testament Erlösung durch Gott Gewissensfreiheit Nächstenliebe Feindesliebe / Bergpredigt Priesteramt, Sakramente	Dreifaltigkeitsgedanke fremd Überwindung des Pentateuch der Mensch erlöst sich selbst völlige Unterwerfung unter Gott Zusammenhalt innerhalb der *umma* *Ğihād* des Schwertes unmittelbare Beziehung zu Gott

Abbildung 2: Verbindendes und Trennendes der zwei Religionen

Die christlichen Kirchen und mit ihnen viele Menschen engagieren sich im christlich-islamischen Dialog, der zudem in Deutschland auch finanziell durch den Staat unterstützt wird, der sich davon Integrationseffekte verspricht. Allerdings mahnt nicht nur der Muslim Bassam Tibi (-1-), die verschiedenen Welten zu beachten, in denen Muslim*innen und Christ*innen leben (►F/A 22, 97).

20. Beten Christen und Muslim*innen zum selben Gott?

Allāh ist der allmächtige Schöpfer, Herr und Richter, er erscheint im Koran als Gesetzgeber, der ganz anders ist als wir Menschen, er ist ein ferner und unerreichbarer Gott. Er ist größer (*allāhu akbar*), stärker, schöner, reicher und klüger als alles, was Menschen kennen. Jeder Gedanke von Muslim*innen über *Allāh* bleibt mangelhaft und ist letztlich falsch. Er kann nicht gedacht, erreicht oder definiert werden. Er ist kein persönlicher Gott, er steht außerhalb aller Emotionen und Begriffe.

Der Koran positioniert sich gegen die Trinität des Christentums, z. B. in dem folgenden Vers:

> [5:73]: Ungläubig sind diejenigen, die sagen: „Allāh ist einer von dreien." Es gibt keinen Gott außer einem einzigen Gott. Und wenn sie mit dem, was sie (da) sagen, nicht aufhören (haben sie nichts Gutes zu erwarten). Diejenigen von ihnen, die ungläubig sind, wird (dereinst) eine schmerzhafte Strafe treffen.

Gott ist im Christentum Vater, allein die vier Evangelien sprechen mehr als 170 Mal vom Vater, dagegen deutlich weniger oft von Gott. Dass mit dem christlichen „Vater" nicht in erster Linie der Begründer einer Genealogie gemeint ist, sondern die Anrede sich auf seine Güte bezieht und Vertrauen insinuiert, verwirrt Muslime dennoch. Und der Gott des Islam hat auch keinen Sohn, der Koran lehnt die Gottessohnschaft Jesu sowie die Gottheit Jesu in jeder Form ab:

> [4:171]: Ihr Leute der Schrift! Treibt es in eurer Religion nicht zu weit und sagt gegen Allāh nichts aus, außer der Wahrheit! Christus Jesus, der Sohn der Maria, ist (nicht Allāhs Sohn. Er ist) nur der Gesandte Allāhs und sein Wort, das er der Maria entboten hat, und Geist von ihm. [...].

Mit Sure 5:73 wendet sich der Islam zugleich gegen die Gottheit des Heiligen Geistes und bezeichnet ihn häufig als den Engel Gabriel/*Ğibrīl*. Deshalb kann es im Islam auch keine Erkenntnis des Vaters und des Sohnes geben, da es der Heilige Geist ist, der dem Christentum zur Folge diese Erkenntnis schafft. Zudem verweigert der Islam die Vorstellung von der Kreuzigung Jesu und die mit ihr verbundene Erlösung.

Die Frage nach dem Glauben an denselben Gott ist letztlich für die tägliche Religionspraxis von Menschen irrelevant. Das sollte auch für den Lern- und Erziehungsalltag in Kitas, Schulen und der Jugendhilfe gelten. Vielmehr spitzt sich die Frage auf theologische und religionsphilosophische Positionen sowie religionspolitische Interessen zu, insbesondere denen von Abgrenzung. Um diese Positionen zu wissen, kann der Rolle als Pädagog*in durchaus Halt geben und sich im christlich-islamischen Dialog als hilfreich erweisen (►F/A 19, 22, 79).

21. Verändern Christenverfolgungen die eigene Position gegenüber dem Islam?

Christenverfolgung – das klingt wie ein Phänomen aus ferner Vergangenheit. In vielen Staaten dieser Welt ist die Ausgrenzung, Diskriminierung und Verfolgung von Christen jedoch auch heute noch oder wieder gängige Praxis. Besonders bedroht sind Christen in Staaten oder Regionen, in denen islamistische Extremisten oder Terroristen Macht ausüben. Allerdings werden dort häufig nicht nur Christen, sondern alle religiösen Minderheiten verfolgt.

Das sind die wiederkehrenden Einschätzungen des Hilfswerks Open Doors in ihrem jährlichen „Weltverfolgungsindex“. Zwar lebten und leben seit Jahrhunderten Christen und Muslime im Orient zusammen, manchmal zum gegenseitigen Nutzen: Armenier in der Türkei, Maroniten im Libanon, Kopten in Ägypten, Chaldäer im Irak und Syrien sowie Orthodoxe im ganzen Nahen Osten. Doch Islamisierung und Nahostkonflikt, das Erstarken fundamentalistisch-islamistischer Bewegungen sowie Vertreibungen und Drangsalierungen haben die Zahl der Christen dezimiert: Rund zehn Millionen leben heute noch in islamisch geprägten Staaten. Nirgendwo ist ihnen jedoch freie Religionsausübung, Kirchenbau oder unbeschränkte Gemeindearbeit gestattet.

Das veranlasst hierzulande immer wieder Politiker und Kirchenvertreter wie den damaligen Augsburger Bischof Walter Mixa zu religionspolitischen Vergleichen. Weil Christen in vornehmlich islamisch geprägten Staaten „so gut wie keine Daseinsberechtigung“ hätten, hielt er „den Kölner Muslimen in aller Freundschaft“ 2007 bei der Diskussion um deren Moscheebau entgegen:

> Dann muss es eben keine große Moschee sein mit hoch emporragenden, demonstrativ in Erscheinung tretenden Minaretten, dann reicht in einer christlich geprägten Kultur auch ein schlichter muslimischer Andachtsraum.

Mixa spielte hier auf den unter der Chiffre „Reziprozität“ konstruierten Genehmigungsvorbehalt von Moscheebauten in Deutschland an, der von der Genehmigung von Kirchenbauten in islamischen Staaten abhängig gemacht werden solle.

Dieser Genehmigungsvorbehalt würde allerdings gegen den Grundsatz der Gleichbehandlung von § 9 der Konvention zum Schutze der Menschenrechte und Grundfreiheiten (EMRK vom 4.11.1950 – BGBl 1958/210 samt Zusatzprotokoll vom

20.3.1952, GBBl 1958/210) verstoßen. Dabei gilt die Konvention auch, obwohl – trotz ihrer Ratifizierung durch die Bundesrepublik Deutschland wie durch die Türkei – in vielen Verfassungen islamisch-geprägter Staaten wie etwa der der Türkei entsprechende kompatible Regelungen wie im Grundgesetz fehlen. Mixa ignoriert zudem lokales deutsches Baurecht, denn der Bau von Moscheen ist nicht – wie der Bau von Kirchen – eine res sacrae mit Sonderrechten, sondern richtet sich ausschließlich an baurechtlichen Fragen aus: den Festlegungen des örtlichen Bebauungsplans, dem Emissionsschutz, der Notwendigkeit von Parkplätzen etc.

Da der Gleichbehandlungsgrundsatz in jedem Fall jedoch unteilbar ist, ist er nicht disponibel, sondern gilt jederzeit für jedermann. Das Fazit lautet deshalb, die eigene Position gegenüber dem Islam in Deutschland nicht von der Politik ausländischer Staaten bestimmen zu lassen, gleichwohl dortige Entwicklungen auch nicht zu negieren.

22. Bereichern interreligiöse Projekte Kitas und Schulen?

Manche Kitas und Schulen legen Schwerpunkte ihrer interreligiösen Aktivitäten auf das Herausarbeiten von eher äußerlichen Gemeinsamkeiten der abrahamischen Religionen. Dazu besuchen sie Moscheen, Kirchen und Synagogen. Andere vergleichen Erzählungen, die in Koran und Bibel vorkommen, wie z. B. die Geschichten von Adam und Eva, von Noah oder vom verlorenen Sohn. Wieder andere kontrastieren die Bedeutung und Inhalte von Gebeten, die Aufgaben von Seelsorge oder den Sinn von Wallfahrten (►F/A 29). Sie lassen sich dabei evtl. von der Bundesregierung unterstützen, die Initiativen zum besseren Verständnis zwischen den Religionen in Deutschland fördert. Initiator ist das Bundesministerium des Innern (BMI), das Projekte zum interreligiösen Dialog, insbesondere von und mit Muslimen sowie Projekte, welche die in der DIK (►F/A 99) gesetzten Ziele umsetzen, sponsert. Auch Religionen ist an einem interreligiösen Dialog gelegen. „Weißt du, wer ich bin?“ ist z. B. als Projekt der drei großen Religionen ein gemeinsames Vorhaben der Arbeitsgemeinschaft Christlicher Kirchen in Deutschland (ACK), des Zentralrats der Juden in Deutschland und der vier islamischen Dachverbände (►F/A 24). Bislang wurden zahlreiche lokale Initiativen unterstützt, die ebenfalls vom BMI und zudem aus dem Europäischen Integrationsfonds gefördert werden. Alle diese Projekte und Dialogformen sind nicht auf Einheit im Glauben, auf eine Weltreligion oder auf Synkretismus ausgerichtet; vielmehr geht es um das

> […] Kennenlernen des Glaubenswissens und der Glaubenspraxis anderer Religionen, Abbauen von Vorurteilen, Verstehen, Akzeptieren und Respektieren des Anderen, Felder gemeinsamen Handelns auf der Basis gemeinsamer Wertüberzeugungen entdecken, an der Gestaltung einer friedlichen Zukunft gemeinsam arbeiten (Werner Höbsch).

Grenzwertig wird es nur dort, wo Muslim*innen an Krippenspielen beteiligt werden oder das Martinsfest aus falsch verstandener political correctness zum „Lichterfest“ und das Nikolausfest zum „Zuckerfest der Christen“ umfunktioniert werden. Auch für eine Überhöhung solcher interreligiösen Projekte als Verkündigung Gottes, der den Dialog mit den Menschen immer wieder gesucht habe und auch heute suche, eignen sich Kitas und Schulen eher nicht. Interreligiöse Projekte in Bildungseinrichtungen müssen ihre Grenzen kennen und akzeptieren (►F/A 19, 97).

Wenn solche Projekte bereichern und Menschen bewegen wollen, müssen in ihren selbstgesteckten Zielen religiöse Module mit aktuellen Interessen von Kindern und Jugendlichen zusammengeführt werden. Dazu eignen sich Projektthemen, welche Positionen Religionen in ihren „heiligen Quellen“ sowie in Äußerungen und Verhalten ihrer Vertreter*innen etwa zum Umwelt- und Klimaschutz einnehmen; zur Sicherung von Frieden; zu ethischen Fragen, die in der Biologie und Medizin derzeit gestellt werden; zum Konsum und seiner Begrenzung; zu Solidarität mit Armen und Schwachen; zum Umgang mit Menschen, die durch Alter, körperliche oder geistige Beeinträchtigungen gehandicapt sind (►F/A 72–74, 84–86). Solche Themen könnten über die Einrichtungen hinauswirken: Grundhaltungen werden vermittelt; Eltern, Interessierte und Sachkundige werden eingebunden; Lernorte nach außen verlagert, mediale Aufmerksamkeit erzeugt – und Grenzen erkannt. Sie unterstreichen damit, dass Religionen sich nicht auf Spiritualität begrenzen lassen, sondern gläubige Menschen den gemeinsamen Auftrag haben, die Schöpfung und ihre Vielfalt zu bewahren. Genesis 1,28 gilt für alle abrahamischen Religionen.

23. Kann Wachsamkeit gegenüber islamischen Projekten angebracht sein?

Wenn sich Kitas, Schulen und die Jugendhilfe auf Partner-Projekte einlassen, sollte das Fundament der Gemeinsamkeiten transparent sein: die Absichten erkennbar, der Zweck erreichbar, die Ziele überprüfbar und die Personen bekannt. Vieles ist zwar von den örtlichen Gegebenheiten abhängig, allerdings sollten alle Aktivitäten jederzeit mit den Werten und Zielen der Einrichtung übereinstimmen. Diese Maximen gelten generell, nicht nur bei Projekten mit „dem“ Islam oder Muslim*innen.

Allerdings kann es hier zu Situationen kommen, in denen versucht wird, Transparenz im Interesse des Islam zu verschleiern, etwa dann, wenn die Absicht besteht, zu missionieren.

> [3:20]: Und wenn sie mit dir (über den Inhalt der Offenbarung) streiten, dann sag: Ich ergebe mich Allāh, (ich) und wer mir folgt! Und sag zu denen, die die Schrift erhalten haben und zu den Heiden: Wollt ihr (jetzt) den Islam annehmen? Wenn sie den Islam dann annehmen, sind sie rechtgeleitet. Wenn sie sich aber abwenden, so hast du nur die Botschaft auszurichten (und bist für ihren Unglauben nicht verantwortlich). Allāh durchschaut die Menschen wohl.

Der Begriff *daʿwa* ist vielfältig, er meint Einladung, Werbung, Missionierung und erfolgt divers und situationsangemessen. So bietet sich z. B. ein Imam an, etwa in einer Kita oder Schule „über Speisevorschriften des Islam“ zu informieren (►F/A 43, 51). Solches Anerbieten sollten Pädagog*innen i. d. R. ablehnen, es könnte *daʿwa* als Einfallstor dienen. Außerdem können sie sich die Alltagsregeln, Wissen über islamische Festtage und Gebräuche wie das Fastenbrechen u.a.m. selbst schnell aneignen oder bei Bedarf nachlesen (►F/A 42). Auch muslimische Kinder oder deren Mütter sprechen und informieren gerne darüber.

Aus einigen Kitas und Grundschulen ist bekannt, dass sie „Projekttage zum Islam“ durchführen und einige muslimische Eltern und Moscheen diese Zeit nutzen, Mädchen die Einrichtungen mit Kopftuch besuchen zu lassen. Das ist der durchsichtige Versuch, die Präsenz des Islam auf Kosten von Kindern auch auf diese Einrichtungen auszuweiten, obwohl die islamischen Quellen kein Gebot des Kopftuchtragens für Kinder vor der Pubertät vorsehen (►F/A 55).

2019 erlangte ein Projekt aus Rheinland-Pfalz mediale Aufmerksamkeit: Dem Trägerverein der muslimischen Mainzer Arab-Nil-Rhein-Kita war durch die Landesregierung die Betriebserlaubnis entzogen worden. Die Bestätigung erfolgte am 26. 3. 2019 durch Entscheidung des Amtsgerichts Mainz (Az. 1 L96/19 Mz), weil ausreichender Verdacht bestand, dass die Kita seit vielen Jahren extremistischem Gedankengut nahestände. U. a. seien bei Festen indizierte Schriften verteilt worden, und in ihren Räumen hätten regelmäßig Neo-*Salafisten* indoktriniert (►F/A 89, 90). Mit der Gerichtsentscheidung wurden der Kita zugleich Kontakte zu anderen Kitas und sonstigen Einrichtungen untersagt.

Gefahr von anderer Seite droht, wenn Kitas, Schulen und Einrichtungen der Jugendhilfe Kontakte zu Institutionen der Gülen-Bewegung aufnehmen. Ihr Personal könnte dann schnell in den Fokus türkischer Geheimdienste kommen, weshalb sie zumindest eine Partnerschaft mit einer Gülen-Einrichtung derzeit ausschließen sollten (►F/A 16). Zudem drohen den in dieser Sache engagierten Pädagog*innen Schwierigkeiten, wenn sie in die Türkei reisen.

Schließlich sollten sie auch genau hinsehen, wem sie ihre Spenden geben wollen. Seit Jahren gibt es Organisationen und Vereine, die sich im Namen des Islam angeblich für notleidende Menschen z. B. in Kriegsgebieten einsetzen. Doch nicht immer geht es den Planern dabei um Mildtätigkeit und grenzenlose Nächstenliebe. *Salafistische* Tarnorganisationen und angebliche Hilfskonvois transportierten neben Alltagsbedarf für Zivilisten auch Geld und Waffen in Krisengebiete. Unter einem humanitären Deckmantel sammeln Hilfsorganisation wie „Ansaar International", „Helfen in Not", „www.help" und weitere Geld für die *salafistische* Szene, darunter sind auch Vereine mit Medizin- und Bildungslabeln. Schließlich initiieren *salafistische* Hilfsorganisationen Benefizveranstaltungen unter unverdächtigen Namen und für vorgeblich mildtätige Zwecke, bei denen Sachspenden und Geld gesammelt werden, die jedoch dem *Salafismus* zugutekommen.

Die Einzelbeispiele verdeutlichen: Nicht nur gutgläubige und arglose Nicht-Muslime können getäuscht werden; mit solchen Versuchen wird zugleich die große Mehrheit ehrenhafter Muslim*innen desavouiert, die dann leicht unter Generalverdacht gerät. Deshalb ist es nicht falsch, bei Projekten mit „dem" Islam wachsam zu sein.

24. Vertreten die islamischen Dachverbände die Muslim*innen in Deutschland?

DİTİB (Diyanet İşleri Türk İslam Birliği) ist der größte islamische Verband in Deutschland, untersteht als türkische Behörde unmittelbar der Regierung der Republik Türkei, vertritt mithin ausschließlich den türkisch-nationalen Staatsislam, hat in Deutschland ca. 130.000 Mitglieder und unterhält mehr als tausend Moscheen. Aufgrund zahlreicher Ereignisse sowie politischer Neuausrichtung hat sie in Deutschland stark an Kredit verloren (►F/A 51).

Der Islamrat (IR) wird von IGMG dominiert, der Islamischen Gemeinschaft Milli Görüş („Nationale Sicht"). In ihrem Wappen führt IGMG in arabischer Sprache den Koranvers 3:19: „Als (einzig wahre) Religion gilt bei Gott der Islam." Der IR verfügt neben dem Vorstand und der Mitgliederversammlung (ca. 50.000 Mitglieder) über einen *scheich ul-Islam* sowie einen obersten *mufti*, und der Vorsitzende wird seit Jahrzehnten von der IGMG gestellt. IGMG unterhält deutschlandweit ca. 550 Moscheen. Neben IGMG gehören dem IR als Mitgliedsorganisationen u. a. die Islamische Föderation Berlin, der Verband islamischer Jugendzentren, der deutsch-somalische Verein, der muslimische Sozialbund, die Gemeinschaft der *Ahl-Al-Bayat*-Vereine in Deutschland, die islamische Gemeinschaft *Jama'at un-Nur*, die Union marokkanischer Imame, der Ostturkestanische (Uigurische) Nationalkongress und der Verband der islamischen Gemeinden der Bosniaken an.

Der Zentralrat der Muslime (ZMD) bildet das ethnische Gegenstück zum IR und vertritt eine Reihe von nicht-türkisch geprägten Mitgliedsvereinen, die eine strenge Auslegung der *šarīʿa* befürworten. Ihm als dem kleinsten der vier Verbände gehören etwa 12.000 Mitglieder an, der größte Teil dürfte ATIB (Avrupa Türk-İslam Birliği) sein und der zweitgrößte die Muslimbruderschaft. Derzeit sind über den ZMD mehr als 20 Mitgliedsvereine bekannt, neben den genannten u. a. noch die IGD (Islamische Gemeinschaft in Deutschland e.V.), das IZA (Islamisches Zentrum Aachen), das IZM (Islamisches Zentrum München), die UELAM (Union der in Europäischen Ländern Arbeitenden Muslime e.V.), die Deutsche-Muslim-Liga Bonn, das islamische Bildungswerk, die Union der Islamisch-Albanischen Zentren in Deutschland, die Vereinigung Islamischer Gemeinden der Bosniaken in Deutschland, der Bundesverband für islamische Tätigkeiten und die Islamische Arbeitsgemeinschaft für Sozial- und Erziehungsberufe. ATIB unterhält ca. 130 Moscheen, der ZMD ca. 50, einige der Mitgliedsvereine werden vom Verfassungsschutz beobachtet. Die Arbeit des ZMD vollzieht sich in Fachausschüssen und Projekten. Er stellt seit längerer Zeit den Sprecher des KRM (►F/A 25, 81).

Der Verband der Islamischen Kulturzentren e.V. (VIKZ) ist der älteste Dachverband türkisch-muslimischer Migranten in Deutschland. Er steht der Süleymancı-Bewegung nahe und ist streng hierarchisch und zentralistisch organisiert. Er unterhält mehr als 300 Moscheen und besitzt weniger als 20.000 Mitglieder. Im Vordergrund steht die islamische Bildung der Jugend. Geführt wird der VIKZ letztlich vom Oberhaupt der Süleymancı-Bewegung. Der Name des türkischen Dachverbandes des VIKZ, die „Föderation der Vereine zur Förderung der Schüler und Studenten“, beschreibt programmatisch die Aktivitäten des VIKZ im Sinne der Süleymancı: Bewahrung der Jugend vor dem Verlust islamischer Glaubenslehre und religiöser Identität in einem nicht-muslimischen Umfeld. Entsprechend unterhält der VIKZ in Deutschland Internate und Wohnheime. Verfassungsschutzämter haben den VIKZ in der Vergangenheit schon mehrfach als desintegrativ eingeschätzt.

Der in Deutschland (und Europa) organisierte Islam vertritt antisäkulare und tendenziell antieuropäische Positionen, kämpft mit allen Mitteln für Sonderrechte und stellt sich damit gegen eine vollumfängliche Integration von Muslim*innen. Denn die meint nicht nur umfassende und gleichberechtigte Teilhabe aller in allen gesellschaftlichen Bereichen, sondern auch die Kenntnis, das Respektieren und Befolgen von Verfassung und Gesetzen durch jeden, der hier lebt. Und dazu gehören als Kernelemente Pluralismus, Religionsfreiheit und eine Absage an Segregation. Diese Kernelemente zählen allerdings nicht zu den prioritären Zielen der Dachverbände. Deren gemeinsame politische Forderung beschränkt sich im Wesentlichen auf die Anerkennung des Islam als gleichberechtigte Religionsgemeinschaft neben den christlichen Kirchen und jüdischen

Gemeinden. Die Verbände legen ihre Schwerpunkte in Deutschland deshalb darauf, z. B. islamische Riten zu praktizieren, Moscheen und Friedhöfe zu bauen, verantwortlich für Islamischen Religionsunterricht in Schulen zu sein (►F/A 56, 58, 59) und sich u. a. in Rundfunkräten zu platzieren.

Die Verbände inszenieren sich als Sprecher „der" Muslime in Deutschland, obwohl weniger als 20 Prozent Mitglieder sind. Und sie dienen sich als Gesprächspartner von Politik, Kirchen und Gesellschaft mit einer Doppelstrategie an: Sie geben sich tolerant und liberal und vertreten weitgehend einen Mainstreamislam (►F/A 26) und in etlichen Moscheen Positionen, die diese in den Fokus der Verfassungsschutzämter rücken. Deshalb wird ihnen von Kritikern *iham*, Täuschung, vorgeworfen, die ihre Strategie einer Islamisierung (und weitgehende Finanzierung durch das Ausland) verdecken soll. Die Politik der Dachverbände in Deutschland steuern die türkische Religionsbehörde Diyanet, die Islamische Weltliga (*al-Rābiṭat al-ʿālam al-islāmī*), die von Saudi-Arabien unterstützte Europäische Organisation der Islamischen Zentren (OECI) u. a. m. In einem Dokument der Islamischen Weltliga heißt es:

> Die Islamische Weltliga hat auf ihrer Arbeitstagung in Kairo eine neue Strategie gefordert für die Daʿwa (= Missionierung, Anmerkung K. S. ►F/A 22) [...]. Hierzu gehört der Aufbau islamischer Zentren in Europa [...], um die dort lebenden Muslime auf ihre Rolle in der Zukunft vorzubereiten [...]. Die Anwendung der Scharia als Richtschnur im Leben der Muslime ist zu fordern (*a-Sharq al-Ausat* vom 28.7.1993, zitiert bei Bassam Tibi, Die verdeckte Islamisierung Europas, in: Basler Zeitung vom 11.10.2016).

Mehr denn je gilt, zwischen „den Muslimen" – die diesen Strategien noch ungleich stärker ausgesetzt sind als Nichtmuslime – und „dem Islam" zu unterscheiden.

25. Sind die Dachverbände Religionsgemeinschaften?

Die Frage ist deshalb auch für Schulen wichtig, weil für die Durchführung von Religionsunterricht nach Art. 7 (3) GG Religionsgemeinschaften unverzichtbar sind:

1994 beantragten der Zentralrat der Muslime (ZMD) bzw. dessen Rechtsvorgänger sowie 1996 der Islamrat (IR) durch Beitritt beim damaligen Ministerium für Schule und Weiterbildung Nordrhein-Westfalens die Einführung von Islamischem Religionsunterricht (IRU). Dabei ging es auch um Prüfung der Voraussetzungen, die Art. 7 Abs. 3 GG dafür benennt und die u. a. eine Religionsgemeinschaft vorsehen, nach deren Grundsätzen der Religionsunterricht erteilt werden soll.

Die Anträge wurden mit der Begründung, die Kläger stellten keine Religionsgemeinschaften dar, die Ansprechpartner des Landes für IRU seien, abgewiesen. Es folgte ein jahrelanger Rechtsstreit vor der Verwaltungsgerichtsbarkeit (vgl. Urteile des VG Düsseldorf vom 2.11.2001 – VG 1 K 10519/98, des OVG Münster vom 2.12.2003 – OVG 19 A 997/02 sowie des BVerwG vom 23.2.2005 – BVerwG 6 C 2.04).

An der Rechtssituation änderte auch die Gründung des Koordinierungsrates der Muslime (KRM) am 11.4.2007 durch DİTİB, ZMD, IR und VIKZ nichts. Denn der bundesweit agierende KRM löst nicht bereits durch den Zusammenschluss der vier Dachverbände die Bedingungen ein, die das BVerwG 2005 beim ZMD und IR als nicht erfüllt angesehen hat: Sie nähmen keine für die Identität einer Religionsgemeinschaft wesentlichen Aufgaben wahr und seien geprägt durch Mitgliedsvereine, die religiöse Aufgaben nicht oder nur partiell erfüllten. Zudem bestünden Zweifel an der Gewähr der Verbände, sich künftig so zu verhalten, dass sie die in Art. 79 Abs. 3 GG umschriebenen fundamentalen Verfassungsprinzipien, die dem staatlichen Schutz anvertrauten Grundrechte Dritter sowie die Grundprinzipien des freiheitlichen Religions- und Staatskirchenrechts des Grundgesetzes nicht gefährdeten.

Da das BVerwG mit seinem 2005er Urteil das Verfahren zur erneuten Entscheidung an das OVG Münster zurückverwiesen hatte, macht es die Frage islamischer Religionsgemeinschaften fast zu einer never ending story: So ist das OVG NRW in Münster am 9.11.2017 dem Auftrag des BVerwG nachgekommen und hat auch diesmal entschieden, dass ZMD und IR keinen Anspruch gegen das Land NRW auf allgemeine Einführung Islamischen Religionsunterrichts an öffentlichen Schulen hätten (OVG 19 A 997/02). Hiergegen legten die Kläger erneut Rechtsmittel ein. Das BVerwG, das hierüber zu befinden hatte, rügte in seinem Beschluss vom 20.12.2018 (BVerwG 6 B 94.18) allerdings die Entscheidung des OVG, es habe „tragende rechtliche Erwägungen" des höchsten deutschen Verwaltungsgerichts aus dem Urteil vom 23.2.2005 nicht hinreichend beachtet. Es verwies deshalb das Verfahren zur abermaligen Prüfung der Angelegenheit zurück nach Münster.

Es mangelt den islamischen Verbänden – bis zur Rechtskraft der Entscheidung – also auch weiterhin an dem von Art. 7 Abs. 3 GG geforderten Rechtstitel einer Religionsgemeinschaft. Für den Alltag von Schulen ändert sich daher nichts.

26. Woran erkenne ich den politischen und den „Mainstreamislam"?

„Mainstreamislam" kennzeichnet eine konservative Ausrichtung und ist Ausdrucksform und Speerspitze des politischen Islam (►F/A 24), und dieser ist gekennzeichnet durch

- die weitgehende Ablehnung von Koranexegese und damit u. a. die Akzeptanz der Ungleichheit von Mann und Frau sowie die Duldung von Polygamie und Polygynie;
- das strategische Verschweigen der Methode der Abrogation, um den Islam als friedfertig und den kleinen *ǧihâd* als historisch darstellen sowie die Geschlechtergleichheit als koranische Errungenschaft behaupten zu können;
- das Festhalten an der Apostasie (*irtidâd*), die auf dem Dualismus „gläubige Muslime vs. Ungläubige" beruht und eine Abkehr vom Islam nicht toleriert;
- die Duldung von Predigten und Traktaten gegen die Mehrheitsgesellschaft, die mit Einladungen entsprechender Prediger in Moscheen verbunden ist (►F/A 51);
- die Ablehnung positiver und negativer Religionsfreiheit;
- eine ambivalente Haltung zur Mutilation, der Genitalverstümmelung von Mädchen und Frauen (►F/A 69);
- das Hinnehmen von Widersprüchen des islamischen Rechts *figh* sowie der *šarīʿa* zur deutschen bzw. europäischen Rechtsordnung (►F/A 33, 70, 82).

Diese Ansichten und daraus resultierende Haltungen stehen im Widerspruch zur freiheitlich-demokratischen Grundordnung des GG (vgl. dazu die Entscheidung des Bundesverfassungsgerichts vom 23.10.1952 – 1 BvB 1/51 –):

> Freiheitliche demokratische Grundordnung im Sinne des [...] GG ist eine Ordnung, die unter Ausschluss jeglicher Gewalt und Willkürherrschaft eine rechtsstaatliche Herrschaftsordnung auf der Grundlage der Selbstbestimmung des Volkes nach dem Willen der jeweiligen Mehrheit und der Freiheit und Gleichheit darstellt. Zu den grundlegenden Prinzipien dieser Ordnung sind mindestens zu rechnen: die Achtung vor den im Grundgesetz konkretisierten Menschenrechten, vor allem vor dem Recht der Persönlichkeit auf Leben und freie Entfaltung, die Volkssouveränität, die Gewaltenteilung, die Verantwortlichkeit der Regierung, die Gesetzmäßigkeit der Verwaltung, die Unabhängigkeit der Gerichte, das Mehrparteienprinzip [...].

Mainstreamislam spiegelt vermeintlich die religiösen Vorstellungen der Mehrheit der Muslim*innen in Deutschland, tatsächlich prägt er sie jedoch durch Leitlinien, auf die er die Gläubigen verpflichtet. Angesichts von Migration und vermehrtem Zuzug von Muslimen ist der wegen seines Dogmatismus' jedoch nicht akzeptabel. Niemand muss hinnehmen, dass Menschen, die aus Afghanistan, Syrien, dem Irak, Pakistan, Somalia oder dem Sudan vor den Auswüchsen eines konservativen Islam geflohen sind, ihm auch hier ausgesetzt werden, schon gar nicht in Kitas, Schulen und Einrichtungen der Jugendhilfe. Nicht die Politik befindet sich in diesen Staaten im Würgegriff der Religion. Das Gegenteil ist richtig: Der Islam muss aus der fatalen Umklammerung durch die Vertreter des politischen Islam – dort wie hierzulande – befreit werden.

27. Sollten islamische Verbände den Kirchen gleichgestellt werden?

Um diese Frage einigermaßen schlüssig zu beantworten, sind mehrere Ausgangspunkte zu beachten und zu klären:

Erstens stellt sich die Frage der Privilegien der Kirchen in Deutschland. Hierbei handelt es sich u. a. um das Recht, von ihren Mitgliedern Steuern zu erheben; dem Subsidiaritätsprinzip, durch das sie das Wohlfahrts- und Jugendhilfewesen weitgehend bestimmen; die Durchdringung religiöser Grundsätze und kirchlicher Interessen im Verfassungsrecht und weiterer Rechtsbereiche wie dem Arbeitsrecht; der Repräsentanz in öffentlichen Gremien wie Rundfunkräten; der Finanzierung von Priestern durch den Staat; der Polizei-, Gefängnis-, Krankenhaus- und Militärseelsorge; der Einrichtung und Unterhaltung von Lehrstühlen; der Trägerschaft von Kindergärten und Schulen sowie der Inhalte von Religionsunterrichten nach ihren Glaubensgrundsätzen an öffentlichen Schulen.

Zweitens stellt sich die Frage nach den Grundlagen der Privilegien. Rechtliche Grundlage bildet im Kern die Verleihung der Rechte der Körperschaft des öffentlichen Rechts an die Kirchen, die sie mit dem erwähnten „Privilegienbündel“ ausstattet. Rechtsphilosophisch wurden ihnen deshalb umfangreiche Befugnisse eingeräumt, weil aus dem Desaster der Kriegszeiten und der NS-Diktatur in Deutschland der Schluss gezogen wurde, moralische Fragen nicht allein dem Staat zu überlassen. Inzwischen wurde außer christlichen Kirchen u. a. auch den Zeugen Jehovas, der Israelitischen Kultusgemeinde und der Ahmadiyya Muslim Jamaat die Körperschaftsrechte verliehen. Durch die Verleihung des Körperschaftsstatus sind sie öffentlich-rechtlich organisiert und können öffentlich-rechtlich handeln.

Drittens geht es um die Frage des Verhältnisses von Staat und Religion. Auch wenn die Verfassung in Deutschland eben keinen reinen säkularen Staat will, gelten für die Kirchen die Worte Jesu: „Gebt dem Kaiser, was des Kaisers ist und Gott, was Gottes ist“ (Mat. 22,21) sowie „Mein Reich ist nicht von dieser Welt“ (Joh. 18,36). Im Islam dagegen ist die Einheit von Staat und Religion religionspolitische Doktrin, die u.a. in den islamischen Staaten Iran und Saudi-Arabien bereits realisiert ist und in einem Kalifat mündet, das offensichtlich die Türkei anstrebt. „Der Islam ist Religion und Staat!“ wird inzwischen von islamischen Funktionären und westlichen Analysten gleichermaßen so gesehen. Damit unterscheiden sich die theoretischen und praktischen Grundlagen der Kirchen und des Islam diametral in ihrem Verhältnis zum Staat.

Viertens geht es um die Frage der Akzeptanz von Grundrechten durch Religionen. Dazu gehören die unstrittigen Werte der Freiheit, der Gleichberechtigung der Menschen, der Gleichheit der Geschlechter, der Religionsfreiheit, der persönlichen Freiheit des Individuums sowie seiner Selbstbestimmung (►F/A 81). Die wurden in der Vergangenheit und werden aktuell auch noch gegen die Kirchen verteidigt. Was bei den Kirchen – z.T. zwar widerwillig – akzeptiert wird, wird vom Islam weitgehend als unislamisch abgelehnt.

Fünftens stellen sich Fragen nach Alternativen zur Gleichstellung von Dachverbänden mit Kirchen. Die islamischen Dachverbände, die eine völlig andere Entwicklung genommen haben als die Kirchen (die an der Säkularisierung ja irgendwie mitgewirkt haben), können allein aus diesen Gründen nicht deren Privilegien für sich reklamieren. Der Staat kann nicht Muslime für das Gemeinwesen gewinnen, indem er sie und die gesamte Gesellschaft den Dachverbänden ausliefert, die einen Islam vertreten, in dem immer noch Platz ist für Ausgrenzung, Hetze gegen Andersgläubige und Gewalt.

Eine Alternative zur Gleichstellung der Dachverbände mit den Kirchen ist deshalb generell weniger Religion in der Öffentlichkeit, weniger Einfluss von Religionsgemeinschaften und mehr Säkularisierung. Der Staat sollte Privilegien von den Kirchen zurückholen, auch wenn die Kirchen dies nicht wollen und aus Eigennutz den Schulterschluss mit den islamischen Dachverbänden suchen. Ein schlichterer und nicht so steiniger Weg sind Staatsverträge über konkrete Rechte und Pflichten der Verbände, wie sie bislang Hamburg und Bremen mit den dortigen *šūrās* vereinbart haben.

28. Dürfen Christen und Muslime untereinander heiraten?

Für eine präzise Antwort ist es wichtig, zu klären, wer wen heiraten möchte. Gleichwohl besagt die mit allen abrahamischen Religionen fest verknüpfte sog. endogame Heiratsregel, dass der Partner grundsätzlich innerhalb der eigenen Gruppe zu wählen ist, und sie verbietet die Ehe außerhalb der eigenen Gruppe. Unter „Gruppe“ verstehen Soziologen Religion, Nationalität, Herkunft und weitere Faktoren, die das Wir-Gefühl untereinander stärken und für eine Abgrenzung nach außen sorgen. Die endogame Bestimmung, also die Heiratsordnung, die

Eheschließungen innerhalb der eigenen sozialen Gemeinschaft bevorzugt, bezieht sich ausschließlich auf heterosexuelle Verbindungen, greift sich also nicht auf andere sexuelle Orientierungen zurück.

Ohne an dieser Stelle auf Homosexualität in der islamischen Kultur oder im Spiegel von Menschenrechten einzugehen: Die islamischen Rechtsschulen unterscheiden sich zwar in ihren Einschätzungen zur Homosexualität, alle lehnen jedoch deren Praktizierung ab. Sie sehen als härteste Strafe den Tod vor. Grundlage bildet der Koran (►F/A 67, 81).

Der Islam lehnt in seiner großen Mehrheit Beziehungen zwischen Gleichgeschlechtlichen ab, erst recht deren Ehen. Hingegen differenziert er bei gemischtreligiösen Ehen heterosexueller Paare. Er unterscheidet nach Geschlechtern und räumt Frauen und Männern nicht dieselben Rechte ein. Im Islam hat der Mann die freie Wahl zwischen Frauen verschiedener „Buchreligionen", d. h. Muslimen ist es erlaubt, eine Muslima, Jüdin oder Christin zu heiraten, sie soll nur gläubig sein:

> [2:221]: Und heiratet nicht heidnische Frauen, solange sie nicht gläubig werden! Eine gläubige Sklavin ist besser als eine heidnische Frau, auch wenn diese euch gefallen sollte. Und gebt nicht (gläubige Frauen) an heidnische Männer in die Ehe, solange diese nicht gläubig werden! Ein gläubiger Sklave ist besser als ein heidnischer Mann, auch wenn dieser euch gefallen sollte [...].

Der religiöse und religionspolitische Hintergrund dafür ist, dass im Islam der Mann den Glauben bestimmt und damit auch für die religiöse Erziehung der Kinder verantwortlich ist. Unter Bezug auf *wilāyāt* werden Frauen (und Kinder) unter den Schutz des Mannes gestellt. Für die Verwendung dieses Begriffs im Kontext des Familienrechts nimmt der Islam eine Anleihe im islamischen Verwaltungsrecht vor, aus dem *wilāyāt* stammt: Der Gouverneur hatte die Menschen in seinem Bezirk zu schützen. Analog sollen Männer das Leben ihrer Frauen und Kinder, ihren persönlichen Besitz, ihre Ehe, ihre Religion und die Ausübung ihrer Religion schützen. Zudem soll der Mann seine Familie vor Schaden bewahren.

Aber auch diese Form der asymmetrischen Endogamie zuungunsten von Frauen sieht religiöse Mischehen nicht gerne: Die Angst des Identitätsverlustes des muslimischen Mannes in einer interreligiösen Ehe rückt hierbei in den Blick. Islamische Rechtsgelehrte raten aus diesem Grund von dieser Art Ehe ab, um die Gefahr des Verlustes des islamischen Glaubens und der Angst vor Überfremdung zu vermeiden. Entsprechend liegen interreligiöse Ehen, bei denen ein Ehepartner dem Islam angehört, in Deutschland im unteren einstelligen Prozentbereich.

29. Sind christliche Wallfahrten mit den Pilgerreisen von Muslim*innen vergleichbar?

Eine Wallfahrt oder Pilgerreise ist eine religiös motivierte Fahrt oder Wanderung zu einer heiligen Stätte. Sie ist in aller Regel mit der Idee verknüpft, am Wallfahrtsort Gott besonders nah zu sein. Sie wird getragen von der Erwartung, am Wallfahrtsziel Stärkung des persönlichen Glaubens, einen Gewinn religiöser Erkenntnis, die Heilung von Krankheiten oder Hilfe in persönlichen Notlagen zu erhalten.

Nach dem christlichen Glauben kam Gott in der Person Jesu auf die Welt. Die Welt wurde dadurch geheiligt, insbesondere gilt dies für alles und alle, die mit Jesus in Verbindung gekommen waren. Das auf der Erde erfahrbare Heil wurde weitergereicht – von Jesus an seine Apostel und Jünger, von diesen an deren Anhänger. Und Orte, an denen sie gelebt und gewirkt haben, werden seit frühester Zeit mit Heilserwartungen verknüpft. Selbst die sterblichen Überreste jener Nachfolger Christi im Geiste, die der Heiligen und ihrer Gräber, nehmen an dem Heil Gottes teil. So kann ein Aufsuchen dieser geheiligten Orte dem gläubigen Christen helfen, selbst das Heil Gottes zu erlangen und den Weg in den Himmel zu finden. Daraus hat sich ein Wallfahrtswesen entwickelt, das durchweg nicht an Zeiten, wohl aber an Orte gebunden ist. Pflichtrituale werden in der Regel nicht vorgegeben, gleichwohl wird gebetet, gesungen und an Gottesdiensten, Andachten und Predigten teilgenommen. Weltweit gibt es für Christen hunderte von Pilgerorten, deren jeweilige Wertschätzungen in den Zeiten variieren.

Auch der Islam kennt heilige Orte, so Medina und Jerusalem, insgesamt aber sehr viel weniger als das Christentum. Die wichtigste heilige Stätte ist Mekka in Saudi-Arabien, die Geburtsstadt Mohammeds.

Die Pilgerreise von Muslim*innen nach Mekka wird *haddsch* oder *hadj* genannt. Sie findet während des Monats *dhū l-hiddscha*, dem zwölften Monat im islamischen Kalender, statt und stellt eine der „Fünf Säulen" des Islam dar. Die *haddsch* ist verpflichtend: Wenigstens einmal im Leben sollten Muslim*innen, die körperlich und finanziell dazu in der Lage sind, die *haddsch* durchführen. In der großen Moschee in Mekka befindet sich das Heiligtum, die *ka'ba*. Dort verrichten die Gläubigen ihre Gebete. Ziel neben der *ka'ba* ist der Brunnen *zamzam*, dessen Wasser ein Ursprung im Paradies und somit heilende Wirkung nachgesagt wird. Auch die *Safâ*- und *Marwa*hügel sowie *minâ* und *muzdalifa*, bei Mekka gelegene Ebenen, sind Ziele der Pilgerfahrt. Während der *haddsch* bevölkern ca. 2,5 Mio. Pilgernde die Stadt, was eine enorme Logistik erfordert, denn deren Dauereinwohner übersteigen bereits die Millionengrenze. Nichtmuslimen ist das Betreten von Mekka nicht erlaubt.

Die Gläubigen unterziehen sich vor Beginn der vorgeschriebenen Riten einer rituellen Waschung und ziehen weiße Kleidung an. Die *Haddsch*-Riten bestehen aus dem siebenmaligen Umschreiten der *ka'ba*, in *minâ* verbringen die Pilger die Nacht, wandern am Folgetag zum Berg *'Arafât*, hören Predigten und beten. Wieder zurück in der Ebene, steinigen sie symbolisch den Teufel. Den rituellen Abschluss bildet noch einmal die *tawāf*, die siebenmalige Umkreisung der *ka'ba*, und am zehnten Tag des *dhū l-hiddscha* findet das Opferfest statt. Die Erfüllung der Riten hilft den Pilgernden, das religiöse Bewusstsein zu erreichen, das der Bedeutung dieser Reise angemessen ist. Auf der Pilgerfahrt befinden sich die Gläubigen im Weihezustand (*ihram*), treffen mit Glaubensbrüdern und -schwestern aus aller Welt zusammen und erleben das Gefühl einer Welt umfassenden Glaubensgemeinschaft (*umma*).

Neben der *haddsch* kennen Muslim*innen die *'umra*. Sie ist die (freiwillige) Pilgerfahrt außerhalb des zwölften Monats, ersetzt jedoch nicht die *haddsch*.

30. Sind islamische Sozialabgaben und die Kirchensteuer vergleichbar?

Grundlage für die Kirchensteuer bilden Art. 140 GG i.V. mit Art. 137 WRVerf. Danach sind diejenigen Religions- und Weltanschauungsgemeinschaften, die eine Körperschaft des öffentlichen Rechts sind, berechtigt, Steuern zu erheben. Diese „Kirchensteuer" genannte Abgabe erheben Religionsgemeinschaften von ihren Mitgliedern zur Finanzierung der Ausgaben für die Gemeinschaft. Sie wird für die Kirchen in Deutschland von den Finanzämtern der jeweiligen Länder eingezogen und macht acht bis neun Prozent der Lohn- bzw. Einkommenssteuer aus. Möglich macht die Einbehaltung durch den Staat die Anwendung von res mixta, einem Grundsatz, gemeinsame Angelegenheiten sowohl als staatliche als auch als Sache von Religions- und Weltanschauungsgemeinschaften zu definieren, und zwar trotz der grundgesetzlichen Trennung von Staat und Kirche. Die Kirchen finanzieren aus dem Aufkommen u.a. Personalkosten sowie ihre sozialen Aufgaben. Wer im Rechtssinn kein Kirchenmitglied ist, zahlt auch keine Kirchensteuer.

Das islamische Recht *fiqh* kennt auch eine solche Abgabe: Jeder Muslim, dessen Besitz an Geld und Gütern ein bestimmtes Minimum übersteigt, ist moralisch verpflichtet, zumindest 2,5 Prozent des vorhandenen Wertes pro Jahr abzugeben (Suren 3:93, 92:18 u.a.m.). Diese allerdings freiwillige Abgabe wird *zakāh*/*zakat* genannt und bedürftigen Muslim*innen in Form von Vieh, Feldfrüchten, Edelmetallen, Handelsgütern oder Geld zur Verfügung gestellt oder für Zwecke verwendet, die dem Einzelnen oder der Gemeinschaft nützlich sind. Zur Berechnung der *zakāh* stellen die Dachverbände Excel-Dateien im Internet zur

Verfügung. Die Zwecke, für die *zakāh*-Gelder verwendet werden dürfen, sind im Koran festgelegt. Dass dazu auch der kleine *ǧihâd* gehört, diskreditiert ihren sozialen Nutzen nachhaltig:

> [9:60]: Die Almosen sind nur für die Armen und Bedürftigen (bestimmt), (ferner für) diejenigen, die damit zu tun haben, (für) diejenigen, die (für die Sache des Islam) gewonnen werden sollen, für (den Loskauf von) Sklaven, (für) die, die verschuldet sind, für den heiligen Krieg und (für) den, der unterwegs ist. (Dies gilt) als Verpflichtung von Seiten Allāhs. Allāh weiß Bescheid und ist weise.

Manche Muslim*innen geben ihre *zakāh* in der Moschee ab, andere unterhalten bedürftige Nachbarn oder Verwandte, auch in den Herkunftsstaaten. Ein Nachweis, dass die *zakāh* gezahlt wurde, ist nicht zu führen. Wie Beten und Fasten ist der Verzicht auf einen kleinen Teil seines materiellen Besitzes für den einzelnen ein Mittel zur Persönlichkeitsentwicklung, denn es hilft ihm, sich von Habgier, Eigenliebe und Gewinnsucht zu befreien.

31. Was ist das islamische Rechtssystem?

Allāh hat nicht sein Wesen, sondern sein Gesetz, also seine Gebote und Verbote, offenbart. Der Islam ist im engen Sinne keine Gesetzes-/Rechtsreligion wie etwa das Judentum. Der Koran enthält 6.348 Verse. Prozentual betrachtet weist er nur ca. 3,8 Prozent rechtliche Vorschriften auf, von denen u. a. je 1,1 Prozent die Familie und das bürgerliche Recht betreffen, 0,7 Prozent das Strafrecht, 0,4 Prozent Internationale Beziehungen, 0,2 Prozent die Rechtsprechung und das Prozedere sowie je 0,16 Prozent das Verfassungsrecht und die Wirtschafts- und Finanzordnung.

Gleichwohl bestimmt das *fiqh* als islamisches Rechtssystem und islamische Rechtswissenschaft alles, was mit religiösen Normen, den Geboten und Verboten *Allāhs*, den moralischen und kultischen Vorschriften, dem Erben und dem religiösen Verhalten von Muslim*innen zusammenhängt.

Die Hauptquellen des islamischen Rechtssystems sind der Koran, die *hadîthe*, die Rechtsschulen und die Methoden der Rechtsfindung (►F/A 8). Hinzu kommen Anwendungen und Auslegungen durch *fatwās* und *ʿîlmihals* (►F/A 14, 15). Diese Ordnung im Zusammenspiel mit der *šarīʿa* umfasst die islamische Normativität, die im Verlaufe der Geschichte durch Gelehrte zu einem Rechtssystem, dem *fiqh*, ausgestaltet wurde. Vieles, was in heutigen islamisch geprägten Staaten als spezifisch „islamisch“ gilt, beruht auf dem *fiqh*. Es umfasst aber viel mehr als das, was das Christentum unter „Theologie“ versteht, denn es prägt und regelt – neben dem Verhältnis von Menschen zu *Allāh* – auch politische, öffentliche und private Bereiche. In Juristenzirkeln des Mittelalters wurde das *fiqh* gepflegt und weiterentwickelt und mündete auf diesem Weg in die Gründung der Rechtsschulen (*madhhab*). Trotz der Vielfalt islamischen Lebens auf der Welt überwiegen in seinem Rechtssystem Übereinstimmungen. Unabhängig von der Rechtsphilosophie entwickelte sich zudem eine Kasuistik, die eine gewisse Flexibilität gewährleistet. Daher ist das *fiqh* keineswegs starr und inadaptiv, sondern modifiziert sich im Wechsel mit gesellschaftlichen Veränderungen. Insofern ist es in seinen Anpassungen dem kanonischen Kirchenrecht vergleichbar, für das ebenfalls die „heiligen Fundamente" sakrosankt sind.

Im Übrigen leitet sich die Selbstdefinition von Muslim*innen, „Rechtgläubige" zu sein, davon ab, dass sie die Gebote und Verbote des *fiqh* beachten.

32. Welche Unterschiede macht der Islam zwischen Recht und Theologie?

Islamische Theologie meint die wissenschaftlich-systematische Erfassung und Reflexion der Lehre von *Allāh*. Sie erfüllt in der islamischen Religionslehre den Nachweis der Echtheit der prophetischen Sendung und Offenbarung und dient zugleich der Abwehr von Zweifeln und Einwänden. Insbesondere geht es bei der islamischen Theologie um die umfassende Ausdeutung der *ŝahāda*, also des Glaubensbekenntnisses. Im Zentrum steht die Frage der „Einsheit Gottes" (Tilman Nagel), also sein Verhältnis zu seinen Attributen, die ihm Menschen zubilligen. Hinzu kommt die Klärung dessen, was in der Philosophie als „ontologischer Status" bezeichnet wird, also um Fragen, ob und wie Gegenstände, Eigenschaften, Sachverhalte, Ereignisse u.a.m. sich für einen Gottesbeweis eignen; ob sich die Vernunft des Daseins Gottes vergewissern kann; woher das Übel und das Böse in der Welt kommen, wenn Gott der gute, allmächtige Schöpfer ist (Theodizee) u.a.m. Außerdem geht es in der islamischen Theologie um die Interpretation von Koranversen. Weitere Inhalte ihrer Forschungsbereiche sind die Vereinbarkeit allumfassender göttlicher Vorherbestimmung (*kismet*) und menschlicher Handlungsfreiheit sowie *Allāhs* universelle Güte in Bezug auf die Zulassung von Sünde, von *zina*, und deren Bestrafung am Jüngsten Tag.

Die islamische Terminologie unterscheidet zwar deutlich zwischen der Theologie, die hier nur skizzenhaft beschrieben wurde, und der Jurisprudenz. Wer von islamischen Theologen spricht, meint allerdings i. d. R. Rechts- oder *Fiqh*gelehrte. Der Berufsstand, der Theologie und Recht verbindet, sind die *ʿulemāʿ*, die islamischen Religionsgelehrten.

Lehrkräfte und Sozialpädagog*innen können davon ausgehen, dass muslimischen Kindern und Jugendlichen der Unterschied zwischen Theologie und

Recht eher nicht geläufig ist, zumal die hier knapp beschriebenen fünf großen Themenfelder der islamischen Theologie ja sperrig und philosophisch anspruchsvoll sind

33. Welche Bedeutung hat die *Scharia?*

Die *šarīʿa* (der „Weg zur Wasserstelle") ist zentraler Bestandteil des *fiqh* und bedeutet die von *Allāh* gesetzte Ordnung im Sinne der islamischen Normativität. Sie führt das Recht auf den freien, unbedingten und positiven Willen Gottes zurück, ist Ausdruck seiner Huld und Barmherzigkeit und sichert denjenigen, die sich daranhalten, das Überleben wie eine Wasserstelle in der Wüste. Sein Gesetz hat als innere Begründung, dass es gut für den Menschen ist, die Basis für richtige Entscheidungen bildet und das Band der Einheit darstellt.

Die *šarīʿa* ist mehr als das häufig kolportierte Strafen- und Züchtigungssystem. Sie ist die Gesamtheit der Vorschriften, die das Leben von Muslim*innen bestimmen und an jedem Ort und zu jeder Zeit gültig sind. Der weitaus größte Teil der *šarīʿa* befasst sich mit kultischen Pflichten und Gebräuchen, mit moralischen Vorschriften sowie dem Erb- und Familienrecht. D.h. auch die „Fünf Säulen" des Islam, also das Glaubensbekenntnis (*ŝahāda*), das rituelle Pflichtgebet zu bestimmten Zeiten (*ṣalāh/ṣalāt*), die Pflichtabgabe (*zakāh/zakat*), das Fasten (*saum/siyam/sawn*) sowie die Pilgerreise (*hadj/haddsch*), sind zentrale Bestandteile von *Allāhs* Ordnung. *Šarīʿa*-bewehrte und schützenswerte Fundamentalgüter des Daseins sind der Islam als einzig wahre Religion, die genealogisch eindeutige Nachkommenschaft, das Leben, das Eigentum, der ungetrübte Verstand und die Ehre der Sippe. Die Fundamentalgüter gelten als von *Allāh* begründet und als von ihm selbst mit Strafen belegt. Dieses schließt einen menschlichen Ermessensspielraum etwa bei Konflikten, die sich aus ihnen ergeben, aus (►F/A 8, 70, 82).

Bereits die an dieser Stelle lediglich skizzierten Inhalte der *šarīʿa* machen deutlich, dass die Forderung derer, die lediglich das Strafen- und Züchtigungssystem im Blick haben und deshalb auf einem Verzicht der *šarīʿa* bestehen, für Muslim*innen völlig inakzeptabel ist, denn sie ist die tragende Funktion und Stützlinie des Islam.

34. Enthalten die islamischen Quellen Erziehungsvorgaben?

Kindern wird durch die Quellen des Islam eine hohe Bedeutung beigemessen, so besitzen sie bereits als Embryo Rechte (►F/A 63, 73). Und ein *hadîth* belegt, dass

Mohammed sogar das Gebet ausgesetzt haben soll, um sein Enkelkind nicht zu verstimmen. Koran und *sunna* bilden für die Erziehung Richtschnur und Orientierungshilfe, sind mithin also Grundlagen islamischer Bildungspolitik:

> Bildungspolitik wurde stets nicht nur für, sondern auch gegen jemanden gemacht, und stets sollte sie einen Überlegenheitsanspruch der einen über die anderen abstützen und legitimieren [...]. Wie die Bildungsinhalte beschaffen sind, für wen welche Bildungsinhalte angemessen erscheinen und wer von welchem Wissen in welchen Sichtweisen abgeschirmt wird, ergibt sich aus den im Bildungssystem herrschenden Machtverhältnissen und Interessen.

Bezogen auf den Islam bedeuten die Zitate von Marina Fischer-Kowalski von 1986, S. 1 ff., dass dessen Bildungspolitik durch die Grundlagen der Religion (*uṣūl ad dīn*) bestimmt werden: das Glaubensbekenntnis, die Endlichkeit der Welt, die Geschaffenheit der Welt durch Gott, das Ende der Welt mit der Auferstehung sowie der Konflikt zwischen Gottes Allmacht und Gerechtigkeit. Konkret fordern die Quellen die Erziehung an den „Fünf Säulen" des Islam (*ibâdât*) sowie den sechs Glaubensgrundsätzen auszurichten:

> [4:136]: Ihr Gläubigen! Glaubt an Allāh und seinen Gesandten und die Schrift, die er auf seinen Gesandten herabgeschickt hat, und die Schrift, die er (schon) früher herabgeschickt hat! Wer nicht an Allāh, seine Engel, seine Schriften, seine Gesandten und den jüngsten Tag glaubt, ist (damit vom rechten Weg) weit abgeirrt.

Ziele dieser Erziehung sind die Generierung von Sinn durch den Islam sowie der Aufbau einer rechtsschaffenden islamischen Gesellschaft, der *umma*.

Dem Einwand von Nichtmuslimen, durch religiöse Ziele würde gesellschaftliche Komplexität reduziert, wird mit dem Hinweis auf den Koran begegnet, der zahlreiche Erziehungsvorgaben mache: Streit aus dem Weg gehen [25:63]; Ärger und Zorn unterdrücken [3:134]; eigene Fehler und Schwächen eingestehen [53:32]; Fehler anderer verzeihen [24:22]; nichts unterstellen [49:12]; kein falsches Zeugnis ablegen [22:30]; nicht betrügen [17:35]; ehrlich bleiben [4:112]; gerecht bleiben [5:8]; nicht beschimpfen und beleidigen [49:11]; nicht schreien [31:19]; keine Gewalt ausüben [16:90]; nicht töten [17:31, 33]; Streit schlichten [49:10]; friedensbereit sein [8:61]; großzügig sein [2:237]; keine Vergeltung üben [42:40]; geduldig ausharren und verzeihen [42:43]; barmherzig sein [90:17]; anstatt Schlechtes Gutes tun [23:96, 41:34]; nicht hoffnungslos werden [12:87]; keine Unzucht betreiben [17:32] u. a. m.

Diese Vorgaben enthalten einen erzieherischen (*tarbīya*), einen Wissen vermittelnden (*ta'līm*) und einen Werte bildenden (*ta'dīb*) Ansatz, steuern alle Teilbereiche des Tagesablaufs und sollen die Werte Leben, Glaube, Verstand, Ehre,

Ansehen und Vermögen schützen. Sie bilden daher das Gerüst für familiale Erziehung. Es kann davon ausgegangen werden, dass muslimische Eltern alle drei Ansätze in konkreten Situationen realisieren, um ihr Kind im Sinne der koranischen Vorgaben zu erziehen (►F/A 36).

35. Gibt es in muslimischen Familien spezifische Erziehungsziele und -stile?

Das Gros der Muslim*innen der ersten zwei Zuwanderungsgenerationen in Deutschland kommt aus ländlich-traditionellen Herkunftsmilieus. Es orientiert sich am Islam, der sich als bildungsfreundlich versteht und die Einheit von Glauben und Erziehung herausstellt. Dazu werden Sure 96, die den sog. Selbstbildungsauftrag enthält sowie der vermeintliche *hadîth* „Strebe nach Wissen, sei es auch in China“, angeführt.

Die Erziehung in diesen Milieus unterscheidet sich kaum von der in anderen traditionell-orientalischen Familien. So dient als Metapher die „leere Tafel Kind“, die es im Sinne der Religion zu beschreiben gilt: Bei der Geburt sind alle Menschen gut und ohne Sünde, erst die Erziehung fördert die Anlagen des jeweiligen Individuums positiv oder setzt das Kind negativen Einflüssen aus. Faustregeln, die sich am Lebensalter von Kindern orientieren, werden in zahlreichen Publikationen über islamische Erziehung immer wieder unter Bezug auf die religiösen Quellen genannt: Bis zum Alter von drei Jahren permissive Erziehung (von der Mutter behütet); ab vier bis fünf Jahren Vermittlung grundlegender Kenntnisse des Koran; ab sieben Jahren zunehmend autoritäre Erziehung, Geschlechtertrennung sowie Beginn religiöser Praxis, und von der Pubertät an stärkere Kontrolle und Überwachung. In diesem Sinne vollzieht sich islamische Erziehung entlang der Kindheitsphasen recht einheitlich.

Solche Richtschnüre sind aber weder alltagstauglich, noch ersetzen sie differenzierte Theorien, zumal Erziehungsanteile ja auch von Vätern, Geschwistern sowie von Lehrkräften, Sozialpädagog*innen, Imamen, Nachbarn und Peers übernommen werden.

Die muslimische Familie ist Keimzelle der *umma* und der Gesellschaft sowie Ort der religiösen Werteerziehung, aber eher keine Keimzelle von Streitkultur. Sie vermittelt in ihrer traditionsorientierten Ausprägung tendenziell ein autoritäres, hierarchisches und antiemanzipatorisches Weltbild. Der Verfall der Familie wird als Verderb der Gesellschaft gesehen, sie bietet und vermittelt den Mitgliedern deshalb zahlreiche Ressourcen wie Schutz, Beistand und ein Zusammengehörigkeitsgefühl.

Geschlechts- und Altersrollen sind in Familien mit orientalisch-patriarchalischer Grundorientierung tendenziell asymmetrisch angelegt. Es wird zu einer Ungleichheit zwischen Mann und Frau, Bruder und Schwester, Vater und Sohn erzogen. Verhalten wird ritualisiert, Freiheiten werden nur im Rahmen von Ritualen und Hierarchien zugestanden. Der Untergeordnete hat die Pflicht, zu gehorchen und die Ranghöheren zu achten. Im Gegenzug haben Eltern und ältere Geschwister den Untergeordneten mit Liebe und Sorge zu begegnen. Auf die Familie darf kein schlechtes Licht fallen, die Selbstdarstellung in der Öffentlichkeit muss positiv ausfallen, und die Meinung der Umwelt wird Gradmesser für den Erfolg elterlicher Erziehung.

Die hierarchische und traditionsorientierte Erziehung bringt idealerweise das ehrerbietige, loyale und gehorsame Familienmitglied hervor, das Eltern und Verwandten sowie älteren Geschwistern Respekt und Folgsamkeit entgegenbringt und die Familie unterstützt. Das traditionelle Männerbild entspricht einem Patriachat mit starren hierarchischen Strukturen und dem Vater als Hüter und Verteidiger der Familie. Ihm obliegt es, die Familienehre aufrechtzuerhalten. Sein Ansehen erarbeitet er sich anhand seiner Handlungen, die einen hohen Stellenwert innerhalb der Gemeinschaft einnehmen.

Die Ehrbegriffe beruhen auf einer Ungleichheit der Geschlechter und werden als soziale Kapitalform stilisiert. Soziale Diskriminierung aus dem Umfeld ist Grund genug, unter allen Umständen die Ehre wiederherzustellen, um die Achtung und den Respekt der Familie und Gesellschaft zurückzuerlangen. In traditionell-orientalischen Familien wird die Ehre eines Mannes als abhängig vom moralischen und respektablen Verhalten seiner weiblichen Familienmitglieder gesehen. Sittsames Verhalten der Frauen begründet die männliche Ehre. Deshalb fällt dem Mann die Aufgabe zu, die Frauen in seiner Familie zu kontrollieren und in der Öffentlichkeit dafür die Verantwortung zu tragen.

In der traditionellen Ehrvorstellung hat sich die Frau weitgehend vor Männerkontakten zu schützen. In vielen Familien wird diese Regel streng befolgt, denn manche Frauen meiden sogar in der eigenen Wohnung Männer, die nicht zur Familie gehören und halten sich in separaten Räumen auf. Auch die Art der Kleidung, die Auswahl des Schmucks und das Tragen der Haare sind mit dem Ehrbegriff eng verbunden. Ehrverständnis und Würde einer Familie sind insbesondere von der sexuellen „Reinheit" ihrer weiblichen Mitglieder abhängig, die Jungfräulichkeit einer Frau ist ausschlaggebend für die Ehre eines Mannes, sie muss bis zur Hochzeit gewahrt werden:

> Ein Mann ist wie ein Goldbarren und eine Frau wie ein Stück Seide. Wenn Gold schmutzig wird, dann wischt man es einfach ab. Aber wenn ein Stück Seide schmutzig wird, kriegt man es nie wieder sauber – dann kann man es genauso gut wegschmeißen (Ayfer Yazgan, S. 21 ff.).

Wenn die Sozialisationsgrundlagen Kindern und Jugendlicher in Deutschland – mithin auch von Muslim*innen – von den Erfahrungen ihrer Eltern stark abweichen, fällt es ihnen oft schwer, die vorgefertigten stereotypen religiösen Rollen anzunehmen und die gesellschaftlichen Erwartungen zu erfüllen. Da besonders Kinder durch Schule und Peers in einem direkten Kontakt zu der Kultur des Aufnahmelandes stehen und sich deutlich schneller akkulturieren als ihre Eltern, gelangen sie an Informationen, die den Eltern verschlossen bleiben. Diese Ressource der Kinder kann zu Rollenverschiebungen und einem inkonsistenten Status der Eltern führen, die auf die Unterstützung der eigenen Kinder bei sprachlichen oder sonstigen Barrieren angewiesen sind. Auch wenn der Vergleich hinkt: Die hier beschriebenen Unterschiede in den Erfahrungsbereichen von Eltern und Kindern sind ähnlich hoch wie diejenigen, die die Digitalisierung zwischen Generationen hervorruft.

36. Gibt es im Islam Moralvorgaben wie die „Zehn Gebote"?

Es scheint unter Menschen seit alters her – unabhängig von Religionen – Moralstandards zu geben. Sie sind auch im Tierreich nachzuweisen, etwa wenn Elefanten einen Jungbullen aus ihrer Mitte verbannen, weil er häufig gegen Sozialregeln verstoßen und auf mehrfache „Zurechtweisungen" nicht reagiert hat.

Religionen reklamieren Moral dennoch als ihre Domäne. So umfasst die islamische Morallehre Wahrheitsliebe, Selbstlosigkeit, Mut („islamische Courage"), Großzügigkeit, Treue, Gemeinschaftssinn, Ordnungsliebe und Geduld.

Was durch sie für die Moral als hinreichend beschrieben gelten könnte, versucht der Islam, verstärkt um Hinweise auf eigene „Zehn Gebote" zu ergänzen, offensichtlich in Analogie zu den „Zehn Geboten" im Christentum. Diese gelten als bedeutsam für die gesamte Zivilisation und Entwicklung der Menschheit. Auch sonst sind im Koran häufige Bezüge zum Dekalog zu finden, z. B.: zum 1. Gebot die Suren 3:89; 7:138; 17:22; 39:1–15 und 112:2–4; zum Verbot, Gottes Namen zu missbrauchen 11:18; 39:32 und 39:60; zur Achtung der Kinder gegenüber ihren Eltern 6:151, 17:23, 29:8, 31:14 und 46:15; zur Verantwortung der Eltern gegenüber ihren Kindern Sure 6:15. Beim Tötungsverbot schränkt der Koran das allgemeine Recht auf Leben ein und knüpft es an Bedingungen; das Verbot des Übervorteilens beinhalten 4:29 und 5:38 und das Verbot des Lügens 17:36 und 24:4.

Die in Sure 17:22–39 genannten Verfügungen werden als die „Zehn Gebote des Islam" bezeichnet:

1. Gebot: Stellt *Allāh* nichts zur Seite. 2. Gebot: Seid gut und pflichtbewusst zu den Eltern. 3. Gebot: Tötet nicht eure Kinder aus Armut. 4. Gebot: Und lasst euch nicht auf Unzucht ein. 5. Gebot: Tötet niemanden, dessen Leben *Allāh* un-

verletzlich gemacht hat. 6. Gebot: Kommt dem Besitz der Waisen nicht nahe, es sei denn zu ihrem Besten, bis sie ihre Volljährigkeit erreicht haben. 7. Gebot: Gebt volles Maß und volles Gewicht mit Gerechtigkeit. 8. Gebot: Wenn du sprichst, sag die Wahrheit, auch wenn es um einen nahen Verwandten geht. 9. Gebot: Erfüllt den Bund mit *Allāh*. 10. Gebot: Und dies ist Mein gerader Weg. So folgt ihm; und folgt nicht den (verschiedenen) Wegen, damit sie euch nicht weitab von Seinem Weg führen. Dies ist euch aufgetragen, damit ihr fromm werdet.

Allerdings weichen Publikationen über die islamischen „Zehn Gebote" in ihrer Reihenfolge, teilweise gar in ihren Inhalten sowie außerdem in der Verwendung von Singular und Plural der Angesprochenen ab. Das liegt u. a. daran, dass die Suren 17:22–39 z.T. Doppelgebote enthalten. Zudem gelten sie zwar zeitlos und überdauernd, spiegeln aber erkennbar das Leben und das Stammesrecht zu Zeiten Mohammeds auf der Arabischen Halbinsel wider.

Mit den Textabschnitten von Sure 17:22–39 eng verwandt ist eine in sich geschlossene Liste mit Geboten und Verboten in Sure 6:151–153.

37. Kennt der Islam Nächsten- und Feindesliebe?

Der Begriff „Nächstenliebe" kommt in der Bibel nicht vor. Dennoch stützt sich das Christentum in Lev. 19,18 darauf, Nächstenliebe wurde durch Jesus zu einem Zentralbegriff (Mk. 12,29–31 und z. B. im Gleichnis vom barmherzigen Samariter, Lk. 10,25–37), der in der Ethik der Antike neben den Grundwert der Gerechtigkeit trat.

Dem Islam fehlt ein solches Äquivalent, doch gibt es Entsprechungen etwa in der *zakāh/zakat*, der Abgabe zugunsten bedürftiger Muslim*innen oder im Prinzip der Brüderlichkeit, also der moralisch gebotenen Solidarität unter Muslimen, die mit der Gründung der Muslimbruderschaften am augenscheinlichsten wurde:

> [3:68]: Die Gläubigen sind doch Brüder. Sorgt also dafür, daß zwischen euren beiden Brüdern Friede (und Eintracht) herrscht, und fürchtet Allāh! Vielleicht werdet ihr (dann) Erbarmen finden.

> [42:23] [...] Ich verlange von euch keinen Lohn dafür (daß ich euch die Offenbarung verkünde), abgesehen von der Freundschaft (wie sie) unter Verwandten (üblich ist). Und wenn einer eine gute Tat begeht, erweisen wir ihm dafür noch mehr Gutes (als ihm von Rechts wegen zusteht). Allāh ist bereit zu vergeben und weiß (den Menschen für ihre guten Taten) zu danken.

Auch im Sufismus (►F/A 17) ist Nächstenliebe durch die Auffassung vom „Nächsten" verankert. Allerdings wird durch die Beispiele und die Koranverse deutlich, dass es im Islam „Bruderliebe" bzw. „Verwandtenliebe" nur unter Muslim*innen gibt, nicht jedoch gegenüber Juden und Christen, die standen in der Geschichte zwar unter dem rechtlichen Schutz (*ḏimma*), hatten aber weniger Rechte und konnten nicht auf Liebe von Muslimen zählen. Gläubige außerhalb der „Buchreligionen" dagegen, also z. B. Hindus und Buddhisten, wurden und werden sogar als Feinde betrachtet.

Der Begriff der Feindesliebe im Christentum (exemplarisch Mt. 5,43–48) ist dem Islam völlig fremd. Das Zentrum der islamischen Theologie ist die Lehre von dem einen Gott, dem sich der Mensch zu unterwerfen hat. Ein Gebot der generellen Nächsten- oder Feindesliebe kennt die islamisch-klassische Theologie nicht. Im Gegenteil: Aus den zahlreichen Schwertversen, die sich in vielen Fällen gegen Ungläubige und Andersgläubige richten, diese mit Gewalt überziehen und zumeist erst nach der Bekehrung zum Islam damit aufhören, wird als exemplarisches Beispiel der folgende Vers genannt:

> [9:5]: Und wenn nun die heiligen Monate abgelaufen sind, dann tötet die Heiden, wo (immer) ihr sie findet, greift sie, umzingelt sie und lauert ihnen überall auf! Wenn sie sich aber bekehren, das Gebet (salaat) verrichten und die Almosensteuer (zakaat) geben, dann laßt sie ihres Weges ziehen! Allāh ist barmherzig und bereit zu vergeben.

38. Dürfen Muslim*innen sich vom Islam abkehren?

Christen hierzulande ist bekannt, dass derjenige, der aus einer der Kirchen austreten möchte, dies beim Standesamt bzw. Amtsgericht des Wohnsitzes erklären muss, weil er damit dann zugleich von der Zahlung der Kirchensteuer entbunden wird. Der Kirchenaustritt muss nicht begründet werden, ist allerdings kostenpflichtig.

Im Islam heißt die Abkehr Apostasie. Unter Apostasie ist die bewiesene, willentliche Abkehr eines als Muslim Geborenen oder später zum Islam Konvertierten vom islamischen Glauben zu verstehen. Abkehr bzw. Abfall bedeutet Leugnung von *Allāh* und die Nichtanerkennung Mohammeds als dessen Prophet durch Taten oder Unterlassungen. Eine Austragung aus einem Register gibt es nicht, da der Islam über keine Kirchenstruktur verfügt (►F/A 3, 27). Ausgangspunkte für Apostasie bilden die zwei sich insofern widersprechenden Verse, als der erste Vers religiöse Freiheit benennt, die der zweite auf die „wahre" Religion einengt:

> [2:256]: In der Religion gibt es keinen Zwang [d. h. man kann niemand zum (rechten) Glauben zwingen].

[9:33]: Er ist es, der seinen Gesandten mit der Rechtleitung und der wahren Religion geschickt hat, um ihr zum Sieg zu verhelfen über alles, was es (sonst) an Religion gibt – auch wenn es den Heiden zuwider ist.

Der Koran sieht für Apostasie außer der Strafe im Jenseits allerdings kein konkretes Strafmaß für das Diesseits oder ein bestimmtes Verfahren für die Bestrafung eines Apostaten vor.

[2:117]: [...] Solltest du aber nach (all) dem Wissen, das dir (von Allāh her) zugekommen ist, ihrer (persönlichen) Neigung folgen (und den wahren Glauben aufgeben), dann hast du Allāh gegenüber weder Freund noch Helfer.

Wer allerdings nicht umkehrt, also nicht zum Islam zurückkehrt, gelangt in die Hölle. So jedenfalls wird der folgende Vers von den Rechtsgelehrten ausgelegt:

[16:104]: Diejenigen, die nicht an die Zeichen Allāhs glauben, werden von Allāh nicht rechtgeleitet, und sie haben (dereinst) eine schmerzhafte Strafe zu erwarten.

Die *šarīʿa* regelt nicht den Religionswechsel, ein *hadîth* von *al-Bukhârî* hingegen fordert – unter Hinweis auf Sure 5:33 – ausdrücklich zum Töten von Apostaten auf, indem er Apostasie als „Krieg gegen *Allāh*" bewertet, für dessen Verhinderung alle Handlungen legitim sind. Zudem ist Sure 4:92 im Falle von Apostasie ja gegenstandslos, der das Verbot beinhaltet, als Muslim andere Gläubige zu töten. Damit berührt Apostasie auch die grundgesetzlich garantierte (positive und negative) Religionsfreiheit: Ich darf glauben, ob und was ich will (►F/A 81).

39. Welche Bedeutung hat die *Umma* für Muslim*innen?

Im Anschluss an die *hiğra*, die Auswanderung Mohammeds 622 nach Medina, schufen der Prophet und seine Getreuen eine politische und religiöse Gemeinschaft, die die alten Stammesbande ablöste. *Umma* bezeichnet im Koran sprachliche, religiöse oder ethnische Gemeinschaften. Im Verlaufe der Geschichte wurde mit diesem Begriff die Gemeinschaft der gläubigen Muslim*innen bezeichnet. Diese islamische *umma* ersetzte die Blutsbande durch den gemeinsamen Glauben und war zur Zeit Mohammeds noch relativ homogen, ihre Mitglieder waren sich weitgehend einig, sie galt und gilt als vorbildlich:

[3:110] Ihr (Gläubigen) seid die beste Gemeinschaft, die unter den Menschen entstanden ist. Ihr gebietet, was recht ist, verbietet, was verwerflich ist, und glaubt an Allāh [...].

Das Ideal der *umma:* Alle ihre Mitglieder sind an *Allāh*s Wort gebunden und leben danach, es besteht das Konzept einer Identität des Religiösen und des Säkularen. Durch das Schisma, durch das sich Sunniten von Schiiten abgespalten haben und es zur Bildung weiterer Bekenntnisse kam (►F/A 7), hat sich die Homogenität der *umma* allerdings aufgeweicht, denn es kam zu unterschiedlichen Machtzentren. Dennoch ist aktuell erkennbar, dass für Muslim*innen der *Umma*-Gedanke wertvoll ist. So ist die Erfahrung der *umma* bei der alljährlichen *haddsch* (►F/A 29) für viele Pilger ein tiefes Erlebnis. Und auch der sog. Arabische Frühling ist als Beispiel für die Bemühungen zu werten, die *umma* als politische Kraft wiederzubeleben: Weltweit nahmen Muslim*innen Anteil am Schicksal von Glaubensbrüdern und -schwestern außerhalb des eigenen Erfahrungsbereichs.

Derzeit gibt es verstärkt Versuche, insbesondere von fundamentalistischen Gruppierungen wie den Neo-*Salafisten*, an das ideale *Umma*-Verständnis zu Mohammeds Zeiten anzuknüpfen und damit zugleich partikulare Interessen, die sich in unterschiedlichen Staaten konstituieren, zu nivellieren.

40. Können Muslim*innen für nichtislamische Gesellschaften ein Gewinn sein?

„Gewinn" in diesem Sinne meint Sozialkapital, und darunter versteht man den sozialen Zusammenhalt innerhalb einer Gemeinschaft. Die Theorie hierüber benennt vier zentrale Elemente von Sozialkapital: soziale Beziehungen, Ressourcen, Normen und Vertrauen. Gewinne stellen sich dann ein, wenn es in diesen zentralen Elementen Berührungen gibt. Unsere Frage konkretisiert sich also darauf, ob Muslim*innen nur unter ihresgleichen den Zusammenhalt stärken oder auch ins nichtmuslimische Umfeld wirken. Sozialwissenschaftlich ausgedrückt: Es geht um das sog. „brückenbildende Sozialkapital" (bridging social capital), also das Netz von Bindungen über Religion, Sprache, Ethnie und Herkunft hinaus.

Muslim*innen können für nichtislamische Gesellschaften dann ein Gewinn sein, wenn sie mit ihnen in Austausch stehen und auf Augenhöhe akzeptiert werden. Allerdings steht die empirische Beschäftigung mit der Rolle der Religion für die Generierung von Sozialkapital noch am Anfang. Einige Forschungshypothesen lauten:

> Katholiken und Protestanten haben ein höheres soziales Vertrauen als Angehörige kleiner christlicher Gruppen und als Muslime (Eric M. Uslaner 2002).

> Menschen, die regelmäßig den Gottesdienst besuchen, haben ein höheres soziales Vertrauen als Menschen, die dies nicht tun (Robert Putnam 2000).

Der Effekt des Gottesdienstbesuchs sollte für Protestanten und Angehörige kleiner christlicher Gruppen stärker ausfallen als für Katholiken und Muslime (James Samuel Coleman 2005).

Je höher das interne Sozialkapital bei Muslimen, umso geringer ist die Toleranz zu Personen anderer Glaubensrichtungen (Sören Petermann 2007).

Je größer die religiöse Heterogenität in einer Region, desto geringer das soziale Vertrauen innerhalb der Bevölkerung (Jan Delhey und Kenneth Newton 2005).

Religiöse Diversität scheint sich bei Muslimen also eher vertrauensmindernd auszuwirken, anders ausgedrückt: Gemeinsinn und Gemeinschaftsfähigkeit als Grundvoraussetzungen einer Gesellschaft zeigen Muslim*innen verstärkt innerhalb der *umma* und eher abgeschwächt gegenüber multikulturellen und multireligiösen Gesellschaften wie der in Deutschland. Mehr noch: Effiziente soziale muslimische Netzwerke können dann sogar zur Bedrohung für die Gesellschaft werden, wenn deren Mitglieder ihre Interessen gegen die der Allgemeinheit richten, wie sich dies seit Jahren bei DİTİB zeigt (►F/A 24, 51). In diesem Sinne besteht die von Ferdinand Tönnies bereits 1880 formulierte Dichotomie zwischen Gemeinschaft und Gesellschaft weiter.

Allerdings ist zunehmend auch brückenbildendes Sozialkapital durch Muslim*innen erkennbar. So beschreibt Alexander-Kenneth Nagel, wie die Herkunftsorientierung in einigen islamischen Vereinen zunehmend unwichtiger wird. Es werden Brücken zu Einrichtungen und Organisationen der Mehrheitsgesellschaft punktuell aktuell stärker ausgebaut, es entstehen sogar neue religiöse Vereine und Netzwerke – getragen vor allem von Mitgliedern der dritten Migrantengeneration –, deren Ausrichtung auch auf Brückenbildung in die Aufnahmegesellschaft zielt. Als Beispiele werden die Ibn-Rushd-Goethe-Moschee in Berlin sowie Banken genannt, die islamische Finanzprodukte für alle anbieten (►F/A 44, 72). Als weiteres Beispiel wird die Muslimische Jugend Deutschlands (MJD) erwähnt. Ihrer Selbstdarstellung zufolge hat sie das Ziel, den interreligiösen Dialog voranzutreiben sowie Vorurteile über den Islam in der Gesellschaft abzubauen. Sie unterstützt junge Muslim*innen bei der Integration, veranstaltet Aufklärungskampagnen gegen Jugendgewalt und Kriminalität und bietet gemischtkulturelle Freizeitaktivitäten an. Einige Moscheevereine gehen in die gleiche Richtung, indem sie ihre Freizeit- und Bildungsangebote nicht an Religionsmerkmale binden und sich dabei auf den Koran berufen:

[41:34]: Die gute Tat ist nicht der schlechten gleich(zusetzen). Weise (die Übeltat) mit etwas zurück, was besser ist (als sie), und gleich wird derjenige, mit dem du (bis dahin) verfeindet warst, wie ein warmer Freund (zu dir) sein.

Schließlich wurden in letzter Zeit durch die Medien exponierte Hilfen von Muslimen bekannt, die Menschen in Notsituationen beisprangen und die sie nicht zuvor nach deren Religion befragt hatten. Individuen verhalten sich mithin differenziert, sie sind eben viel mehr als lediglich Träger eines Religionsmerkmals.

Auch Internetplattformen wie Xing negieren Religionsmerkmale beim Brückenbauen. Allerdings verbleibt auf Seiten von Muslim*innen und Aufnahmegesellschaft sehr viel Luft nach oben, die Kitas, Schulen und die Jugendhilfe vielleicht füllen wollen, zumal der Bildungsgrad bei der Entwicklung von bridging social capital keine entscheidende Rolle zu spielen scheint.

41. Welche islamischen Riten gibt es bei Geburten und Todesfällen?

Riten haben nicht nur, aber auch mit Festen im religiösen Kalender zu tun. Bei islamischen Geburten sprechen enge Angehörige dem Neugeborenen die *šahāda*, das islamische Glaubensbekenntnis, in das rechte Ohr. Zu diesem Anlass sowie zum Jahreswechsel wünschen Muslim*innen sich Segen. Für die Aufnahme des Kindes in die *umma* bedarf es keines Imam. Ein paar Tage später, durchweg, wenn dem Kind erstmalig die Haare geschnitten werden, feiern die Familie und Freunde das Fest *aqiqa*. Hierbei handelt es sich um eine Feier zu Ehren des neugeborenen Kindes mit Opfergabe, manchmal Schlachttieren. Feststehende Regeln für die Feier gibt es nicht.

Beim Tod von Muslim*innen rezitieren die Angehörigen aus dem Koran. Der Kopf des Sterbenden wird in Richtung Mekka ausgerichtet. Gemeinsam spricht man die *šahāda*. Mit ihr werden Geburt und Tod im Namen Gottes umfasst und verbunden.

Für muslimische Bestattungen ist ein fester Ablauf vorgeschrieben. Zuerst wird der Leichnam rituell gewaschen, vergleichbar den Waschungen vor dem täglichen Gebet. Waschung und Bestattung sollen schnellstmöglich vollzogen werden, am besten noch am gleichen Tag. Der Tote wird nach der Waschung in ein Leinentuch gewickelt. Eine besondere Rolle spielen dabei Engel (vgl. Sure 6:61–62): Sie sind keine Nebengötter, nehmen den Verstorbenen jedoch in Empfang und bestrafen ihn ggf. in einer Art Zwischengericht bereits im Grab, also vor dem Jüngsten Gericht. Erst wenn er sich zu *Allāh* und seinen Geboten bekannt hat, wird ihm das Paradies gezeigt:

> [32:11]: Sag: Der Engel des Todes, der über euch eingesetzt ist, wird euch (wenn eure Frist abgelaufen ist) abberufen. Hierauf werdet ihr zu eurem Herrn zurückgebracht werden.

Eine Auferstehung nach dem Tod ist nach islamischem Glauben nicht möglich, wenn der Verstorbene verbrannt wurde. Er muss mit Leib und Seele vor dem Jüngsten Gericht erscheinen. Eine rituelle Urnenbeisetzung ist deswegen ausgeschlossen.

Der Leichnam wird von mindestens vier Männern in dem Leinentuch, nicht in einem Sarg, zu Grabe getragen. Am Grab wird das Totengebet vor den versammelten Trauernden gesprochen, das u. a. aus der *fātiḥa* (►F/A 42) besteht. Der Tote wird auf seine rechte Seite in die Erde gelegt. Die Grabstelle soll nach Mekka ausgerichtet und nicht prunkvoll sein, obwohl auch manche Muslim*innen Gräber in Deutschland schmücken. Weil die Totenruhe nicht gestört werden darf, dürfen Gräber auch nicht mehrfach genutzt werden. Inzwischen haben viele Kommunen in Deutschland Grabfelder ausgewiesen, in denen Muslim*innen nach islamischem Ritus bestattet werden können.

Beteiligten oder betroffenen Kindern und Jugendlichen sollte auf Nachfrage für diese familiären Ereignisse die Teilnahme ermöglicht werden. Das gilt auch für die rituelle Beschneidung, die an anderer Stelle behandelt wird (►F/A 68).

42. Welche Festtage und religiösen Formeln sind im Islam verbreitet?

Die wichtigsten zwei islamischen Feste sind *īd al-adhā* sowie das Fest am Ende des Fastenmonats *ramadān*, *īd al-fitr*. Sie haben für Muslime solch' grundlegende Bedeutung wie für Christen das Weihnachts- und Osterfest. Die Bedeutung der Feste schwankt über die Ethnien hinweg, ebenso in den islamischen Glaubensrichtungen.

Zum Abschluss der Pilgerzeit feiern Muslime das Opferfest *'īd al-adhā*. Es ist das höchste islamische Fest und wird zum Höhepunkt der *haddsch* begangen. Hingegen wird *'īd al-fitr* – in Deutschland als Zuckerfest bekannt – zum Abschluss des Fastenmonats *ramadān* gefeiert. Das *'Āschūrā'*-Fest, theologisch zwar nicht vergleichbar mit der Bedeutung von Karfreitag für Christen, gilt dennoch als Tag der Trauer und hat für Schiiten im jährlichen Festkalender ebenfalls eine grundlegende Bedeutung. *Āschūrā'* ist der 10. Tag des islamischen Monats *muharram*. An diesem Tag gedenken überwiegend Schiiten des Todes ihres Imam *Husain* in Kerbela. Zudem feiern einige Familien auch Mohammeds Geburtstag als Fest.

Der Stellenwert der Festtage kann nicht aus den islamischen Schriften selbst mit Zitaten belegt werden, wohl aber aus islamischer Tradition und Kultur. Dennoch mindert dies nicht das emotionale, ideelle und gesellschaftliche Gewicht der Festtage für Muslime. Die genannten Festtage werden in islamischen Staaten mit zwei, meist drei Feiertagen begangen und beginnen mit einem Festgebet in den Moscheen. Hieraus ergibt sich der Wunsch von Eltern, auch hierzulande ihre Kinder am Festgebet und den häuslichen Feierlichkeiten teilnehmen und deshalb an diesen Tagen von Pflichten in Kitas und Schulen befreien zu lassen.

Islamische religiöse Formeln sind nach dem Kontext ihrer Verwendung zu unterscheiden. Durchweg beruhen jedoch alle auf dem Koran oder *hadîthen.*

Zunächst ist der Gebetsruf (*aḏān*, auch *azān*) des Muezzin zu nennen, der in Arabisch fünfmal am Tag die Gläubigen zum Gebet ruft. Der Wortlaut, hier der sunnitische, unterscheidet sich geringfügig vom schiitischen:

> *Allāh* ist groß (größer als alles und mit nichts vergleichbar). Ich bezeuge, dass es keine Gottheit gibt außer *Allāh.* Ich bezeuge, dass Mohammed *Allāhs* Gesandter ist. Eilt zum Gebet, eilt zum Heil. Das Gebet ist besser als Schlaf. *Allāh* ist groß (größer als alles und mit nichts vergleichbar). Es gibt keine Gottheit außer *Allāh.*

Die meistgenannten Wünsche, Gebetsformeln, Lobpreisungen und Anrufungen *Allāhs* für Muslim*innen sind:

Al-fātiḥa (die Eröffnung) ist die erste Sure des Koran. Sie wird auch *fātiḥat al-kitāb, fātiḥat al-qur'ān* und *umm al-kitāb* genannt:

> Im Namen Gottes, des Gnädigen und Barmherzigen. Lob sei Gott, dem Herrn der Menschen in aller Welt, dem Barmherzigen und Gnädigen, der am Tag des Gerichts herrscht. Dir dienen wir, und Dich bitten wir um Hilfe. Führe uns den geraden Weg, den Weg derer, denen Du gnädig bist, die nicht dem Zorn anheimfallen und nicht irregehen.

Zu nennen ist zudem die *basmala,* die Teil der *al-fātiḥa* und der Beginn jeder Sure außer Sure 9 ist. Sie wird auch *bismillah-ir-Rahman-ir-Rahim* genannt = „Im Namen Gottes, des Gnädigen und Barmherzigen".

Zudem gibt es die Formel *a'udhu billahi min ash-shaytanir-rajim bismillah ar-Rahman ir-Rahim* = „Ich suche Zuflucht vor dem verfluchten Teufel im Namen *Allāhs*, dem Allerbarmer, dem Barmherzigen".

Außerdem hört man häufiger die Ausrufe *alhamdulillah!* = „Alles Lob gebührt *Allāh!*" sowie *allāhu akbar* = „*Allāh* ist größer".

Schließlich gibt es noch Eulogien, das sind Segenswünsche, die einem Namen folgen. Der bekannteste im Islam ist: *sallalahu 'alaihi ua sallam!* (sas) = „Frieden und Segen auf ihm (Mohammed)".

Zudem bedenken sich Muslim*innen untereinander mit guten Wünschen: *as-salamu 'alaykum* = „Der Friede sei mit dir"; *inscha-allāh* = „So wie/was *Allāh* will"; *mā schā'a Llāh* = „So wie/was *Allāh* will". Dieser Gruß schließt zudem gute Wünsche für den Angesprochenen ein.

43. Was sollte ich über Imame wissen?

„Imam" als Oberhaupt einer islamischen Gemeinschaft ist als Berufsbezeichnung nicht geschützt. Das hat zur Folge, dass Imame unterschiedlich gut ausgebildet sind: Es gibt solche, die sich durch ein Studium auf ihre Aufgaben vorbereitet haben, andere sind Autodidakten, und wieder andere verfügen lediglich über rudimentäre Kenntnisse. Sie werden für ihre Aufgaben, zu denen Predigten, die Leitung ritueller Gebete, Krankenhaus- und Gefängnisseelsorge, Beerdigungen, Koranunterweisungen (►F/A 45) u.a.m. gehören, nicht geweiht, und sie sind nicht Mittler zwischen *Allāh* und den Gläubigen. Bislang wird das Gros der Imame von den Dachverbänden für ca. drei Jahre aus den Herkunftsstaaten nach Deutschland geholt und bezahlt. Die meisten fallen allein wegen mangelnder Deutschkenntnisse hierzulande als gesellschaftliche Brückenbauer aus. Kleinere Moscheen haben ehrenamtliche Imame, die einer Erwerbstätigkeit nachgehen und hier mit ihren Familien leben.

Rauf Ceylan ist Islamwissenschaftler an der Universität Osnabrück. Er hat 2009 Interviews mit hiesigen Imamen geführt, deren Ergebnisse Kitas, Schulen und der Jugendhilfe helfen können, denn er hat Imame nach Merkmalen klassifiziert:

Zunächst identifiziert er eine Gruppe „traditionell-konservativer" Imame, die nach seiner Einschätzung ungefähr 75 Prozent der Imame in Deutschland ausmachen. Sie sind werte- und strukturkonservativ; das heißt, sie möchten Werte wie Autoritätsgläubigkeit, Gehorsam sowie Patriotismus bewahren und halten an traditionellen Rollenvorstellungen innerhalb der Familie fest.

Die zweite Gruppe bezeichnet er als „traditionell-defensiv". Diese Gruppe lehnt akademisches Wissen und die moderne Medizin zu großen Teilen ab. Sie vertritt eine Geheimlehre und hält an Methoden wie Exorzismus und Okkultismus fest. Nationalismus, ein apokalyptisches Weltbild und das Warten auf den *mahdi* (Messias) kommen in ihren religiösen Positionen zum Ausdruck. Diese Gruppe macht nach Ceylan nur eine Minderheit der Imame in Deutschland aus.

Den dritten Imam-Typ bezeichnet Ceylan als „intellektuell-offensiv". Seiner Schätzung zufolge sind ungefähr 15 Prozent dieser Gruppe zuzuordnen. Sie befürworten eine kritische Auseinandersetzung mit dem Islam und eine Neuinterpretation des Koran.

Am problematischsten ist nach Ceylan der letzte Imam-Typ, die „neo-*salafistischen*" Imame, die eine Minderheit unter den in Deutschland wirkenden Imamen bildet. Hier handelt es sich meist um Autodidakten, die mit den Moscheen und Dachverbänden gebrochen haben. Der Islam wird politisiert, der *ǧihād* als kriegerische Lösung befürwortet (►F/A 84, 86).

Im Kern bestätigt eine Studie der Konrad-Adenauer-Stiftung von 2019 die Ergebnisse von Ceylan: Imame mit starkem Auslandsbezug zeigten oft eine „reaktionäre und demokratiefeindliche Interpretation von Glaubensfragen". Das hänge auch damit zusammen, dass die allermeisten Imame über keine „religiöstheologischen Kompetenzen" verfügten und kaum Deutsch sprächen. Diese Eindrücke verfestigen sich:

> Offenbar ist es möglich, viele Jahre in Deutschland zu leben, mit Frau und Kindern, ohne auch nur in der Lage zu sein, auf Deutsch ein Brötchen zu kaufen. Von allen Imamen, mit denen ich Gespräche führen konnte, gab es nur einen einzigen, der in der Lage war, sich für ein Interview ausreichend auf Deutsch auszudrücken (Constantin Schreiber, S. 236).

Die fehlenden Qualifikationen und religionspolitischen Ausrichtungen vieler Imame sind kein Betriebsunfall, sondern Konzeptbaustein des Mainstreamislam, der sie für ihre Arbeit in Deutschland gerade wegen geringer fachlicher und sprachlicher Kompetenzen auswählt (►F/A 26). Allerdings gibt es seit einigen Jahren Versuche, Imamen in Deutschlands Standards für ihre Aufgaben zu vermitteln. Zu nennen sind hier Universitäten und Stiftungen, die solche Kurse und Weiterbildungsmaßnahmen anbieten. Ob zu den qualitätsorientierten Maßnahmen auch die Ankündigung von DİTİB vom Sommer 2019 zählt, zukünftig selbst Imame in Deutschland auszubilden, muss sich erst noch erweisen.

Kitas und Schulen können von der Lehrkraft für Islamischen Religionsunterricht erfahren, wo solche Kurse in der Nähe angeboten werden und von den Kontaktbeamten der Polizei, welchem „Imamtyp" die Imame der umliegenden Moscheen zuzurechnen sind.

44. Gibt es in Deutschland weibliche Imame?

Im Alevitentum heißen Imame Dedes, und hier gibt es auch weibliche Imame, die als Anas bezeichnet werden. Trotz des Tabus weiblicher Imame im orthodoxen Islam gibt es dennoch weltweit und auch in Deutschland einige Frauen, die als Predigerinnen arbeiten, das Freitagsgebet leiten, Koranunterricht erteilen und ihre Gemeindemitglieder seelsorgerisch betreuen. Einige wenige Moscheegemeinden schätzen deren Arbeit auch deshalb, weil durch sie Muslima besonders angesprochen werden und dadurch die Integration in die Gesellschaft in Deutschland evtl. besser gelingt.

Die bekannteste unter den weiblichen Predigerinnen in Deutschland ist Seyran Ateş. Sie ist Imamin der Ibn-Rushd-Goethe-Moschee in Berlin-Moabit, die im Juni 2017 gegründet wurde und dafür Nebengebäude der evangelischen Kirche

St. Johannis nutzt. Neben anderen Personen ist Abdel Hakim-Ourghi Mitgründer und religionswissenschaftlicher Begleiter, er lehrt im Hauptberuf Islamwissenschaften an der Pädagogischen Hochschule Freiburg. Nach dem Selbstverständnis der Moschee steht sie in der Tradition historischer Vordenker eines liberalen, aufgeklärten Islam mit einer zeitgemäßen und geschlechtergerechten Auslegung des Koran und der *hadîthe*, der grundsätzlichen Vereinbarkeit von Islam und Menschenrechten sowie dem Anspruch, negative Islambilder zu korrigieren (►F/A 71, 94).

Der muslimische Namensgeber *Muhammad Ibn-Rushd* (alias Averroës, 1126–1198) war Philosoph, Arzt, einflussreicher Aristoteles-Kommentator und Voraufklärer, und Namensgeber Goethe betont im West-Östlichen Divan 1819 das Untrennbare von Orient und Okzident. Die weltweite Untrennbarkeit des Islam versichert hingegen Abdel-Hakim Ourghi:

> Es gab und gibt nur einen Islam. Die Grundlage für diesen einheitlichen Islam ist der humanistisch-ethische Koran, der Räume schafft, um frei zu denken und sein Leben selbstbestimmt zu gestalten.

Unhinterfragt bleiben – jedenfalls bislang – die sog. Schwertverse, die durch die „heiligen Quellen" belegte Ungleichheit der Geschlechter sowie all' diejenigen Sachverhalte, die ggf. im Widerspruch zu demokratischen Werteordnungen stehen (►F/A 81).

Im Kern lehnen alle Islamverbände die Moscheegründung von Moabit ab. Gleichwohl hat sie sowie deren Leitung durch eine Frau große nationale und internationale mediale Resonanz hervorgerufen. Die türkische Religionsbehörde Diyanet und das ägyptische *Fatwã*-Amt verurteilen das Projekt öffentlich, und die Initiatorin Seyran Ateş hatte bereits kurz nach der Moscheeeröffnung mehr als hundert Morddrohungen erhalten.

45. Was sind Koranschulen, und wer betreibt sie?

Es ist davon auszugehen, dass in Deutschland mindestens 10 Prozent der muslimischen Kinder nachmittags, an Wochenenden und besonders in den Schulferien eine Koranschule besuchen. Sie ist eine Einrichtung der meisten Moscheen, die Kurse führt zumeist der Imam durch. Einen einheitlichen Lehrplan gibt es nicht, vielmehr wird der Koran in Arabisch rezitiert, unabhängig davon, zu welcher Sprachgruppe die Kinder gehören. Besonderer Wert wird auf Aussprache, Intonation und Sprachmelodie gelegt, die Schönheit des Textes wird betont und damit zugleich an die islamische Geschichte angeknüpft. Die Rezitation von

Allāhs Worten wird als Gewinn angesehen, sie ersetzt das Verstehen. Deutungen für das Alltagsverhalten nimmt der Imam vor – nach Vorgaben des Trägers der Moschee, also i. d. R. des jeweiligen Dachverbandes. Das ist deshalb interessant, weil der Staatsgründer Atatürk für die Türkei Koranschulen als Bestandteil der Stundentafel von Schulen verboten und den Betrieb durch die Süleymancı-Bewegung, deren Ableger der VIKZ ist (►F/A 24), gänzlich untersagt hatte – Kinder sollten nicht religiös indoktriniert werden. Und aktuell fragwürdig sind sie angesichts der mangelhaften religiös-theologischen Kompetenz der meisten Imame (►F/A 43).

Ziel von Koranschulen ist es, islamisch-konservative Werte zu vermitteln, sittlich und moralisch rechtgeleitetes Verhalten zu fördern und Einflüsse der westlichen Welt fernzuhalten. Den Zielerreichungen wird nicht selten mit Strafen und Züchtigungen nachgeholfen. Merkmal sind zudem geschlechterspezifische Angebote: Mädchen erlernen neben der Koranrezitation unter Anleitung von Muslima Kochen, Handarbeiten und Haushaltspflichten – und ab der Geschlechtsreife das Kopftuch zu tragen. Jungen hingegen werden im Sinne des Patriarchats und ihrer zukünftigen Rolle als Familienvorstand und Verteidiger des Islam erzogen. Neben den Koranrezitationen lernen beide Geschlechter *hadîthe* und häufig die Grundlagen der *šarī'a* als allein gültige Rechtsordnung kennen (►F/A 33).

Koranschulen untermauern tendenziell den Absolutheitsanspruch des Islam, festigen patriarchalische und antiemanzipatorische Strukturen und distanzieren Kinder und Jugendliche vom nichtislamischen Umfeld. Die intentionalen und funktionalen Lernziele von Koranschulen werden deshalb vom Gros der Mehrheitsgesellschaft und von liberalen Muslim*innen kritisiert, zumal Teile in krassem Widerspruch zu Lernzielen und -stilen von Kitas und öffentlichen Schulen stehen und Lernen dort erschweren kann (►F/A 93, 94).

46. Müssen alle muslimischen Kinder und Jugendlichen die „Fünf Säulen“ einhalten?

Für traditionell geprägte Muslim*innen gehört die religiöse Unterweisung ihrer Kinder (►F/A 34, 35) selbstverständlich zu ihren Aufgaben. Religiöse Erziehung in der Familie geschieht – im Islam wie in anderen Religionen – dadurch, dass die Kinder mit den Moralvorstellungen, mit Festen und Feiertagen, mit Riten, Speise- und sonstigen Vorschriften sowie der Trennung der Geschlechter durch Anleitung und Vorbilder durch Familienangehörige aufwachsen. Im Islam wird der Sohn vom Vater, die Tochter von der Mutter religiös unterwiesen, sie führen ihre Kinder allmählich an die Glaubenspflichten des Islam, die „Fünf Säulen“, heran. Muslimische Eltern gehen durchweg davon aus, dass ein Kind etwa mit sieben Jahren beginnen sollte, das Gebet zu verrichten. Mit zehn Jahren sollte es das rituelle Gebet *ṣalāt* beherrschen und auch verrichten – natürlich in Abhängigkeit davon, wie streng die Familie selbst der Gebetspflicht nachkommt. Auch in das Fasten im *ramadān* werden Kinder in traditionellen Familien Schritt für Schritt eingewiesen. Beim ersten Mal fasten sie vielleicht nur einen oder zwei Tage, beim nächsten Mal ggf. eine Woche. Ziel in traditionell-muslimischen Familien ist es, dass Kinder mit Beginn der Pubertät diejenigen Teile der „Fünf Säulen" einhalten, die sie erfüllen können.

Das Glaubensbekenntnis, die *šahāda*, haben alle Muslim*innen abgelegt, für Neugeborene übernehmen dies die Eltern, und es ist keine Wiederholung in Form eines Bekenntnisses im Erwachsenenalter erforderlich. Die *ṣalāh*, das rituelle Pflichtgebet (u. a. 2:238), kann verschoben, muss also z. B. während der Zeiten, die Muslim*innen in Kitas, Schulen oder Einrichtungen der Jugendhilfe verbringen, nicht verrichtet werden. Die Sozialabgabe *zakāh* setzt regelmäßiges Einkommen voraus, was bei Kindern und Jugendlichen i. d. R. nicht vorhanden ist. Fasten (*saum*) kann verschoben oder – bei Erwachsenen – durch zusätzliche Abgaben ersetzt werden und nimmt zudem bestimmte Fallgruppen aus, so u. a. Kinder, Menstruierende und Schwerarbeitende, zu denen ggf. Schüler*innen zu zählen sind (vgl. 2:183 – 184). Und die Pilgerreise, die *haddsch*, muss verpflichtend lediglich einmal im Leben durchgeführt werden, mithin verbleibt dafür viel Zeit im Anschluss an die Schulzeit (3:96 – 97).

Daraus ergibt sich für die Leitungen von Kitas und Schulen die Aufgabe, mit Eltern verbindliche Absprachen über die altersgerechte Einhaltung der „Fünf Säulen" zu treffen. Dabei kann es hilfreich sein, eine Lehrkraft für Islamischen Religionsunterricht hinzuzuziehen.

47. Was muss ich bei Hausbesuchen muslimischer Familien beachten?

Eine Aufgabe für traditionelle islamische Eltern stellt die angemessene religiöse Bildung ihrer Kinder in der Diaspora dar. Sie haben die Aufgabe, für eine geeignete Schule und die sinnhafte Auseinandersetzung mit der Religion zu sorgen. Dazu sind sie jedoch in der Regel nicht ausgebildet. Deshalb sind Kontakte mit Lehrkräften und Sozialpädagog*innen ihrer Kinder unumgänglich, zumal, wenn sie über Entwicklungen, Lernfortschritte und Erziehungsprobleme informiert sein wollen. Denn der Bildungs- und Sprachhintergrund setzt vielen muslimischen Eltern Grenzen, was einer der Gründe – in einer Art Selbsthilfeaktion – für die

Nachfrage nach Koranschulen ist, die die Eltern zudem in ihrem religiösen Bildungsauftrag entlasten (►F/A 45).

Die meisten muslimischen Familien freuen sich über Besuche von Pädagog*innen ihrer Kinder. Sie sind gastfreundlich, bieten Tee und Gebäck an und zeigen durchweg Respekt. Der Hausbesuch sollte vorher angekündigt werden und zu Zeiten stattfinden, in denen die Väter zu Hause sein können. Der Unterschied von sonstigen Hausbesuchen gegenüber dem in muslimischen Familien ist marginal. Vor der Wohnungstür streift man seine Schuhe ab. Die Begrüßung findet nur im Ausnahmefall ohne Handschlag statt, wird der jedoch abgelehnt, kann dies Anzeichen sehr konservativen Verhaltens sein. Auch ob Frauen an dem Gespräch teilnehmen, hängt vom Islamverständnis der Familie ab, falls jedoch Frauen teilnehmen und vor Fremden das „Kopftuch" tragen, sollte man dies vorurteilsfrei hinnehmen: Die Frau will lediglich zeigen, dass sie „sittsam" ist. Zwar werden Lehrkräfte und Sozialpädagog*innen bei Hausbesuchen i. d. R. nicht eingeladen, am Essen teilzunehmen. Ist dies doch der Fall, handelt es sich um eine Auszeichnung. Dabei werden meist heimische Produkte nach islamischen Speise- und Getränkevorschriften verzehrt: kein Alkohol und keine Produkte vom Schwein. Im *ramadān* schließt sich die Familie gemeinsamer Nahrungsaufnahme vor Sonnenuntergang jedoch aus.

Pädagog*innen sollten ihre Erfahrung einbringen, d. h. in der Beratung Wege aufweisen, die die Familie einbindet. Dazu ist es hilfreich, wenn auch das Kind, über dessen Verhalten, Leistung und Perspektiven gesprochen wird, anwesend ist. Wichtig ist, Zielabsprachen zu vereinbaren und sie mit einem neuen Hausbesuch zu verknüpfen.

48. Was sollte ich für einen Moscheebesuch mit meiner Lerngruppe beachten?

Eine Moscheeanlage besteht zumeist aus mehreren Bereichen: dem Gebetsraum, einem Waschraum samt Toiletten, Schulungsräumen, einem Café und häufig auch einer Art Bibliothek, sie versteht sich mithin auch als Ort sozialer Begegnungen und religiöser Bildung. Aktuell gibt es in Deutschland etwa 2.800 Moscheen, davon 143 repräsentative (zum Vergleich: Es gibt ca. 24.500 katholische und 21.100 evangelische Kirchen). Für Moscheebesuche ist es wichtig, sich vorher zu erkundigen, wer Träger ist. Meist ist es einer der Dachverbände, entsprechend sind die Gemeinde und ihr Imam religiös-politisch ausgerichtet.

Der Gebetsraum, also die eigentliche Moschee, ist kein sakraler Raum, denn Muslim*innen können jederzeit und an jedem Ort beten. Das bedeutet u. a., dass niemand in einer Moschee flüstern oder gar schweigen muss, jeder kann sich außerhalb der Gebetszeiten und des Freitagsgebets völlig ungezwungen verhalten. Notwendig ist es jedoch, dass Schülerinnen auch im Hochsommer Arme und Dekolleté mit Kleidung bedeckt haben und Miniröcke vermeiden und Jungen nicht in badeähnlicher Kleidung erscheinen.

Die Bedeutung der Moschee ergibt sich aus ihrer Funktion als Stätte zur gemeinsamen Verrichtung des Pflichtgebetes. Nur das Gebet macht den Ort relevant und nicht der Ort das Gebet. Sie dient auch nicht zur Aufbewahrung und/oder Anbetung des Heiligen. Das eigentlich Heilige ist der Koran, aber das Koranexemplar, das in der Moschee im Regal steht, ist nicht heiliger als dasjenige, das in der Buchhandlung ausliegt. Anteil am Heiligen gewinnen die Gläubigen jedoch, indem sie den Koran rezitieren, wie es im Ritualgebet geschieht.

Bevor die Moschee betreten wird, sind die Schuhe auszuziehen, denn der Raum ist mit Teppichen ausgelegt, die alle in Gebetsrichtung, der *qibla*, verlegt sind und durch die Gebetsnische, die *mihrab*, markiert wird. Rechts von der *mihrab* befindet sich die Predigerkanzel *minbar*, von der aus die *chutba* genannte Ansprache vor dem Freitagsgebet gehalten wird. Die Wände von Moscheen schmücken Kalligrafien mit Koranversen.

Fragen, die Lerngruppen vorher erarbeitet haben und beim Besuch stellen, können Informationslücken schließen und auch etwas über das mentale Milieu von Muslim*innen in Erfahrung bringen.

49. Ist die Moschee für junge Muslim*innen ein Auslaufmodell?

Verdrängt die Cyber-*Umma* die Moscheen (►F/A 39)? Julia Gerlach hat dazu Muslim*innen befragt, und deren Antwort war einhellig: nein. Sie verweist zudem auf eine Studie des Zentrums für Türkeistudien, die eine zunehmende Teilnahme am Freitagsgebet hervorhebt. Auch Korankurse, Koranschulen und die Nachfrage nach islamischen Traktaten nähmen stetig zu.

Allerdings ist es Teil des Lifestyles, sich selbst über das, was man für wichtig hält, im Internet zu informieren (►F/A 77). Neben Ärzten und Pädagog*innen können inzwischen auch Imame und Lehrkräfte für Islamischen Religionsunterricht davon ein Lied singen.

Motive, sich über islamische Themen im Internet und den Social Media selbst zu informieren (►F/A 77), hängt in Deutschland als nicht islamisch geprägtem Staat auch damit zusammen, dass die Prägung durch Teile der (islamischen) Umwelt hier entfällt. So verzeichnen Websites wie „Erlaubtes und Verbotenes im Islam“ und „Islam.de“ steigende Userzahlen. Auf diesen Websites, auf zahlreichen YouTube-Videos sowie auf Plattformen der Dachverbände können sich User zudem bestätigen lassen, was Brauchtum in einigen islamischen Kulturen von festen Bestandteilen der islamischen Lehre unterscheidet. Zumeist junge Muslim*innen erfahren so, „welcher Islam", dem sie begegnen, nun der „richtige" ist. Fragen an Eltern und andere ältere Muslime helfen da eher nicht weiter. Denn durchaus geht es den Usern um religiöse Antworten auf Fragen ihrer Generation. Die im Internet abrufbaren Antworten sind zudem durchweg mit Quellen aus dem Koran sowie *hadîthen* belegt. Allerdings ist auf den ersten Blick nicht erkennbar, ob die Sites etwa *salafistische* Schlagseite haben, wie z. B. die Plattformen *al-Islam.de* und *Hisb-al-Tharir.*

Und es bedarf erheblichen Rechercheaufwands, die Quellen zu überprüfen. Inzwischen macht die Fülle der Angebote das Internet auch für „islamische Auskünfte" unübersichtlich. Das erklärt letztlich die eindeutige Antwort, dass junge Muslim*innen Moscheen nicht für überflüssig halten.

50. Verändert die Einführung einer Moscheesteuer den hiesigen Islam?

Moscheen werden durchweg von ihren Trägern finanziert, die wiederum finanziell von islamischen oder islamisch geprägten Staaten abhängen (►F/A 24). Zum Finanzaufwand gehören u. a. der Kauf oder die Pacht sowie der Unterhalt einer Immobilie, die Ausstattung der Moscheeräume und deren Pflege, Betriebskosten wie Telefon etc. sowie die Bezahlung der Imame. Hintergründe der Frage, ob sich Moscheevereine in Deutschland zukünftig über Steuern, die sie selbst erheben, finanzieren, sind deren derzeit geringe Finanzen sowie der Wunsch von Politik und Teilen der Mehrheitsgesellschaft, dass die Verbände und Moscheevereine sich dem finanziellen und religionspolitischen Einfluss des Auslands entziehen.

Die Debatte um eine Moscheesteuer kam im Dezember 2018 auf und wird in absehbarer Zeit wohl nicht abschließend entschieden werden. Denn einerseits setzt die Erhebung einer Steuer von ihren Mitgliedern voraus, dass den Moscheevereinen oder den Dachverbänden die Körperschaftsrechte verliehen werden. Voraussetzung dafür ist jedoch die Anerkennung als Religionsgemeinschaft, die ein zentraler Begriff des institutionellen Staatskirchenrechts und für die islamischen Vereine und Verbände abschließend noch nicht entschieden ist (►F/A 25). Zu den weiteren Voraussetzungen für die Verleihung des Körperschaftsstatus gehören ein gewisser Organisationsgrad, eine Mindestmitgliederzahl sowie der Nachweis der Rechtstreue. Außerdem ist der tatsächliche Gesamtzustand der Gemeinschaft zu prüfen. Die Verleihung könnte allein schon an der geringen Anzahl registrierter Mitglieder und/oder der Rechtstreue scheitern, unabhängig davon, ob islamische Vereine überhaupt den Körperschaftsstatus anstreben (►F/A 3, 96).

Als andere Lösung böte sich die Gründung einer Stiftung an, für die allerdings vorab die Frage geklärt werden müsste, wer in die Stiftung einbezahlt. Der deutsche Staat jedenfalls verließe die Grundlagen des Staatskirchenrechts, wenn er im Rahmen „wohlwollender Neutralität" in die finanzielle Bresche spränge. Als weitere Option wäre es denkbar, die *zakāh* rechtsverpflichtend durch Moscheen zu erheben und sie staatlicherseits steuerlich zu bevorzugen wie etwa Spenden. Schließlich müsste eine Ablösung vom Einfluss der Herkunftsstaaten von der Mehrheit der Muslime auch gewollt sein. Das ist jedoch nicht erkennbar, denn nicht nur der aktuelle Generalsekretär des Islamrats, Burhan Kesici, positioniert sich entschieden dagegen und schreibt damit die Tradition der Verbände fort. Zur Kritiklinie der Mehrheitsgesellschaft gehört zudem, für die Steuerdebatte nicht nur als alleinige Richtschnur die Finanzierung aus dem Ausland anzusehen. Denn die Auslandsfinanzierung sichert weiterhin eine von den Verbänden gewünschte konservative Ausrichtung des Islam auch in Deutschland. Deshalb wird vor allem eine Liberalisierung des Islam als notwendig erachtet.

51. Gibt es für Pädagog*innen Grenzen, mit Moscheevereinen zusammenzuarbeiten?

Träger der überwiegenden Zahl von Moscheen sind die Dachverbände, so unterhält DİTİB Mitte 2019 z. B. mehr als 1.000, Millî Görüş und der VIKZ jeweils mehr als 300 und der ZMD mehr als 70 Moscheen (►F/A 24):

> In ihnen werden die religiösen Traditionen ihrer ursprünglichen Heimat gewahrt. Hier wird Berberisch, Arabisch, Türkisch, Farsi oder Urdu gesprochen, hier ist man weitgehend unter sich und wird nicht mit Zumutungen der deutschen Gesellschaft traktiert, seinen Glauben rechtfertigen zu müssen (Susanne Schröter, S. 330).

Zudem steigt die Zahl der Moscheevereine in Deutschland, die vom Verfassungsschutz wegen ihrer *salafistisch*-extremistischen Bezüge observiert werden, rapide an – in NRW steht mehr als jeder achte Moscheeverein unter Beobachtung (Stand: 7/2019). Dies macht es für Kitas, Schulen und die Jugendhilfe nicht leicht, eine vertrauenswürdige Moschee in ihrer Nähe zu finden. Denn selbst die jahrelang als unverdächtig geltenden Moscheen von DiTiB haben sich in den letzten Jahren aufgrund der Politik dieses Dachverbandes desavouiert. DiTiB betreibt die Politik der Republik Türkei und genügt zudem nach Einschätzung deutscher und europäischer Politiker und Wissenschaftler derzeit Ansprüchen an

Rechtsstaatlichkeit und Demokratie nicht. Sie entfernt sich immer weiter von europäischen Werten. Als Belege werden auf die Vorwürfe verwiesen, sie spioniere Gläubige und Lehrkräfte aus und melde Anhänger der Gülen-Bewegung nach Ankara. Hinzu kommt der Kinderaufmarsch in Uniform in DiTiB-Moscheen 2018, um an den Jahrestag der Schlacht bei Gallipoli, einem militärischen Erfolg der osmanischen Streitkräfte im Ersten Weltkrieg, zu erinnern. Es gab und gibt nicht wenige, die diese Inszenierungen als Kindeswohlgefährdung einstufen. Außerdem sei auch an die Überhöhung des Märtyrertodes in einem von DiTiB in Deutschland verbreiteten Comic von 2016 erinnert. Schließlich wird auf das Treffen europäischer Muslime in der DiTiB-Zentralmoschee in Köln im Januar 2019 verwiesen, zu dem auch Islamisten eingeladen waren und teilgenommen haben. Dieses und weitere Vorkommnisse haben die Landesregierung NRW 2018 bewogen, die institutionelle Zusammenarbeit im Rahmen aktueller konkreter Projekte mit dem Dachverband auszusetzen, weil er nicht bereit sei, Bedingungen an Rechtstaatlichkeit als Voraussetzung für eine weitere Kooperation zu erfüllen.

In einigen Fällen haben sich Moscheevereine sogar zu Nährböden terroristischer Karrieren entwickelt. Bei etwa einem Drittel der deutschen IS-Kämpfer in Syrien stellten Sicherheitsbehörden Kontakte zu Moscheevereinen fest.

Die besten Adressen für Pädagog*innen, an Informationen über vertrauenswürdige Moscheen zu gelangen, sind die örtlichen Kontaktbeamten der Polizei zur islamischen Community, die es inzwischen in vielen Städten und Kreisen gibt. Sie kennen die Szene gut und verfolgen das Ziel, Vertrauen zwischen Muslimen und ihren Institutionen sowie der Mehrheitsgesellschaft anzubahnen und ein vertrauensvolles Miteinander zu ermöglichen. Kontaktdaten für die Polizeibeamte finden Lehrkräfte und Sozialpädagog*innen im Internet (►Link im Anhang). Allerdings ist gegenseitige Vertrauensbildung nur von wenigen Moscheevereinen gewünscht. So ist z. B. 2016 der Versuch der Neuköllner Schulaufsicht gescheitert, Spannungen in den Schulen aufgrund des *ramadān* zu mindern; nur drei Moscheevereine haben eine entsprechende Vereinbarung unterzeichnet. Nach wie vor „steht für viele Moscheen das Trennende im Vordergrund“ (Joachim Wagner, S. 212).

52. Werden radikale islamische Vereine durch die Religionsfreiheit geschützt?

Was „freiheitliche demokratische Grundordnung“ meint, in dessen Rahmen Religionsfreiheit gilt, hat das Bundesverfassungsgericht bereits 1952 definiert (►F/A 26).

Einige islamische Verbände und Vereine, auch Moscheevereine, streben eine Gesellschaft auf islamischer Grundlage an, was nicht nur zur Abschottung auf sog. „islamische Inseln“ führen, sondern auch mit der freiheitlich demokratischen Grundordnung kollidieren kann. Sie können sich in diesen Fällen nicht auf den Schutz der Religionsfreiheit nach Art. 4 GG berufen, denn Religionsfreiheit ist kein Freibrief dafür, diese Grundordnung zu untergraben oder abzuschaffen oder ihre Existenz zu gefährden:

> Vereinigungen, deren Zwecke oder deren Tätigkeit den Strafgesetzen zuwiderlaufen oder die sich gegen die verfassungsmäßige Ordnung oder gegen den Gedanken der Völkerverständigung richten, sind verboten (Art. 9, Abs. 2 GG).

Es bedarf dazu lediglich einer Verbotsverfügung, die der Innenminister des Bundes oder eines Landes erlassen kann. Mit der wird die Feststellung getroffen, dass der betroffene Verein gem. Art 9 Abs. 2 GG verboten ist. Damit verbunden ist die Anordnung der Vereinsauflösung und regelmäßig die Beschlagnahme und Einziehung des Vereinsvermögens. Nähere rechtliche Ausgestaltungen von Vereinsverboten enthält das Vereinsgesetz (VereinsG).

Beispiele der jüngsten Vergangenheit für die Ahndung strafrechtlicher Verstöße gegen Art. 2, 5, 8 und 9 GG sind das Verbot der *salafistischen* Vereine *Millatu Ibrahim* und *Dawa FFM*, das Verbot des Tragens von Westen mit der Aufschrift „Shariah Police“ sowie das Verbot samt Auflösung der Vereinigung „Die wahre Religion (DWR)“ alias „Stiftung LIES“.

Wenn 2016 bundesweit mehr als 90 Moscheevereine Anhaltspunkte für extremistische Bestrebungen offenbarten und von den Verfassungsschutzämtern deshalb beobachtet werden, zeigt dies zweierlei: Deutschland erweist sich zwar als wehrhafte Demokratie (►F/A 82), aber weitere Vereinsverbote scheinen überfällig zu sein, sie sollten konsequent vollzogen werden. Die Diskussion, ob Extremisten nach Vereinsverboten nicht untertauchen und dort weiter agieren würden, ist zulässig, aber angesichts von Verfassungsverstößen nachrangig. Die Öffentlichkeit – und mit ihr Kitas, Schulen und die Jugendhilfe – hat einen Anspruch darauf, dass Gesetze auch angewendet werden.

53. Ist Kritik an religiös verwurzelten Muslimmilieus in Deutschland berechtigt?

Die Kapitel 53, 58 und 92 sollten im Zusammenhang gelesen werden.

Für Antworten auf die Frage sind Studien über Muslimmilieus erkenntnisreich. So hat z. B. die Universität Münster 2017 Befragungen unter der größten

Gruppe der Türkeistämmigen über Integration und Religiosität durchgeführt. Die Forscher kamen für diese Sprachgruppe zu folgenden Einschätzungen: gefühlte mangelnde soziale Anerkennung – vehemente Verteidigung des Islam – fundamentalistische Haltungen verbreitet – kulturelle Selbstbehauptung besonders in der zweiten und dritten Zuwanderer-Generation.

Unter Bezug auf diese und weitere religions- und sozialwissenschaftliche Studien lassen sich tendenziell folgende generelle Faktoren über Lebenswelten und Verhaltensmuster in religiös verwurzelten Muslimmilieus in Deutschland ausmachen, die zudem einen dynamisch-wechselseitigen Zusammenhang aufweisen:

Demografischer Faktor: Erhöhung des muslimischen Bevölkerungsanteils infolge einer höheren Geburtenrate, von intensiviertem Familiennachzug sowie als Folge von Flucht und Vertreibung.

Historische Faktoren: Regression von Indikatoren für gelungene Integration bereits seit Ende der 1990er Jahre; nach eigener Einschätzung von Muslimen sowie wissenschaftlichen Studien aktuell verstärkte Zunahme von Religiosität in diesen Milieus; Zunahme von Moscheebesuchen; Zunahme an „Kopftuchträgerinnen“; Islam als ein zentraler Faktor jugendlicher Identitätsbildung; Vorrang islamischer Gebote vor staatlichen Gesetzen; Rückbesinnung auf traditionell-religiöse Wurzeln; Rückgang der Umgangssprache Deutsch; Zunahme „islamischer Sonderwege“ in der Schule u. a. m.).

Soziokulturelle Faktoren: Zugewiesene oder gewählte Verfestigung von Integrationsverweigerung; Selbstverständnis als Vermittlungsinstanzen religiös-autoritärer, patriarchalischer und antiemanzipatorischer Erziehungsprozesse; vermehrter Konsum islamischer und nationaler Medien; Selbstabschließung muslimischer Gemeinschaften durch annähernd vollständiges intramuslimisches Heiratsverhalten (►F/A 28, 61, 62).

Politischer Faktor: Unterstützung der Strategie des organisierten Islam mit dem Ziel der Ausdehnung und „Anerkennung“ der islamischen Herrschaftskultur (Islamisierung „auf leisen Sohlen“) unter Führung der im KRM organisierten Dachverbände (►F/A 24, 26).

Diese Faktoren sind eingebettet in die Verzahnung dreier Regressionslinien, auf die Betroffene kaum Einfluss haben:

- weitgehender Wegfall der klassischen Integrationsinstanzen Arbeitsplatz und Nachbarschaft – formal erhalten geblieben ist lediglich eingeschränkt der Bildungsbereich;
- Entfaltung von Anomiepotenzial durch die Globalisierung (Auslagerung minderqualifizierter Arbeitskräfte, Entgeltkrise, soziale Polarisierungstendenzen, Erosion der Sozialsysteme, Wahrnehmung von „Down-Sizing“ etc.);

- Verfall der politischen Problemlösungsfähigkeit sowie der tendenziellen Preisgabe normativer Grundlagen der „kulturellen Moderne“ (Ideen der Aufklärung, säkular-demokratische Grundprinzipien, menschenrechtlicher Universalismus, antitotalitäre Wehrhaftigkeit, Kurzsichtigkeit in zentralen Politikfeldern, Kürzungen unverzichtbarer (sozial-)pädagogischer Stellen und Programme etc.).

Dem religiös verwurzelten Milieu gehören zwar nur ca. 6 Prozent der Muslim*innen an, deren Wahrnehmung bestimmt jedoch die Debatte über „den“ Islam in Deutschland und eben nicht die der großen Mehrheit integrierter Muslim*innen. Daher führt kein Weg an einer Auseinandersetzung mit den „Faktoren“ und „Regressionslinien“ vorbei.

Im Umgang mit Muslim*innen sowie bei Streitgesprächen über „den Islam“ sollten Pädagog*innen allerdings Wert auf Differenzierung legen. So haben die SINUS-Studien (►Link) im medialen und wissenschaftlichen Diskurs viel Beachtung erfahren, ihre Forscher resümieren:

- Der Einfluss religiöser Traditionen bei den Migranten wird oft überschätzt.
- In der Migrantenpopulation ist die Bereitschaft zur Leistung und der Wille zum gesellschaftlichen Aufstieg deutlich stärker ausgeprägt als in der autochthonen deutschen Bevölkerung.
- Die Anpassungsleistung der Migranten und der Stand ihrer Etablierung in der Mitte der Gesellschaft werden unterschätzt.
- Integrationsdefizite finden sich am ehesten in den unterschichtigen Milieus, nicht anders als in der autochthonen deutschen Bevölkerung (Bernd Hallenberg 2017).

Unterbleibt Differenzierung, produziert man selbst Fake News. Zudem führt dies oftmals – als Nebeneffekt – zu Solidarisierungen zwischen Muslim*innen unterschiedlicher Milieus, auch von eher säkularen mit strengreligiösen.

54. Sind freizügige Kleidung mit dem „islamischem Kopftuch“ vereinbar?

Ein *hadîth* von *Abū Dâwūd* bestimmt die „Blöße“ (*awra*) der muslimischen Frau, also diejenigen Körperzonen, die sie bedecken soll, und er beschreibt, wer von der Bedeckungsvorschrift umfasst ist:

> Aisha, die Frau des Propheten, berichtet, dass der Prophet seinen Blick von ihrer Schwester Asmaa abwandte, als diese einmal mit durchsichtiger Kleidung zu ihm kam. Er sagte zu ihr:

> „Asmaa, wenn eine Frau ihre erste Regelblutung hatte, soll man nichts von ihr sehen, außer diesem und diesem." Und er zeigte dabei auf sein Gesicht und seine Hände.

Nach diesem *hadîth* ist bei einer geschlechtsreifen Muslima mithin alles außer Gesicht und Händen „Blöße" und daher zu bedecken. Der weiter gehende Standpunkt, die Frau sei „ganz Blöße" und deshalb durch Verhüllung von Kopf bis Fuß komplett den Blicken aller Männer mit Ausnahme ihrer Verwandten zu entziehen, wird hingegen von der Mehrheit der Rechtsgelehrten nicht geteilt, wohl aber von Neo-*Salafisten* (►F/A 89, 90).

Zur Bedeckung geschlechtsreifer Frauen beruft sich der *hadîth* auf Koranvers 24:60:

> Und für diejenigen Frauen, die alt geworden sind (w. die sich (zur Ruhe) gesetzt haben) und nicht (mehr) darauf rechnen können, zu heiraten, ist es keine Sünde, wenn sie ihre Kleider ablegen, soweit sie sich (dabei) nicht mit Schmuck herausputzen. Es ist aber besser für sie, sie verzichten darauf (sich in dieser Hinsicht Freiheiten zu erlauben). Gott hört und weiß (alles).

Der Vers gestattet es nicht mehr menstruierenden Frauen also, ihre verhüllende Bekleidung abzulegen. Gleichwohl sind es diese Muslima in Deutschland, von denen in der Altersgruppe der 46–65 Jahre alten Frauen 39,2 Prozent und in der mit 65 Jahren und älter 50,3 Prozent Kopftuch tragen (BAMF, S. 196). Hingegen trugen Muslima anderer Altersgruppen zum Zeitpunkt der Erhebung in geringeren Prozentanteilen das islamische Kopftuch (16–25 Jahre: 22,2 und 26–45 Jahre 38,7 Prozent). Nicht ausgeschlossen ist, dass mehr Frauen der jüngeren Altersgruppen inzwischen auch das Kopftuch tragen (►F/A 53).

Zur *awra* und damit zu einem Schutz gottgewollten Anstands gehört es im Islam weiterhin, dass Frauen Kleidung tragen, die ihre Körperformen nicht erkennbar machen. Da die „Kopftuchfrage" nicht nur islamrechtlich und soziologisch komplex, sondern auch Ausdruck eines reziproken Rollenverständnisses ist – nur das Kopftuch, so die Annahme, schützt die Frau wirkungsvoll vor männlicher Anmache –, schließen sich Kopftuch und anderweitige freizügige Kleidung aus. Gleichwohl gibt es etliche junge Muslima, die sich in der Kombination „Kopftuch, bauchfrei und hautenge Jeans" kleiden. Ihre Motive sind sicherlich vielfältiger, als sie hier wiedergegeben werden können, eines davon ist jedoch, zu betonen, dass auch Muslima moderne Frauen und Stereotype im Hinblick auf sie und ihre Religion unangebracht sind (►F/A 71).

55. Sollten Kitas und Grundschulen auf „Kopftuchverzicht“ bestehen?

Die „Kopftuchfrage“ wird von Teilen der Mehrheitsgesellschaft vielfach als Gradmesser für gelungene oder misslungene Integration gewertet, während das Kopftuchverbot auf muslimischer Seite zuweilen als Beleg für die Ausgrenzung einer Minderheit von der Mehrheitsgesellschaft angeführt wird.

Religionsmündigen Mädchen und Jungen steht es in Deutschland jedoch rechtlich frei, Zeichen ihrer Religionszugehörigkeit zu tragen oder sich religiösen Geboten gemäß zu kleiden.

Das islamische Gebot des Kopftuchtragens für die Frau wird vor allem mit drei Textpassagen des Koran begründet, die sich in Sure 24:31, 33:53 und 33:59 finden:

> [24:31]: Und sag den gläubigen Frauen, sie sollen (statt jemanden anzustarren, lieber) ihre Augen niederschlagen, und ihre Keuschheit bewahren, den Schmuck, den sie (am Körper) tragen, nicht offen zeigen, soweit er nicht (normalerweise) sichtbar ist, ihren Schal sich über den (vom Halsausschnitt nach vorne heruntergehenden) Schlitz (des Kleides) ziehen und den Schmuck, den sie (am Körper) tragen, niemandem offen zeigen, außer ihrem Mann, ihrem Vater, ihrem Schwiegervater, ihren Söhnen, ihren Stiefsöhnen, ihren Brüdern, den Söhnen ihrer Brüder und ihrer Schwestern [...].

Der Koran spricht hier von „Frauen“ und unterscheidet in einigen anderen Versen „menstruierende“ von „noch nicht menstruierenden“ und „nicht mehr menstruierenden“ Frauen. Für Kitas und Grundschulen lässt sich daraus als Faustregel ableiten: Kinder dieser Einrichtungen gelten als „noch nicht menstruierend“, sie müssen nicht die islamischen Gebote und Verbote – z. B. Kopftuchtragen und Fasten – einhalten, das gilt für alle Geschlechter gleichermaßen.

Allerdings umfasst das elterliche Erziehungsrecht nach Art. 6 GG vor Eintritt der Religionsmündigkeit grundsätzlich auch, auf die Bekleidung ihrer Kinder Einfluss zu nehmen und diese mitzubestimmen. Insofern könnten muslimische Eltern ihre Töchter vor Eintritt der Religionsmündigkeit und ggf. sogar vor der Pubertät zum Tragen des Kopftuches in Kitas und Grundschulen anhalten (►F/A 46, 54).

Im Interesse einer angemessenen Persönlichkeitsentwicklung der Kinder, für die eine frühzeitige Betonung der Geschlechterrolle nicht förderlich ist, sollte aber in Kitas und Grundschulen das Tragen eines Kopftuches unterbleiben. In diesem Sinne sollten Eltern beraten werden. Es wäre zudem wünschenswert, wenn sich die Imame und islamischen Verbände dieser Linie anschließen würden und entsprechend Einfluss auf Eltern nähmen. Diese Frage kann auch als Testfall von Kitas, Schulen und Einrichtungen der Jugendhilfe für die Kooperationsfähigkeit und -willigkeit von Imamen angesehen werden.

56. Worin unterscheiden sich Islamischer und Alevitischer Religionsunterricht?

Das Alevitentum bildet nach den Sunniten die zweitstärkste Konfessionsgruppe in der Türkei. Es differenziert sich in türkisch-, kurdisch-, zazaki- und arabischsprachige Aleviten, ca. 20 – 30 Prozent der Migranten aus der Türkei sind Aleviten. Sie waren und sind dort wie in Deutschland einer Sunnitisierung ausgesetzt.

Die Alevitische Kulturwoche 1989 in Hamburg gilt als erster Schritt der alevitischen Bewegung in Deutschland nach institutioneller Integration. Ein wichtiger Schritt zum Erreichen dieses Ziels war die Anerkennung als eigenständige Religionsgemeinschaft im Zuge der Einführung von Alevitischem Religionsunterricht (ARU) in den Ländern der Bundesrepublik Deutschland. In Hamburg beantragte das dortige Alevitische Kulturzentrum sieben Jahre später die schulische Vermittlung alevitischer Glaubensinhalte und ist seitdem einer der Träger des „Dialogischen Religionsunterrichts für alle“: In Hamburg wird an den allgemeinbildenden Schulen Religionsunterricht erteilt, an dem alle Schülerinnen und Schüler ungeachtet ihres religiösen, kulturellen und ethnischen Hintergrundes gemeinsam teilnehmen und sich gemeinsam in gemischt-religiösen Klassen mit allen Weltreligionen auseinandersetzen (►F/A 57).

Zur gleichen Zeit stellte der Dachverband der Aleviten in Deutschland, die AABF, Anträge in Flächenländern auf Einrichtung von ARU. Dabei war die entscheidende Frage, ob das Alevitentum eine eigenständige Religion oder dem Mehrheitsislam zuzuordnen ist. Rechts- und religionswissenschaftliche Gutachten bestätigten das Alevitentum als Religionsgemeinschaft nach Art. 7 Abs. 3 GG. Damit war der Weg frei für ARU. Diese Anerkennung war durchaus nicht unumstritten, da es Aleviten gab und gibt, die das Alevitentum als Kultur und nicht unbedingt als Religion verstehen, andere sehen es als eigenständige Religion, und ein weiterer Teil verortet sich innerhalb des schiitischen Islam.

Der Lehrplan in Nordrhein-Westfalen skizziert exemplarisch die Ziele von ARU auf S. 178 wie folgt:

> Vor diesem Hintergrund hat der alevitische Religionsunterricht in den öffentlichen Schulen die Aufgabe, die Entwicklung einer alevitischen Identität in einer nicht-alevitischen Umwelt zu unterstützen; das Alevitentum in seiner Geschichte und alltäglichen Gegenwart in allen Facetten bewusst zu machen; den Schülerinnen und Schülern Orientierung und Hilfestellung auf der Suche nach einer eigenen Lebensausrichtung zu geben; die Sprache der Schülerinnen und Schüler besonders im Hinblick auf die alevitischen Begriffe und die damit verbundene Metaphorik zu fördern; auf der Grundlage alevitischer Quellen zu motivieren, eigenverantwortlich zu leben und zu handeln; ein gutes Zusammenleben von Alevitinnen und Aleviten und Andersgläubigen in Gleichberechtigung, Frieden und gegenseitiger Achtung und Zuwendung zu fördern.

Obwohl inzwischen einige Länder ARU anbieten, ist es einem Teil der alevitischen Schüler*innen nicht möglich, etwas über ihre Religion in der Schule zu erfahren. Das hat vorrangig drei Gründe: Zum einen fehlt es mancherorts an der erforderlichen Anzahl von Kindern für die Einrichtung von ARU. Zum anderen gibt es keine einheitliche Ausbildung für Lehrkräfte für ARU an Universitäten. Und schließlich stimmen nicht alle Aleviten mit den Glaubensgrundsätzen der AABF überein, an denen ARU ausgerichtet ist.

Das Alevitentum besitzt keine heilige Schrift. Seine Überlieferung übernehmen die sogenannten Dedes (vergleichbar Imamen, weibliche Form: Anas) und die Ozan (Volksbarden). Ihr Gottesverständnis ist pantheistisch: In ihrer Vorstellung ist Gott kein allmächtiger Gott, der Himmel und Erde geschaffen hat und straft. Stattdessen lebt er in allen Dingen und dementsprechend auch in den Menschen, die ihre Vollkommenheit in sich und ihrer Umwelt sowie dem Kosmos suchen. Jeder Mensch ist für sein Verhalten und damit sein persönliches Glück selbst verantwortlich. Daraus folgt, dass im alevitischen Verständnis nicht Gott Verantwortung für das Leid auf der Welt trägt, sondern die Menschen.

> Daher ist das Heilige Buch der Aleviten, der wahre Koran, der perfekt lebende Mensch, sein Wort und Denken, sein lebendiges Wort (Ismail Kaplan, S. 288).

Der Schlüssel ist dabei die Selbsterkenntnis des Individuums. Nicht Gebete, Wallfahrten oder der Besuch von Moscheen bringen in ihren Augen den Menschen zu Gott, sondern die Reinheit des Herzens und das Erkennen des eigenen Selbst.

Die alevitische Menschen- und Gottesvorstellung, Ethos und Ritus sind deshalb nicht zu verstehen, wenn man nur vom Islam und vom Koran ausgeht. Eine Einteilung in Gläubige und Ungläubige sieht das Alevitentum nicht vor, die Ablehnung der *šarīʿa,* die weitgehende Nichtbeachtung der „Fünf Säulen“, die Negierung des koranischen Kopftuchgebots für Frauen sowie weitere Punkte markieren Unterschiede und ähneln der islamischen Mystik (►F/A 17). Zudem wird Mohammed als einer von mehreren gleichrangigen Propheten gesehen, während Ali, der Begründer des Alevitentums, als Heiliger verehrt wird.

Es verbleibt als zentrale Frage die der Vergleichbarkeit von ARU als Schulfach mit anderen Schulfächern. Welche Qualitätsmerkmale und welcher Kompetenzaufbau kennzeichnen ein Fach, das weitgehend ohne Textgrundlage auskommt? Was sollen Schüler*innen über die Grundlagen des Bekenntnisses hinaus an fächerübergreifenden Qualifikationen im ARU lernen? Welchen Beitrag liefert er zu Vergleichbarkeit und Durchlässigkeit?

57. Hat bekenntnisorientierter Religionsunterricht noch eine Zukunft?

Bekenntnisorientierter schulischer Religionsunterricht hat nach Art. 7 Abs. 3 GG Verfassungsrang und ist Sache der Länder. Der Verfassungsrang sichert Religionsunterricht auch in den Zeiten als Bestandteil des Fächerkanons ab, in denen Forderungen laut werden, dass sich gesellschaftliche Entwicklungen in neuen Fächern konstituieren sollen (z. B. Gesundheits-, Verbraucher-, Digital-, Umweltunterricht). Die Länder Berlin, Brandenburg und Bremen sind aufgrund einer Sonderregelung von Artikel 141 GG, der sog. Bremer Klausel, allerdings nicht verpflichtet, Religionsunterricht an öffentlichen Schulen einzurichten.

Kitas und Schulen, so scheint es, müssen schon allein deshalb religiöse Themen anbieten, weil sich konfessionelle Bindungen in einigen Milieus in Deutschland abschmelzen. Das führt in vielen Familien zu einem weitgehenden Verzicht auf religiöse Sozialisation. Dadurch verringert sich religiöse Prägekraft für Lebensstile, und besonders betrifft dies christliche, deutlich geringer muslimische Familien.

Damit rückt eine gesellschaftspolitische Perspektive in den Blick, die sich nicht unmittelbar von dem Auftrag der Religionsunterrichte ableitet: Deutschland ist Zuwanderungsland. Migranten verarbeiten ihr Fremdsein sowie Erfahrungen in Deutschland oftmals durch Wiederbelebung der mitgebrachten Religion, die ihnen ein Gefühl der Sicherheit in Fragen kultureller Werte vermittelt. Religionen übernehmen dann häufig die klassischen Funktionen von Wertebegründung, Orientierung und Wir-Gefühl. Zugleich erwachsen daraus neue Konflikte: um Deutungsmuster des Andersseins, um Fremdheit, um Unterschiede in den Verhaltensweisen und um Fragen nach dem Verständnis gemeinsamer Werte bei kulturellen Unterschieden.

Deshalb muss die Frage – ungeachtet des Verfassungsrechts – zulässig sein, ob sich Religionsunterricht rechtfertigen lässt, bei dem Kinder und Jugendliche für zwei Unterrichtsstunden in der Woche separiert werden, um kulturelle, religiöse, ethnische, z.T. sprachliche und weitere Sonderheiten zu erlernen und zu vertiefen, die Teil ihrer identitären Subkultur sind. Konkret: Ist bekenntnisorientierter Religionsunterricht in einer säkularen Zuwanderungsgesellschaft wie der der Bundesrepublik Deutschland noch zeitgemäß? Fördert oder behindert solcher Religionsunterricht an öffentlichen Schulen die Integration von Zuwanderern?

Hamburg bietet als Antwort Religionsunterricht ohne Trennung nach Religionen und Weltanschauungen an – wie etliche Staaten Europas. Mit wenigen Ausnahmen findet an Hamburger öffentlichen Schulen ein „dialogischer Religionsunterricht für alle“ statt, getragen u. a. von der nordelbischen Landeskirche, der islamischen Dachorganisation Schura (*šūrā*), der jüdischen Gemeinde u. a. m. Die katholische Kirche ist nicht daran beteiligt.

Dieser dialogische Religionsunterricht blendet religiöse Absolutheitsansprüche oder auf Abgrenzung gerichtete Grundhaltungen aus. Vielmehr sollen Schüler*innen mit ihren unterschiedlichen und unterschiedlich stark ausgeprägten religiösen und weltanschaulichen Hintergründen eigene Positionen entwickeln können und Gemeinsamkeiten zwischen den verschiedenen Konfessionen und Religionen erarbeiten. Zugleich kommen Unterschiede in ihren jeweiligen Bezügen zur Geltung. Eigene Sichtweisen sollen nicht in Vermischung mit anderen erahnt, sondern in Konfrontation mit bis dahin unbekannten Perspektiven gefunden werden. Im Mittelpunkt dieses Religionsunterrichts steht – ungeachtet der Wahrnehmung und Respektierung von Differenz – der Dialog über unterschiedliche religiöse Positionen, über religiöse Bindungen und über Gemeinsames.

Eine Alternative zum „Hamburger Modell“ wäre Ethikunterricht für alle.

58. Welche Einstellungen haben muslimische Jugendliche zu Religion und Demokratie?

Über 230 verschiedene Glaubensgemeinschaften gibt es alleine in NRW, zugleich bezeichnen sich ca. 30 Mio. Menschen bundesweit als bekenntnislos. Die größte „Glaubensgemeinschaft“ in Deutschland ist also gar keine.

Hinter den Zahlen stehen u. a. historische Entwicklungen: Das Kernland der Reformation im Osten Deutschlands unterlag zu DDR-Zeiten einer staatlich forcierten Säkularisierung, was auch die niedrigste Kirchenzugehörigkeit in ganz Europa hervorgebracht hat. Zudem erlebten und erleben Gläubige täglich Reformstaus und Übergriffigkeiten, was zur Abkehr von ihrer Gemeinschaft führen kann. Schließlich kamen im Zuge der Arbeitsmigration ab den 1970er Jahren mit Muslimen auch Menschen mit einem anderen Religionsmerkmal als „christlich“ nach Deutschland.

In der sozialwissenschaftlichen Jugendforschung wird Religionen inzwischen keine zentrale Bedeutung mehr für die Erziehung und Sozialisation Jugendlicher sowie für jugendliche Praktiken und Jugendsubkulturen zugesprochen. Dass Jugendliche auch Mitglieder von Religionsgemeinschaften sind, wird vielmehr – vom Sonderfall jugendlicher Muslim*innen abgesehen – als ein für das Verständnis der Lebenssituation, der Identitätsbildung und der Praktiken gegenwärtiger Jugendlicher nachrangiges Faktum betrachtet.

Religion ist aktuell bei Jugendlichen zwar insgesamt eine eher konstante Größe, steht aber „weiterhin nicht gerade im Zentrum des Wertesystems der Jugend“ (Shell-Jugendstudie 2019). Denn religiöse Rituale und Vorschriften aus vergangenen Zeiten schrecken viele Jugendliche ab, sie vermissen Antworten auf wichtige Fragen ihrer Lebensführung. Die Mehrheit von ihnen gehört nach dieser Studie zwar einer Kirche oder Glaubensgemeinschaft an, an Gott zu glauben finden allerdings nur 38 Prozent der Jugendlichen mit christlicher Konfession wichtig. Bei muslimischen Jugendlichen sind es dagegen 81 Prozent. Konfessionslose Jugendliche bilden mit 23 Prozent immer noch eine Minderheit in Deutschland.

Die Autoren der Studie stellen zudem fest, dass materielle Werte wie Erfolg und hoher Lebensstandard bei der Jugend an Bedeutung verlören. Wichtiger sei ihnen Toleranz, Freiheit und Nachhaltigkeit:

> „Die Vielfalt der Menschen anerkennen und respektieren" – das zählt für die Mehrheit der jungen Deutschen. Dazu gehört auch religiöse Toleranz. Diese Auffassung teilen Jugendliche mit und ohne Migrationshintergrund gleichermaßen. Die wichtigsten Werte sind: Freundschaft, Partnerschaft und Familie; Respekt vor Gesetz und Ordnung; Umweltschutz und nachhaltiger Konsum (Mathias Albert, Leiter der zitierten Shell-Jugendstudie).

Religion landet in der Beliebtheit der Unterrichtsfächer auf dem letzten Platz (Emnid 2009 und 2016), allerdings bestätigen weitere Studien eine hohe Affinität jugendlicher Muslim*innen zu ihrer Religion:

Tabelle 5: Religion und Einstellungen Jugendlicher in Deutschland (eigene Darstellung auf der Basis von: Katrin Brettfeld u. a. -1-)

	muslimische Jugendliche		**sonstige Jugendliche mit Migrationshintergrund**
islamisches Kopftuch tragen	11–15 Jahre 6,9 %	16–25 Jahre 21,2 %	–
an letzter Klassenfahrt nahmen teil	70 %		keine Daten
an Sexualkundeunterricht nehmen teil	95 %		keine Daten
am koedukativen Sportunterricht nehmen teil	87 %		keine Daten
Speisevorschriften beachten	91,2 %		–
Fasten	teilw. 19,7 %	immer 56,7 %	keine Daten
Festtage begehen	teilw. 11,5 %	immer 68,9 %	keine Daten

Tabelle 5: Religion und Einstellungen Jugendlicher in Deutschland (eigene Darstellung auf der Basis von: Katrin Brettfeld u. a. -1-) *(Fortsetzung)*

	muslimische Jugendliche			**sonstige Jugendliche mit Migrationshintergrund**
Selbsteinschätzungen				
„eindeutig gläubig“		85 %		45,6 %
„demokratiedistant“	hoch 11,6 %	mittel 63,9 %	wenig 24,5 %	gering
„religiös konnotierte Intoleranz“		hoch		gering
„islamismusaffine Haltungen“		hoch		sehr gering

Zwar wurde die zitierte Studie bereits 2007 veröffentlicht, dennoch sind deren Ergebnisse auch heute noch aktuell, weil sich Faktoren von Religiosität unter Muslim*innen der 2. und 3. Generation tendenziell eher verstärkt haben: „vorbildlichem Verhalten“ nachzueifern und Rituale zu leben, Gemeinschaftsgefühl zu erfahren, Identität zu entwickeln sowie Orientierung nach dem „richtigen“ Leben zu suchen, um Gut und Böse zu wissen. Hinzu kommen bei einem Teil weit verbreitete islamisch-fundamentalistische Einstellungen, die Rechtfertigung von Gewalt bei der Verbreitung und Durchsetzung des Islam (Ergebnisse der Emnid-Umfrage 2016 „Integration und Religion unter Türkeistämmigen“) sowie Antisemitismus (vgl. Mirjam Fischer).

Religiöse Einstellungen jugendlicher Muslim*innen werden deswegen aktuell eher als Bedrohung für die Sicherheit bzw. das aufgeklärte Selbstverständnis säkularer Menschen angesehen (vgl. Institut für Freiheitsforschung Heidelberg 10/2016). Damit korrespondiert eine Zunahme anti-islamischer Einstellungen in der Mehrheitsbevölkerung (►F/A 80).

59. Muss Extremismusprävention Thema im Islamischen Religionsunterricht sein?

Islamischer Religionsunterricht (IRU) ist wie ARU Teil des Fächerkanons vieler Schulen sowie des staatlichen Erziehungsauftrages und basiert somit auf Art. 7 Abs. 3 GG sowie dessen Werten. Allerdings fehlt es IRU nach wie vor an der erforderlichen Religionsgemeinschaft (►F/A 25).

Ungeachtet unterschiedlicher islamischer Strömungen beschreiben unstreitige didaktische Leitlinien die Themen von IRU in den Lehrplänen der Länder: das Verhältnis des Menschen zur Natur, zu anderen Menschen, zu sich selbst und zu Gott. Es geht im IRU also darum, muslimische Kinder und Jugendliche mit islamischen Überzeugungen und Überlieferungen vertraut zu machen; sie mit den religiösen Quellen und deren Botschaften bekannt zu machen; sie zu befähigen, Deutungsmöglichkeiten zu erkennen; sie bei der Entwicklung einer islamischen Identität in einer nicht-muslimischen Umwelt zu unterstützen; ihnen die islamischen Traditionen in ihrer Geschichte bewusst zu machen; ihnen Orientierung auf der Suche nach einer eigenen Lebensausrichtung zu geben; ihnen unter Wahrung der eigenen Identität Toleranz gegenüber Andersgläubigen zu vermitteln; ihre Sprache besonders im Hinblick auf die islamische Sprachkultur und Metaphorik zu fördern; auf der Grundlage islamischer Quellen zu motivieren, eigenverantwortlich zu leben und zu handeln und sie mit gesellschaftlichen Sachverhalten, wie z. B. religiösem Extremismus, zu konfrontieren.

Damit gehört zu den Themen von IRU auch die Konfrontation mit Islamismus und islamistischem Extremismus.

> Wer so tut, als ob Gewalt und Religion nichts miteinander zu tun hätten, der macht sich geradezu lächerlich. Der europäische Faschismus hatte seine Ursachen auch in der europäischen Geistesgeschichte, und ebenso hat die islamische Spielart des Faschismus Ursachen auch in der islamischen Religion – was natürlich nicht heißt, dass beides identisch ist. Und umso mehr gibt es jene Loyalität in der Katastrophe (2015).

Religionen gehen von einer äußeren oder den Dingen innewohnenden Wirkkraft aus. Aus den Gewissheiten des Glaubens und seiner rituellen oder dogmatischen Bekräftigung basieren Welterklärung, sinnhafte Orientierung, normative Verhaltensregeln und eben auch die gewaltsame Durchsetzung der „einzig wahren Lehre“. Der Friedenspreisträger des Deutschen Buchhandels 2015, Navid Kermani, der oben zitiert wurde, weiß natürlich um das Schillernde seiner Formulierung. Die „Loyalität in der Katastrophe“ als eine von mehreren Interpretationen verdichtet sich im Anschluss an islamistische Terroranschläge regelmäßig in der Aussage von Muslimen: „Das ist nicht Islam!“. Hier betonen Muslim*innen aus Scham und Betroffenheit ihre Loyalität zu ihrem Glauben, indem sie nicht wahrhaben wollen, dass sich diese Gewalt auf den Islam beruft (►F/A 86). So richtig und wichtig die Botschaft ist, und so positiv diese Statements auch gemeint sind und ankommen, muss dennoch für IRU hinterfragt werden, ob damit bereits eine Auseinandersetzung mit dem Gewaltverständnis des Islam, wie es in Koran und *sunna* grundgelegt ist, stattfindet. Sich damit im Unterricht auseinanderzusetzen, ist ein wichtiger Auftrag von IRU, vielleicht der derzeit wichtigste. Denn auf der Rückseite der Medaille „Islam ist ohne Islamismus denkbar“ steht: „Islamismus ist nicht ohne Islam denkbar“.

Was für ARU zutrifft, kennzeichnet auch IRU: Es gibt (noch?) keine qualitätsvolle Religionspädagogik. Zudem wollen die als Statthalter der fehlenden Religionsgemeinschaft agierenden Verbandsfunktionäre im IRU strukturell weitgehend auf Wissens- und Wissenschaftstransfer verzichten, denn – so ihre Ansage – „der Koran enthält bereits alles Wissen“. Damit bringen sie diejenigen Lehrkräfte für IRU, die auch persönliche Verantwortung bei ihren Schüler*innen generieren möchten, in Gewissensnöte. Denn einige von ihnen streben im IRU an, doktrinäre Katechese zu vermeiden, die engen religionspädagogischen Grenzen zu verlassen, ein ausgewogenes Verhältnis von Identität und Integration bei Muslimen zu unterstützen und bei ihnen einen uneingeschränkten Wertekonsens herzustellen. Und einer solchen pädagogischen Ethik inhärent ist auch der Umgang mit religiösem Extremismus und Gewalt. Umso wichtiger ist es, Kinder und Jugendliche an die „Bekenntnisnation“ Deutschland heranzuführen, eher nicht an die Kulturnation, da die sich vor allem durch gemeinsame Herkunft definiert und damit Zuwanderer ausgrenzt. Zu einem gemeinsamen „Bekenntnis“ gehören vor allem Respekt, Rücksichtnahme, Toleranz, Pluralität, Teilhabe und Solidarität.

60. Dürfen Muslime fremdgehen?

Hintergrund der Frage bildet Koranvers 4:24, der die Polygynie regelt, also die „Ehe auf Zeit“ oder „Genussehe“:

> Und (verboten sind euch) die ehrbaren Frauen, außer was ihr (an Ehefrauen als Sklavinnen) besitzt. (Dies ist) euch von Allāh vorgeschrieben. Was darüber hinausgeht, ist euch erlaubt, (nämlich) daß ihr euch als ehrbare Männer, nicht um Unzucht zu treiben, mit eurem Vermögen (sonstige Frauen zu verschaffen) sucht. Wenn ihr dann welche von ihnen (im ehelichen Verkehr) genossen habt, dann gebt ihnen ihren Lohn als Pflichtteil! Es liegt aber für euch keine Sünde darin, wenn ihr, nachdem der Pflichtteil festgelegt ist, (darüber hinausgehend) ein gegenseitiges Übereinkommen trefft. Allāh weiß Bescheid und ist weise.

Die „Ehe auf Zeit“ wird bei heutigen Muslimen im Ausland, insbesondere bei Schiiten aller Milieus, relativ häufig eingegangen, ob sie verheiratet sind oder ledig. So kommt es z. B. nicht selten in den Universitätsstädten des Iran vor, dass Männer mit Studentinnen die „Ehe auf Zeit“ eingehen. Sie nutzen also diese koranische Vorschrift als religiös legitimierte Form der Prostitution, obwohl der Koranvers dies ausdrücklich ausschließt. Auch von jungen unverheirateten Menschen, die nach der rigiden Moralvorstellung der iranischen Sittenwächter keine Beziehung miteinander leben dürfen, wählen manche diese Möglichkeit des

4:24: Man geht gemeinsam zu einem Imam, der einen Ehevertrag mit Rechten und Pflichten aufsetzt, einen Zeitraum für die Dauer der Verbindung zwischen einer halben Stunde (!) und 99 Jahren festlegt und den beide Personen dann unterschreiben. Die Vereinbarung erlischt durch Verfristung oder Auflösung.

Diese Form der Ehe ist im Islam umstritten und wird Schiiten von Sunniten als Häresie vorgehalten. Die Gegner der „Ehe auf Zeit" führen den Koran und seine Exegese an (►F/A 10). Dazu ziehen sie die teleologische, die systemimmanente und die historisch-kritische Auslegung heran. Die teleologische fragt nach dem Zweck der Bestimmung, die systemimmanente prüft die Konsistenz zu anderen Suren und Versen, und die historisch-kritische reflektiert die Zustände, die zur Zeit Mohammeds auf der Arabischen Halbinsel herrschten: Kriege mit vielen Männern, die darin umkamen sowie zahlreiche wirtschaftlich unversorgte Witwen und ledige Frauen. Unter diesen Umständen war es aufgrund der Sure Männern im Rahmen ihrer aktuellen und möglicherweise begrenzten guten Wirtschaftssituation möglich, mit einer oder mehreren Frauen eine „Ehe auf Zeit" einzugehen, um diese (und ggf. deren Kinder) eine Zeitlang sozial abzusichern.

Ein Problem bei der „Ehe auf Zeit" besteht darin, wer für Kinder, die aus dieser Beziehung hervorgehen, rechtlich und tatsächlich Verantwortung übernimmt. Verpflichtet wäre dazu nach islamischem Recht der Mann, der sich jedoch i. d. R. seinen Pflichten entzieht und das Kind der Frau überlässt (►F/A 65). Und für Frauen stellt sich die Frage, wie sie für eine „echte" Ehe wieder eine der physischen Voraussetzungen erfüllen können, nämlich Jungfrau zu sein. Entsprechend floriert die Reproduktionsmedizin zur Wiederherstellung von Hymen besonders in schiitisch geprägten Staaten.

Es ist müßig, zu erwähnen, dass die deutsche Rechtsordnung diese Verbindungen nicht als Ehen zulässt.

61. Dürfen Muslime in Deutschland Minderjährige heiraten?

Laut BT-DS 18/9595 vom 9.9.2016 waren zu dem Zeitpunkt 1.475 minderjährig Verheirate in Deutschland registriert, davon 361 unter 14 Jahren. Bei den meisten minderjährig Verheirateten handelt es sich um Kinder aus Syrien – hier waren 664 Fälle bekannt. Weitere Herkunftsstaaten waren Afghanistan (157 Fälle), Irak (100), Bulgarien (65), Polen (41), Rumänien (33) und Griechenland (32). Unter den minderjährigen Verheirateten waren mit 1.152 deutlich mehr Mädchen als Jungen. Nur 26 der registrierten Betroffenen hatten den Angaben zufolge ein unbefristetes Aufenthaltsrecht in Deutschland.

Die hohe Zahl von Kinderehen ist durch verschiedene Faktoren zu erklären: Mädchen sind in Krisenzeiten besonders gefährdet. Durch eine frühe Heirat hoffen Eltern, ihre Töchter vor körperlichem Schaden und einem Verlust der Ehre zu bewahren. Laut Terre des Femmes kommt es in Flüchtlingslagern im Ausland zu einem wahren Heiratshandel. Reiche Männer aus den Nachbarländern würden in die Camps reisen und den Familien Geld für eine Hochzeit mit ihren Töchtern bieten. Oft würden die Eltern in dem Glauben handeln, ihre Tochter durch die Heirat mit einem älteren und wohlhabenden Mann zu schützen – gerade, wenn der Familie nach einer langen Flucht das Geld ausgehe.

Mithin spielen auch Kriege und Armut eine große Rolle. So berichten SOS-Kinderdörfer über Syrien, dass vor dem Ausbruch des Krieges und der Zunahme von Flüchtlingen 13 Prozent der syrischen Mädchen bei ihrer Hochzeit jünger als 18 Jahre waren, in Folge der Kriegshandlungen seien es mehr als 51 Prozent. Vor allem in Flüchtlingscamps in Jordanien, im Libanon, dem Irak und in der Türkei habe sich die Zahl der Kinderehen stark erhöht.

Der Hintergrund von Kinderehen ist eher weniger in Religionen, vielmehr in traditionell-ländlichen und existenziell gefährdeten Gesellschaften zu suchen. In manchen dieser Milieus wird das Heiratsalter auf den Zeitpunkt der Geschlechtsreife datiert, bei Mädchen neun und bei Jungen 12 Jahre. Zwar gibt es auch in islamisch geprägten Staaten wie der Türkei, Ägypten, Algerien, Marokko, Tunesien u. a. m. Zivilgesetze, die das Heiratsalter höher ansetzen. Gleichwohl ist gerade in traditionell-ländlichen islamischen Gesellschaften die Bedeutung der *sunna*, die das Leben und Wirken Mohammeds umfasst, sehr groß. Sein Leben gilt als uneingeschränkt vorbildlich (►F/A 12). Der Prophet ist mit seiner dritten Frau Aischa eine Ehe eingegangen, die nach islamischer Überlieferung zum Zeitpunkt des Eheschließungsvertrages sechs Jahre und bei der Hochzeit neun Jahre alt gewesen sein soll. In einem *hadîth* von *Sahin Muslim* zitiert dieser eine Aussage von Aischa:

> Der Gesandte Gottes, Gottes Segen und Heil sei auf ihm, heiratete mich, als ich sechs (Jahre) war. Er führte mich in sein Haus, als ich ein Mädchen von neun Jahren war.

Der letzte Satz ist die Umschreibung des Vollzugs der Ehe.

Die Folgen einer Kinderehe sind verheerend. Viele Mädchen brechen die Schule ab, werden ihrer Kindheit und ihren Freundinnen entrissen, erhalten keine Ausbildung und werden von ihren Familien isoliert. Kommt es in der Ehe – über die asymmetrische Beziehung hinaus – zu Gewalt oder Misshandlungen, gibt es meist niemanden, an den sie sich wenden können. Viele dieser Kinder müssen ihre Zukunftsträume begraben und stehen stattdessen viel zu früh in der Verantwortung für eine Familie.

Ohne im Einzelnen auf weitere Ursachen und Folgen von Kinderehen einzugehen, so viel: Kinderehen gibt es im hinduistisch geprägten Indien, unter christlichen Roma, bei Jesiden, besonders häufig jedoch im islamisch geprägten Kulturkreis. Nach § 1303 BGB müssen seit 2017 in Deutschland die Ehepartner volljährig, einer von beiden aber mindestens 16 Jahre alt sein. Kinderehen sind hierzulande mithin unzulässig und rechtlich unwirksam. Allerdings unterliegen die Voraussetzungen der Eheschließung für jeden Verlobten dem Recht des Staates, dessen Staatsangehörigkeit er besitzt. Damit können im Ausland geschlossene Kinderehen ggf. auch in Deutschland gültig sein. Bei Kinderehen jeder Art geht es aber um grundsätzlichere Fragen: Wann verstößt eine Ehe gegen die guten Sitten, wann gegen die Rechtsordnung? Ist von der Eheschließung das Kindeswohl berührt?

62. Darf ein Muslim in Deutschland mehrere Frauen heiraten?

Die ►F/A 60–62, 65 und 82 sind thematisch miteinander verknüpft.

Bei der Frage, ob ein Muslim in Deutschland mehrere Frauen heiraten darf, geht es im Wesentlichen darum, ob ausländisches Recht, also etwa die *šarīʿa*, in Deutschland angewendet wird:

> [4:3]: Und wenn ihr fürchtet, in Sachen der (eurer Obhut anvertrauten weiblichen) Waisen nicht recht zu tun, dann heiratet, was euch an Frauen gut ansteht, (ein jeder) zwei, drei oder vier. Und wenn ihr fürchtet, (so viele) nicht gerecht zu behandeln, dann (nur) eine, oder was ihr (an Sklavinnen) besitzt! So könnt ihr am ehesten vermeiden, unrecht zu tun.

Diese Bestimmung erlaubt es Muslimen, bis zu vier Frauen zu heiraten. Allerdings verknüpfen einige islamische Rechtsgelehrte die Polygamie mit Lebensumständen zu Mohammeds Zeiten, die bereits in ►F/A 60 zur „Ehe auf Zeit“ dargelegt wurden.

Das Nebeneinander verschiedener Rechtsvorstellungen sei Ausdruck der Globalisierung, sagte Mathias Rohe, Islamwissenschaftler, Richter am OLG und Professor für Bürgerliches und Internationales Recht an der Universität Erlangen, 2010 in einem SPIEGEL-Interview:

> Das Recht schafft allerdings in der Verfassung Religionsfreiheit, das heißt unter dem breiten Dach des Rechts gibt es religiöse Entfaltungsmöglichkeiten. Die Letztherrschaft, insbesondere des Verfassungsrechts, aber ist nicht anzutasten. Selbst dann nicht, wenn wir eine muslimische Mehrheit hätten. Im Grundgesetz, Artikel 79, Absatz 3, steht, dass die fundamentalen Werte – Achtung der Menschenwürde, Demokratie, Rechtsstaatsprinzip, Sozialstaatsprinzip – einer so genannten Ewigkeitsgarantie unterliegen [...]. Wir wenden islamisches Recht genauso an wie französisches.

Allerdings wird ausländisches, mithin auch islamisches Recht, in Deutschland nicht uneingeschränkt angewendet. Wenn deutsches Internationales Privatrecht (IPR) sich auf islamisch geprägte Rechtsnormen beruft und diese zur Anwendung bringt, stellt sich i.d.R. die Frage nach der Vereinbarkeit der konkreten Rechtsfolgen mit dem in Art. 6 des Einführungsgesetzes zum Bürgerlichen Gesetzbuch (EGBGB) verankerten Grundsatz des deutschen ordre public. Dieser Grundsatz stellt die Anwendung ausländischen Rechts unter den Vorbehalt, dass ihr Ergebnis nicht offensichtlich mit den wesentlichen Richtlinien des deutschen Rechts unvereinbar ist. D.h., der Prüfvorgang bei der Grundrechtsprüfung im Rahmen der Anwendung der Vorbehaltsklausel ist so durchzuführen, dass zunächst nicht die ausländische Norm, sondern das beabsichtigte Urteil eines deutschen Gerichts Gegenstand der Grundrechtsprüfung ist. Denn dieses soll ja ggf. auf der Grundlage des ausländischen Rechts getroffen werden. Dabei wird geprüft, ob ein Eingriff in das Grundrecht vorliegt. Danach wird untersucht, ob das Ergebnis des Eingriffs im konkreten Fall untragbar wäre. Schließlich wird geklärt, ob ein wirksamer Verzicht auf Ausübung des Grundrechts vorliegt und ob der untragbare Grundrechtseingriff gerechtfertigt ist. Im Rahmen der Rechtfertigungsprüfung sind vor allem Grundrechtskollisionen zu erörtern und zu lösen.

Die Antwort auf unsere Frage ist also eindeutig: In Deutschland ist Polygamie nach § 1306 BGB verboten und stellt nach § 172 StGB einen Straftatbestand dar. Initiativen aus der Politik, im Ausland geschlossene polygame Ehen auf der Basis zivil- bzw. privatrechtlicher Verträge für rechtsungültig zu erklären und daher aufzuheben, wurden bislang allerdings nicht zu Ende geführt, auch nicht die Absicht, polygam Verheiratete nicht einzubürgern.

63. Dürfen Muslim*innen verhüten oder abtreiben?

Sexualität sieht der Islam ausschließlich in der Ehe legitimiert, sie gilt darin als Recht des Menschen und Gottes Geschenk:

> [24:32]: Und verheiratet diejenigen von euch, die (noch) ledig sind, und die Rechtschaffenen von euren Sklaven und Sklavinnen. Wenn sie arm sind (und sich nicht zutrauen, eine Familie zu ernähren), wird Allāh sie durch seine Huld reich machen. Er umfaßt (alles) und weiß Bescheid.

Sex außerhalb der Ehe ist *zinā*, Sünde (17:32 und 24:2), und Ehelosigkeit wird unter Berufung auf einen starken *hadîth* bereits von Mohammed abgelehnt:

> Es gibt keinen Zölibat im Islam (*Abū Dâwūd*).

Gleichwohl ist Ehelosigkeit für manche Sufigemeinschaften erstrebenswert. Begehrlichen Blicken von Männern begegnen gläubige Muslima mit dem Tragen des Kopftuchs, und zeitweilige Enthaltsamkeit wird während des Fastens, der Pilgerreise (►F/A 29) und der Menstruation u. a. durch folgenden *hadîth* empfohlen:

> Habt mit euren Frauen keinen Sexualverkehr, wenn sie ihre Regelblutung haben. Jedoch könnt ihr jegliche Zärtlichkeiten austauschen (*Abū Dâwūd*).

Es ist müßig, sich an dieser Stelle über die vielfältigen Realitäten auszulassen, die die islamischen Quellen zur Sexualität, auch zur Abtreibung, ignorieren.

Verhütung ist allerdings im Islam erlaubt. In einem *hadîth* von *al-Bukhârî*, der dazu herangezogen wird, heißt es:

> Abu Said berichtet: „Wir pflegten Coitus Interruptus zu machen, dann fragten wir Allāhs Gesandten, und er sagte: ‚Was? Tut ihr das?' Er sagte das dreimal (dann fuhr er fort): ‚Es gibt kein Lebewesen bis zum jüngsten Tag, das nicht ins Leben gerufen wird'."

Dem Abtreibungsverbot liegen hingegen koranische Quellen zugrunde (►F/A 73):

> [17:31]: Und tötet nicht eure Kinder aus Furcht vor Verarmung! Wir bescheren ihnen und euch (den Lebensunterhalt). Sie zu töten ist eine schwere Verfehlung.
>
> [60:12]: Prophet! Wenn gläubige Frauen zu dir kommen, um sich dir gegenüber zu verpflichten, [...] ihre Kinder nicht zu töten, kein Unrecht zu begehen zu ihren Händen und Beinen, daß sie selbst wissentlich ersonnen haben und sich dir in nichts zu widersetzen, was recht und billig ist, dann nimm ihre Verpflichtung (in aller Form) entgegen und bitte Allāh für sie um Vergebung! Allāh ist barmherzig und bereit zu vergeben.

Kommentare der zitierten Koransuren unterstreichen die entschieden ablehnende Position zu Abtreibungen, sie lassen keine Einzelfallentscheidung zu:

> Hinsichtlich der Geschehnisse in der Zeit der Unkenntnis [vorislamische Zeit], in der die Araber aus Angst vor Armut ihre Kinder töteten, wie auch die Tötung nach der Geburt, und hinsichtlich der Verhaltensweisen von leichtsinnigen Frauen, die sich absichtlich auf den Boden warfen, um eine Fehlgeburt zu verursachen, schließt die Sure über Kindestötung auch die Tötung des Kindes im Mutterleib ein (Kesir, zitiert bei Katrin Brettfeld u. a. -2-, S. 20).

64. Darf sich ein muslimisches Ehepaar scheiden lassen?

Die islamische Ehe wird nach Maßgabe der *šarī'a* geschlossen und steht deshalb unter deren besonderem Schutz. Neben den Suren 67:14 und 7:157 wird dazu der folgende Vers herangezogen:

> [3:33]: Allāh hat Adam und Noah und die Sippe Abrahams und die Sippe ʿImraans vor den Menschen in aller Welt auserwählt.

Für das Geschlechterverhältnis in der Ehe gibt ein *hadîth* von *al-Tirmidhî* Verhaltensregeln vor, ohne allerdings diejenigen Koransuren infrage zu stellen, die für die Ungleichheit der Geschlechter stehen (u. a. 2:223; 2:228; 4:34):

> Der Beste unter euch ist der, der am besten zu seiner Ehefrau/zu seinen Angehörigen ist. Und ich bin der unter euch, der zu seiner Ehefrau/zu seinen Angehörigen am besten ist.

Für Eheschließungen, die im Islam häufig in Form von Eheverträgen geschlossen werden, bestimmt der Koran:

> [4:25]: Und wer von euch nicht vermögend genug ist, gläubige Frauen zu heiraten, der heirate von den gläubigen Bediensteten, die er von Rechts wegen besitzt [...]. Ihr seid einer vom anderen.

> [4:23]: Verboten (zu heiraten) sind euch eure Mütter, eure Töchter, eure Schwestern, eure Tanten väterlicherseits oder mütterlicherseits, die Nichten, eure Nährmütter, eure Nährschwestern, die Mütter eurer Frauen, eure Stieftöchter, die sich im Schoß eurer Familie befinden (und) von (denen von) euren Frauen (stammen), zu denen ihr (bereits) eingegangen seid, – wenn ihr zu ihnen noch nicht eingegangen seid, ist es für euch keine Sünde (solche Stieftöchter zu heiraten) – und (verboten sind euch) die Ehefrauen eurer leiblichen Söhne. Auch (ist es euch verboten) zwei Schwestern zusammen (zur Frau) zu haben, abgesehen von dem, was (in dieser Hinsicht) bereits geschehen ist. Allāh ist barmherzig und bereit zu vergeben.

Islamisch geprägte Staaten kennen zwar auch die staatliche Heirat, an dieser Stelle geht es jedoch um schariatisches Heiraten, auf das sich auch das Gros dieser Staaten beruft. Zudem müssen verschiedene Formen von Eheschließungen unterschieden werden:

> Denn während die Zwangsverheiratung, also die durch subtilen oder offensichtlichen Druck bzw. durch Gewaltandrohung und -anwendung herbeigeführte Eheschließung, in großen Teilen der muslimischen Community abgelehnt wird, findet die Form der arrangierten Ehe, insbesondere in ihrer postmodernen Ausprägung, zuweilen breiten Zuspruch (Aladin El-Mafaalani und Ahmet Toprak, S. 101, siehe auch ►F/A 65).

Wie auch immer die Ehe zustande gekommen ist, kennt auch das *fiqh*, das islamische Recht, mehrere Formen der Scheidung. Die bekannteste ist *ṭalāq*, die Verstoßung der Ehefrau durch den Ehemann, indem dieser ein- bis dreimal den Satz ausspricht: „Ich verstoße dich“. Dann wird auch das Brautgeld fällig, das die Frau mit in die Ehe gebracht hat und zu Recht vom Ehemann zurückfordert. Widerrufung sowie Wiederholung der Verstoßung sind möglich (2:229).

Die Frau kann den Mann nicht verstoßen, sie kann sich nur im Einvernehmen (*khulʿ*) von ihm trennen, im Regelfall geschieht dies allerdings durch Freikaufen. Die Ehefrau kann sich schließlich auch durch eine richterliche Entscheidung von ihrem Ehemann trennen (*sihr at-tâfriq*). Alle genannten Optionen und Folgen beziehen sich auch auf polygame Ehen.

Wegen einer möglichen Schwangerschaft zum Zeitpunkt der Scheidung ist es der Frau untersagt, sich innerhalb von drei Monaten wiederzuverheiraten (2:228). Für diesen Zeitraum ist der bisherige Ehemann unterhaltspflichtig.

65. Kennt der Islam Sorgerecht und Sorgepflicht für Kinder?

Spätestens bei Scheidungen von Ehen mit Kindern oder bei Kindern aus einer „Ehe auf Zeit" (►F/A 64, 62) stellen sich Fragen, wer die Rechte und Pflichten dieser Kinder von nun an wahrnimmt, denn in einer rechtmäßigen islamischen Ehe sind dies gemeinsame Aufgaben der Eltern. Die Rechtsschulen (►F/A 13) unterscheiden sich in Details, wenn die Kinder bei der Ehefrau verbleiben oder wenn Eheverträge entsprechende Vereinbarungen enthalten. Weil es um Familienrecht geht, sind auch deutsche Gerichte damit befasst (►F/A 82).

Ausgangspunkt für eine Antwort auf unsere Frage ist die patrilineare Ausrichtung des Islam: Danach ist ein Kind rechtlich das Kind der Familie des Vaters, Rechte und Pflichten bestehen ausschließlich ihr gegenüber, und zwar ungeachtet etwa größerer emotionaler Bindungen zur Familie der Mutter. Kinder werden zur Sorgepflicht nicht gehört.

Die Sorgepflicht umfasst zunächst das körperliche Wohlbefinden des Kindes, wobei es islamische Rechtstradition ist, dass Jungen und Mädchen bei Scheidungen bis zum Alter von sieben Jahren in der Obhut der Mutter oder deren Familie bleiben, Mädchen bei einer geplanten arrangierte Ehe (►F/A 62) bis zum Ende der Pubertät. Der Vater muss für die Unterhaltskosten aufkommen. Heiratet die Mutter hingegen erneut, verliert sie ihr Sorgerecht. Das gilt durchweg auch für diejenigen geschiedenen Mütter, die bis dahin als Jüdin oder Christin Ehefrau eines Muslim waren.

Das Sorgerecht begründet einen Rechtsanspruch, zu dessen Ausübung Volljährigkeit, Vernunft und Zugehörigkeit zum Islam vorausgesetzt werden, jedoch niemand verpflichtet werden kann. Mütter, danach die Großmutter mütterlicherseits, danach die Großmutter väterlicherseits, danach die Schwester des Kindes sowie dann die Schwester des Vaters bilden eine Rangfolge im Sorgerecht. Männer, die das Sorgerecht übernehmen, müssen zuverlässig sein und bei Übernahme des Sorgerechts für ein Mädchen zweifelsfrei seriös beleumundet.

Vom siebten Lebensjahr an kann das Scheidungskind selbst entscheiden, bei wem es leben möchte. Davon unabhängig bleibt die Pflicht des Vaters auf Unterhalt.

Pädagog*innen wird empfohlen, sich aus den sehr komplexen Regelungen zum Sorgerecht und zur Sorgepflicht muslimischer Kinder komplett herauszuhalten, es sei denn, sie sehen das Kindeswohl als gefährdet an und informieren das Jugendamt.

66. Können Kinder im Alter meiner Lerngruppen von arrangierten oder Zwangsehen betroffen sein?

Wer einen Menschen rechtswidrig mit Gewalt oder durch Drohung mit einem empfindlichen Übel zur Eingehung der Ehe nötigt, wird mit Freiheitsstrafe von sechs Monaten bis zu fünf Jahren bestraft. Rechtswidrig ist die Tat, wenn die Anwendung der Gewalt oder die Androhung des Übels zu dem angestrebten Zweck als verwerflich anzusehen ist (§ 237 Abs. 1 Strafgesetzbuch).

Das Bundesfamilienministerium schätzt, dass dennoch jedes Jahr in Deutschland mehr als 3.000 Mädchen – davon das Gros minderjährig, in Einzelfällen sogar noch in der Pubertät – von arrangierter oder Zwangsverheiratung bedroht sind: Sie fahren in die Sommerferien – und werden im Heimatland der Eltern gegen ihren Willen verheiratet.

Zwangsverheiratung finden vermehrt in patriarchalischen Gesellschaften statt, und eine Nähe dieses Gesellschaftssystems zu monotheistischen Religionen ist nicht zu leugnen. Daher werden nicht nur islamische Ehen – die jedoch überproportional – auch heute noch von Eltern arrangiert. Deren Interesse ist es, eine bestimmte eheliche Verbindung herbeizuführen. Dies ist jedoch nicht per se als problematisch einzustufen. Im Idealfall kann zwischen den Eltern, anderen Familienangehörigen und den Heiratswilligen eine einvernehmliche Verständigung über die familiäre Gesamtsituation und die individuellen Interessen erzielt werden. Ausdrücklich wäre dazu allerdings die Zustimmung der Betroffenen erforderlich, die häufig jedoch nicht vorliegt. Der danach fällige Ehevertrag schreibt die Benachteiligung der Frauen dann endgültig fest (►F/A 64).

Von einer Zwangsverheiratung kann dann gesprochen werden, wenn ein Ehearrangement durch die Ausübung von Macht oder durch die Ausübung von Gewalt gegenüber mindestens einem der beiden Heiratskandidaten durch eine formelle oder informelle eheliche Verbindung zum Abschluss gebracht worden ist. Macht und Gewalt stehen dabei in einer engen Beziehung, denn Macht ist als ein Druckmittel anzusehen, das nur so lange ohne Gewalt auskommt, wie die bloße Möglichkeit des Gewalteinsatzes ausreicht, um den eigenen Willen auch gegen Widerstreben durchzusetzen (Rainer Strobl und Olaf Lobermeier, S. 1).

Dass eine erzwungene Heirat die Autonomie von mindestens einem der künftigen Ehepartner verletzt, liegt auf der Hand. Ein solcher Verstoß betrifft das fundamentale, in Artikel 16 Abs. 2 der Allgemeinen Erklärung der Menschenrechte garantierte Recht, den künftigen Ehegatten frei zu wählen:

> Eine Ehe darf nur bei freier und uneingeschränkter Willenseinigung der künftigen Ehegatten geschlossen werden.

Zwangsverheiratungen kommen vor allem in kulturellen Kontexten vor, in denen auch arrangierte Ehen verbreitet sind. Traditionell wird eine Zwangsehe mit „Anstand“ und „Ehrbarkeit“ assoziiert, eine „Liebesheirat“ nicht selten mit „Unmoral“ und „westlicher Lebensart“.

Die zitierte Studie des Bundesfamilienministeriums kommt auf der Basis einer Teilstichprobe unter türkischen Migrantinnen in Deutschland zu der Einschätzung, dass bei etwa der Hälfte der Eheschließungen der Partner von Eltern und Verwandten ausgesucht wurde. Hiervon waren 23 Prozent mit der Wahl des Partners nicht einverstanden, und 17 Prozent der Befragten sagten aus, zu der Eheschließung gezwungen worden zu sein.

Pädagog*innen oder Freundinnen von Mädchen, die betroffen scheinen, können sich bei Bedarf an entsprechende Netzwerke wenden, die die Landesregierungen unterhalten.

67. Wie steht der Islam zur Homosexualität?

Der Islam hat zur Homosexualität eine zweifache Tradition: Zunächst ist die literarische Überlieferung homoerotischer Anspielungen zu nennen. Und diese wie auch der historische und aktuelle Diskurs thematisieren fast ausschließlich die männliche Homoerotik. Dem Mann wird klischeehaft – im Islam und weiteren hierarchisch strukturierten Bewegungen und Religionen – in der Sexualität der proaktive, der Frau der reaktive Part zugewiesen. Dieses Prinzip fördert zugleich Ungleichheit zwischen Sexualpartnern, was in der „Knabenliebe“, in Zwangsheiraten und Kinderehen augenscheinlich wird.

Das mag ein Grund dafür sein, weshalb der Islam gelegentliche Homosexualität toleriert, ein Bekenntnis zur Dauerhaftigkeit jedoch als Krankheit bewertet. Für das Gros der islamisch geprägten Staaten bildet sie einen Straftatbestand, von den meisten Muslimen wird sie tabuisiert oder verdrängt, und bei vielen jungen Muslimen ist sie gewaltkonnotiert.

Auch das islamische Recht *fiqh* scheint Homosexualität als „Sodomie“ und damit als *zinâ* (Sünde) einzuordnen:

[17:32]: Und laßt euch nicht auf Unzucht ein! Das ist etwas Abscheuliches – eine üble Handlungsweise!

Allerdings ist auffällig, dass in keiner der „starken" *Hadîthe*-Sammlungen die arabischen Begriffe für Sodomie (*lutiyya, liwat*) im Zusammenhang mit Homosexualität verwendet werden. Hingegen werden von denjenigen, die das Verbot der Homosexualität im Islam begründet sehen, u. a. die Suren 11:77–83, 15:58–77, 26:160–175, 27:54–58, 29:28–35 und 54:33–39 angeführt. Andere Verse, z. B. 34:34, sähen nicht in der Art des Vergehens, sondern im Festhalten daran den Verstoß, weil Mohammeds Warnungen missachtet würden. Allerdings gibt es auch dazu keinen *hadîth* der „starken" Sammler.

Die folgende zentrale Sure zu dem Verbot macht deutlich, warum die koranische Basis, Homosexualität als *zinâ* zu bewerten, dünn ist und kritisiert wird:

[7:80–84]: Und (wir haben) den Lot (als unseren Boten gesandt). (Damals) als er zu seinen Leuten sagte: „Wollt ihr denn etwas Abscheuliches begehen, wie es noch keiner von den Menschen in aller Welt vor euch begangen hat? Ihr gebt euch in (eurer) Sinnenlust wahrhaftig mit Männern ab, statt mit Frauen. Nein, ihr seid ein Volk, das nicht maßhält." Seine Leute wußten nichts anderes (darauf) zu erwidern, als daß sie (zueinander) sagten: „Vertreibt sie aus eurer Stadt! Das sind (ja) Menschen, die sich rein halten." [...] Und wir ließen einen (vernichtenden) Regen auf sie niedergehen. Schau nur, wie das Ende der Sünder war!

Diese sowie die genannten ergänzenden Verse lässt der Islamwissenschaftler Andreas Ismail Mohr, der zur Vereinbarkeit von Homosexualität und Islam arbeitet, nicht als Verbot der gleichgeschlechtlichen Liebe gelten. Vielmehr bezöge die Mehrheit der klassischen Koranausleger diese Stellen auf das Verbot illegitimen Geschlechtsverkehrs. Nur eine Minderheit (?!) würde dies in Richtung Homosexualität deuten, so Mohr (►Link im Anhang).

Tatsächlich wird zur Ächtung von Homosexualität im Islam (und anderen Religionen!) eine biologische, medizinische, hygienische, moralische und religiöse Gemengelage herangezogen: leichtere Übertragung von Krankheitserregern etwa durch Analverkehr; keine Fortpflanzungsperspektive, mithin gegen die Natur und die Zukunftsfähigkeit des Menschen gerichtet; Verstöße gegen die weltliche Ordnung sowie die Gebote Gottes. Dagegen regt sich – religionsübergreifend, auch ironisierend – Kritik:

Hingegen hat die Wissenschaft einiges zu sagen über die Tatsachenbehauptung, wonach der Schöpfer des Universums vor 3000 Jahren den Angehörigen der Spezies *Homo sapiens* befahl, sich aller Handlungen zwischen Jungs zu enthalten (Yuval Noah Harari -2-, S. 302).

Über die Homosexualität von Frauen lässt sich schon gar keine islamische Bestimmung explizit finden. Die wenigen Angaben in historischen Quellen zu weiblicher Homoerotik haben keine Anbindung an die soziale Realität, sie bleiben im literarisch Ungefähren.

68. Gibt es im Islam Alternativen zur Beschneidung von Jungen?

Die rituelle Beschneidung von Jungen (Zirkumzision) ist im Islam wie im Judentum gängige Religionspraxis. Das Thema war 2012 durch die Entscheidung des Landgerichts Köln in Deutschland öffentlich worden. Das Gericht hatte am 7.5. 2012 – 151 Ns 169/11 – im Rechtsstreit um die Anwendungen von Art. 2, 4 und 6 GG die Zirkumzision als Körperverletzung und die Einwilligung der Eltern dazu als Verletzung des Kindeswohls gewertet.

Der hierdurch erzeugte mediale Shitstorm veranlasste den Bundestag, die von Juden und Muslimen in Deutschland geforderte Rechtssicherheit in Sachen Beschneidung wiederherzustellen. Dazu hat er in namentlicher Abstimmung am 12.12.2012 den Gesetzentwurf der Bundesregierung über den „Umfang der Personensorge bei einer Beschneidung des männlichen Kindes" (17/11295) in dritter Beratung verabschiedet und § 1631 d BGB neu eingefügt:

> (1) Die Personensorge umfasst auch das Recht, in eine medizinisch nicht erforderliche Beschneidung des nicht einsichts- und urteilsfähigen männlichen Kindes einzuwilligen, wenn diese nach den Regeln der ärztlichen Kunst durchgeführt werden soll. Dies gilt nicht, wenn durch die Beschneidung auch unter Berücksichtigung ihres Zwecks das Kindeswohl gefährdet wird.
>
> (2) In den ersten sechs Monaten nach der Geburt des Kindes dürfen auch von einer Religionsgesellschaft dazu vorgesehene Personen Beschneidungen gemäß Absatz 1 durchführen, wenn sie dafür besonders ausgebildet und, ohne Arzt zu sein, für die Durchführung der Beschneidung vergleichbar befähigt sind.

Damit ging zwar die öffentliche Aufmerksamkeit zurück; dennoch mussten und müssen sich Religionen die Frage stellen, ob es Alternativen zum ältesten und zum wohl am häufigsten durchgeführten operativen Eingriff überhaupt gibt. Der Begründungsdiskurs der rituellen Jungenbeschneidung wird bis heute von hygienisch-medizinischen Vorteilen beherrscht, vor allem aber von religiösen Vorstellungen, zuweilen noch juristisch untermauert mit dem Grundrecht auf freie Religionsausübung nach Art. 4 GG. Die Beschneidung ist jedoch ein Eingriff in die körperliche Unversehrtheit, in Ausnahmefällen wie in Italien im Dezember 2018, im März und im April 2019 sogar jeweils mit Todesfolgen. Traumata hat sie häufig zur Folge, und sie kann Brüche bei der emotionalen Wahrnehmung und Empathiefähigkeit des später erwachsenen Kindes und wiederholende eigene Gewalthandlungen bewirken (vgl. Matthias Franz).

> Anders als im Judentum ist das Beschneidungsritual im Islam keine Säule der Religion. Die Pflicht zur Beschneidung wird im Koran nicht erwähnt. Und selbst die muslimischen Gelehrten sind sich über die Notwendigkeit des Eingriffs nicht einig. Die vehemente Verteidigung dieser Praktik erscheint im Islam eher ein identitätsstiftendes Merkmal zu sein – und ein Geschäft [...]. Ich verstehe deshalb die Aufregung um dieses Verbot nicht. Wir, die Muslime in Deutschland, sollten diese jetzige Diskussion als Chance begreifen, endlich bestimmte religiöse Rituale und Traditionen auf den Prüfstand der Demokratie zu stellen (Ahmad Mansour, Muslime müssen endlich offener diskutieren, in der WELT am 18.7.2012).

Es gibt vereinzelt Initiativen, dass an den zumeist etwa achtjährigen muslimischen Jungen in einer Beschneidungsfeier lediglich die Beschneidung simuliert wird und die Jungen sich mit dem Wichtigsten, das sie haben, Gott ohne Zirkumzision weihen. Diese symbolische Beschneidung wird allerdings bislang eher selten praktiziert. Da es im Islam jedoch keinen festgesetzten Zeitpunkt für die Beschneidung gibt, könnte sie auch bis zum Erreichen der Volljährigkeit verschoben und in die Entscheidung der Betroffenen gelegt werden.

69. Schreibt der Islam Beschneidungen von Mädchen/Frauen vor?

Wer bei Mädchen/Frauen ebenfalls den Begriff „Beschneidung“ wählt, erweckt den Eindruck, als handle es sich dabei um das Pendant zur Beschneidung der männlichen Vorhaut. Tatsächlich handelt es sich um Mutilation, die Verstümmelung weiblicher Genitalien. Der Fachbegriff ist FGM = Female Genital Mutilation. Die WHO unterscheidet vier Typen von FGM:

Typ I: Exzision des Praeputium clitoridis mit oder ohne Exzision eines Teiles oder der ganzen Klitoris.

Typ II: Komplette Exzision von Klitoris und Praeputium clitoridis zusammen mit einem Teil der kleinen Labien oder den kompletten kleinen Labien.

Typ III (Infibulation oder „pharaonische Beschneidung“): Exzision eines Teils oder der gesamten äußeren Genitalien und anschließendes Vernähen/Verengen der Vaginalöffnung (Infibulation). Infibulation bedeutet die komplette Entfernung der Klitoris und der kleinen Schamlippen, ebenso wie die Innenseite der großen Schamlippen. Die beiden Seiten der Vulva werden anschließend mit Dornen, Seide oder Tierdarm so zusammengenäht, dass sie, wenn die verbleibende Haut der großen Schamlippen heilt, eine Brücke aus Narbengewebe über der Vagina bilden. Eine kleine Öffnung für den Abfluss von Urin und Menstruationsblut wird durch das Einführen eines Fremdkörpers gewährleistet. Die Beine der Beschnittenen werden manchmal vom Knöchel bis zur Hüfte zusammengebunden, so dass sie mehrere Wochen immobil ist, bis sich Narbengewebe über der Wunde gebildet hat.

Typ IV: Er bezeichnet die verschiedensten Formen bzw. Variationen der FGM, welche nicht näher klassifiziert werden können. Darunter fallen: Einritzen, Durchbohren oder Einschneiden von Klitoris und/oder Schamlippen; das Dehnen von Klitoris und Schamlippen; das Ausbrennen von Klitoris und umgebendem Gewebe; das Auskratzen der Vaginalöffnung oder Einschneiden der Vagina; das Einführen ätzender Substanzen, die Vaginalblutungen verursachen oder das Einführen von Kräutern, mit dem Ziel, die Vagina zu verengen. Auch Beschneidungsformen, die nicht unter die Typen I–III fallen, werden dem Typ IV zugerechnet.

Schließlich sind noch die Defibulation sowie die Reinfibulation zu nennen. Bei infibulierten Frauen ist für den Geschlechtsverkehr eine Öffnung der Vagina notwendig. Gelingt dem (Ehe)mann durch die verbliebene Öffnung die Penetration nicht, wird die infibulierte Vagina von ihm – in selteneren Fällen von einer Beschneiderin – mit einem Messer oder einem anderen scharfen Gegenstand defibuliert. Dabei können zusätzliche Verletzungen im Genitalbereich der Frau entstehen. Zur Entbindung ist eine zusätzliche Erweiterung der Vaginalöffnung notwendig, um einen physiologisch angemessenen Geburtsverlauf zu ermöglichen.

Und nach einer Geburt wird bei Frauen, deren Vagina für die Entbindung defibuliert wurde, in vielen Fällen bis auf eine winzige Öffnung reinfibuliert. Dazu werden die Narbenränder entfernt und das verbleibende Gewebe erneut zusammengenäht. Nach mehreren Wiederholungen ist u.U. kein Gewebe mehr für eine erneute Reinfibulation vorhanden.

Diese zutiefst bedrückenden Beschreibungen können lediglich als Orientierung dienen, da in der Realität weitaus mehr Varianten existieren.

FGM ist eher auf regionale Traditionen zurückzuführen und „eigentlich" kein islamisches Problem, denn sie wird z.B. auch bei Aborigines in Australien oder bei indigenen Völkern in Kolumbien durchgeführt. Zudem wird sie nicht in den anerkannten „heiligen Quellen" gefordert. Allerdings kommt FGM verstärkt in islamisch geprägten Regionen der Erde vor, auch, weil sich keine der vier sunnitischen Rechtsschulen explizit dagegen positioniert: Die *šāfiʿīya* und die *hanbaliya* halten sie für eine religiöse Pflicht. Im Nahen und Mittleren Osten, in Ostafrika und Teilen Asiens, in denen diese Rechtsschulen dominieren, sind viele Mädchen und Frauen genitalverstümmelt. Die 2015 von UNICEF veröffentlichte Afrikakarte, die im Internet abrufbar und mit Prozenträngen genitalverstümmelter Mädchen und Frauen versehen ist, belegt dies: Ägypten 91, Sudan 88, Äthiopien 74, Jemen 19, Eritrea 83 und Dschibuti 93 Prozent. Die Rechtsschule der *mālikiyya* hält sie für „wohlgefällig" und die *ḥanafīya* für „ehrenhaft". Alle Rechtsschulen berufen sich auf Diskussionen Mohammeds mit einer Beschneiderin sowie seinen Anweisungen, die beide jedoch nicht zu den autorisierten „starken" *Hadîthe*-Sammlungen gehören, aber Typ I beschreiben:

> Schneide nicht darüber (über die Vorhaut der Klitoris) hinaus, denn dies ist besser/vergnüglicher für die Frau und dem Mann lieber *(Umm ,'Atyyah).*
>
> Wenn du beschneidest, dann nur (die Vorhaut der Klitoris) und schneide nicht mehr davon ab, denn dadurch werden die Gesichter (der Frauen) glücklicher, und es ist vorteilhafter für sie mit ihrem Ehemann *(Dhihak ibn Qays At-Tabarânî* und *Al-Hâkim).*

Der „Notruf Genitalverstümmelung – SOS FGM" weist darauf hin, dass auch in Deutschland bis zu 50.000 Mädchen/Frauen leben, die verstümmelt sind oder denen Verstümmelung droht, die dann häufig im Herkunftsland der Eltern vorgenommen wird. Ob, wie und wann Schulen und die Jugendhilfe dieses Thema aufgreifen, bedarf keines Rates von außen.

70. Welche besonderen Regelungen hält die *Scharia* für Mädchen und Frauen vor?

Als Einstieg in eine Antwort auf unsere Frage dient eine provokante Information: Im März 2019 hat die International Bank for Reconstruction and Development (IBRD) – Weltbank – eine Studie veröffentlicht, nach der weltweit lediglich in sechs Staaten Frauen juristisch die gleichen Rechte haben wie Männer: Belgien, Dänemark, Frankreich, Lettland, Luxemburg und Schweden. Deutschland landet auf Rang 31, noch hinter Peru, Ungarn und Paraguay. Zudem wird an den „Pay-Gap" erinnert, nach dem Frauen auch heute noch strukturell geringer entlohnt werden als Männer. Und um das Genre „Religion" aufzugreifen, wird an das Gesellschaftssystem der 50er- und 60er-Jahre des letzten Jahrhunderts in Deutschland erinnert, das einer Androkratie in Gesetzgebung und Rechtsprechung Profil gab und darin stark durch die Kirchen geprägt war (vgl. hierzu Klaus Spenlen, S. 139 ff. sowie Ursula Neumann).

Rechtliche Benachteiligungen von Frauen gab und gibt es mithin nicht nur – als Religion oder Staatsform – im Islam (vgl. dazu Christine Schirrmacher u. a.). Koran und *sunna* enthalten zwar rechtliche Regelungen und Bestimmungen, sind dennoch nicht nur eine Sammlung von Vorschriften. Da Auslegungen der dort aufgeführten Gebote und Verbote differieren, gibt es auch keine einheitliche, in Erz gegossene *šarīʿa*. Gleichwohl ist sie keine schwammige Größe, was insbesondere das umfangreiche und detaillierte Ehe-, Familien- und Erbrecht zeigt.

Frauen müssen nach orientalisch-islamischer Auffassung zugleich beschützt und kontrolliert werden (►F/A 28). Entsprechend verschränken sich Vergangenes, Gegenwärtiges und Zukünftiges dieser Rechtsbereiche als Königsweg in der *šarīʿa*, deren Urheber ja Gott selbst sei:

> [4:34]: Die Männer stehen den Frauen in Verantwortung vor, weil Allāh sie (von Natur vor diesen) ausgezeichnet hat und wegen der Ausgaben, die sie von ihrem Vermögen (als Morgengabe für die Frauen) gemacht haben. Und die rechtschaffenen Frauen sind (Allāh) demütig ergeben und geben acht mit Allāhs Hilfe auf das, was (den Außenstehenden) verborgen ist. Und wenn ihr fürchtet, daß (irgendwelche) Frauen sich auflehnen, dann vermahnt sie, meidet sie im Ehebett und schlagt sie! Wenn sie euch (daraufhin wieder) gehorchen, dann unternehmt (weiter) nichts gegen sie! Allāh ist erhaben und groß.

Koranisch ist die Stellung der Frau abhängig von der des Mannes, obschon Gleichheit von Mann und Frau in spirituellen Fragen besteht: in ihrer menschlichen Natur; im gleichen „Kern“ des Menschseins (z. B. 7:189 und 30:21); in spirituellen Pflichten sowie bei Lohn oder Strafen im Jenseits.

Bereits die wirtschaftliche Stellung markiert jedoch eklatante Ungleichheiten: Frauen haben zwar ein Recht auf Versorgung (2:233), auf Eigentum (z. B. Brautgeld, 4:4, 2:229), jedoch lediglich ein eingeschränktes Recht auf Erwerbsarbeit (33:33). Ihre soziale Stellung, auch die von Ehefrauen, ist durch eine eingeschränkte Freizügigkeit bestimmt; für sie gelten zudem Verbote für proaktive Polygamie (4:3) und proaktive Polygynie („Ehe auf Zeit“, 4:24 und ►F/A 60); es gilt ein Verhüllungsgebot in der Öffentlichkeit (24:31, 33:53 und 33:59). Rechtlich erben Frauen die Hälfte von dem, was Männer erben (4:19, 4:11), und es braucht im Streitfall doppelt so vieler Zeuginnen wie Zeugen (2:282); zudem werden Frauen als Zeuginnen bei Kapitalverbrechen nicht zugelassen. Sexuell sind Frauen Männern ein Saatfeld, zu dem diese gehen, wann immer sie wollen (2:223), was für Muslima sexuelle Selbstbestimmung ausschließt. Schließlich bestimmt im Islam der Mann die Religion der Familie, was es ihm erlaubt und einer Muslima verbietet, die Ehe mit einer Person einer anderen Buchreligion – Judentum, Christentum – einzugehen (asymmetrische Endogamie) (►F/A 28).

Alle diese Gebote und Verbote sind Bestandteil der *šarīʿa* und Ausfluss eines Androzentrismus, bei dem der Mann die Frau fast völlig dominiert, denn er genießt wegen seiner Verantwortung Vorrang: Die Frau habe ja im Vergleich zu den vielfältigen Pflichten des Mannes „lediglich“ den Haushalt zu führen, die Kinder aufzuziehen und „tugendhaft“ zu leben. Deshalb sei es nur gerecht, wenn dem Mann mehr Rechte zugestanden würden.

Der Alltag muslimischer Gläubiger wird jedoch nicht nur von religiösen Quellen, sondern auch von jahrhundertealten Traditionen geprägt. Deshalb unterscheiden sich die kodifizierte *šarīʿa* und die Praxis in vielen Lebensbereichen. So werden viele Frauen durch kulturelle Traditionen noch stärker in ihrem Alltagsleben eingeschränkt, als es die Quellen vorsehen. Und andere beschreiten gemeinsam mit ihren Männern den Weg von Partnerschaft und Gleichberechtigung.

71. Gibt es muslimische Frauenrechtsbewegungen?

Die Autorin und Journalistin Sineb El Masrar bringt unsere Frage auf den Punkt, wenn sie das Bild muslimischer Frauen ironisiert, die

> [...] sich mit ihren muslimischen Männern wie die Karnickel vermehren, ein Kopftuchmädchen nach dem anderen produzieren und willenlos in der Küche des Hauses auf die Befehle ihrer Väter, Brüder und Ehemänner warten. Um dann noch schamlos das deutsche Sozialsystem wie eine reife Zitrone auszuquetschen (S. 23).

Es ist also allenthalben Skepsis zu hören, wenn „Islam“ und „Emanzipation“ in einem Atemzug genannt werden. Gerne wird dann als Beispiel das islamische Kopftuch genannt, weil es ohne Umschweife die Verschiedenheit der Geschlechter markiert. Andere betonen die „unterschiedliche Wesenheit von Mann und Frau“, die es zu bewahren gilt und gehen die Emanzipationsfrage damit grundsätzlicher an. Wieder andere verweisen auf die universellen Menschenrechte, indem sie widersprüchliche Freiheiten kritisieren:

> Wir haben in Deutschland [...] einen Schulterschluss zwischen religiösen Fundamentalisten und westlichen Differenzialistinnen quer durch alle Lager, die beide nichts halten von den universellen Menschenrechten (Alice Schwarzer 2002 in einem Interview in EMMA).

Deutlich hieran wird, dass es notwendig ist, einen Perspektivwechsel vorzunehmen und sich der Frage aus Sicht von Muslima zu nähern. Hört man dabei auf Necla Kelek (Die fremde Braut) und Seyran Ateş (Der Islam braucht eine sexuelle Revolution), dann sind die muslimischen Frauen nicht nur Opfer patriarchaler Gewalt, sondern auch Opfer einer seit Jahrhunderten unverändert auf ihnen lastenden Kultur. Sie scheinen, amüsiert sich Birgit Rommelspacher 2015, im Verlies der Vergangenheit eingeschlossen zu sein. Deshalb hilft ein Blick auf die Heterogenität „der Muslima“ ebenso wie auf Emanzipationsansätze. Den ersten Blick wagt wiederum Sineb El Masrar:

> Muslim Girls sind vielfältig? So vielfältig wie alle Frauen. Unsere konkrete religiöse Praxis ist für uns genauso privat und persönlich wie für alle anderen, auch wenn einzelne Muslima ihren Glauben extrem öffentlich leben. Doch jedes Muslim Girl muss ihren eigenen Weg finden, ihren Glauben zu praktizieren – angepasst an die gesellschaftlichen Rahmenbedingungen, unter denen sie lebt. So wie einige Katholikinnen mit dem Rosenkranz in der Hand beten, werfen sich einige Muslim Girls nieder und verrichten ihr Gebet. So wie manche evangelische Frau im neuen Testament liest, liest manches Muslim Girl im Koran. Manche Frauen glauben weder an Gott noch an Allāh. Andere beten und fasten nicht und bezeichnen sich dennoch als Muslima, genauso wie manche sich als Christin fühlt, obgleich sie nie in eine Kirche geht. Wieder andere haben sich vom Islam gelöst und ihren Frieden im Christentum oder im Hinduismus gefunden, genauso wie manche Atheistin oder Christin ihr Heil im Islam gefunden hat. Uns Muslim Girls als Gruppe gibt es eigentlich nur in den Köpfen von Menschen, die in festen Kategorien denken (Ebenda, S. 26 ff.).

Der zweite Blick, der der muslimischen Emanzipation der Frau gilt, ist ebenso vielfältig, aber allein schon deshalb schwieriger, weil er den Einfluss von politischen Verhältnissen und den des religiösen Standortes zulässt, der die Position von Muslima bestimmt. Und auch hier gibt es eine ganze Bandbreite unterschiedlicher Auffassungen, auch bei denjenigen Frauen, die sich selbst als Feministinnen bezeichnen. So sehen muslimische Feministinnen die Bedeutung des Islam vor allem in seinem ethischen Egalitarismus, der Frauen und Männer dieselbe Würde zuerkennt. Dem widersprechen islamistische Feministinnen. Für sie ist der Koran wesentlich auf die Gleichstellung der Geschlechter ausgerichtet, er berücksichtige Frauenrechte hinreichend. Und über diese verschiedenen Strömungen hinweg konstatieren wieder andere, dass ein wesentlicher Unterschied zwischen westlich und muslimisch geprägten Emanzipationsvorstellungen der ist, dass sich Muslima sehr viel stärker auf eine Tradition der Geschlechtertrennung bezögen und diese in ihrem Sinn weiterentwickelten. Schließlich gibt es Muslima, die mit ihrem Mixing aus „Kopftuch" und „bauchfrei" bei traditionellen Glaubensschwestern wie auch bei Angehörigen der Mehrheitsgesellschaft auf Ablehnung stoßen (►F/A 54). Diese Frauen entziehen beiden Positionen komfortables Schubladendenken und weisen zugleich darauf hin, dass sie mehrere Identitätsbezüge haben, die sie selbst markieren, und dass kulturelle Verortungen ständig im Fluss sind.

Der aktuelle „muslimische Feminismus" ist mithin vielseitig und schillernd. Er will erreichen, dass Beschwörungen der Unterdrückung von Muslima aufhören, weil diese sie diskursiv reproduzieren würden. Im Kern zielt er jedoch darauf, Formen von Herrschaft in Frage zu stellen und mit der Ungleichheit der Geschlechter zugleich Hierarchien zwischen Geschlechtern, Milieus, Ethnien und Religionen zu hinterfragen.

72. Wie funktioniert das islamische Wirtschaftssystem?

Kulturelle oder religiöse Grundlagen wirtschaftlichen Handelns und wirtschaftlicher Ordnungen sind spätestens seit Max Webers klassischer Studie über den Geist des Kapitalismus Gegenstand zahlreicher wissenschaftlicher Untersuchungen geworden. Dabei geht es um die Frage, inwieweit Kultur bzw. Religion wirtschaftliche Entwicklungen begünstigen bzw. behindern können. Bezogen auf die vom Islam dominierte Kultur erscheint eine Analyse kultureller Einflüsse auf das Wirtschaftsverhalten vor allem deshalb interessant, weil im Wesentlichen zwei gegensätzliche Basisthesen unterschieden werden: Auf der einen Seite sehen Ökonomen in der islamischen Religion ein Hindernis für die marktwirtschaftliche Arbeitsteilung und Spezialisierung. Andere Wissenschaftler verweisen hingegen auf die historische Entwicklung des Islam in den ersten zwei Jahrhunderten, in denen sich die islamischen Gemeinwesen stark an den religiösen Vorgaben orientierten und zugleich wirtschaftlich prosperierten.

Heute hält der weltweite Prozess der Globalisierung, wie in allen Branchen, auch in der Wirtschaftsethik Einzug. Ausländisches Kapital, ausländische Kunden und damit auch Kulturen werden für die globale Wirtschaft immer wichtiger. Die Finanzprodukte müssen sich deshalb auch an Kunden orientieren, die zum Teil andere Werte und Normen vertreten. Seit Mitte der 70er Jahre des 20. Jahrhunderts findet in islamisch geprägten Staaten eine stärkere Besinnung auf die islamischen Grundwerte und damit auch auf das Wirtschaftsleben statt. Das führt u. a. zu einer wachsenden, aber eher zögerlichen Integration des islamischen Finanzwesens selbst in die globale Finanzwirtschaft und einer Zunahme an Kapitalmarktprodukten nach islamischem Recht.

Unter der internationalen Chiffre „Islamic Banking" ist daher die Konformität von Bankgeschäften bzw. Finanzdienstleistungen mit der *šarīʿa* und im weiteren Sinne mit dem islamischen Recht *fiqh* zu verstehen. Jede Bank, die islamische Finanzprodukte anbietet, benötigt ein „*šarīʿa*-board", das sich aus Religionsgelehrten zusammensetzt und entscheidet, welche Finanzprodukte tatsächlich islamkonform sind und welche nicht. Dies alles sind Unterschiede zum kapitalistischen bzw. marktwirtschaftlichen Bankenwesen.

Die Theorie des islamischen Wirtschafts-, Finanz- und Bankensystems besteht aus einigen religiösen Grundsätzen:

- Alles auf Erden gehört *Allāh*, menschlicher Besitz ist dem untergeordnet.
- Der Mensch muss deshalb jedoch nicht in Armut leben.
- Jede gute Tat, jede Leistung, mithin auch jede Arbeit, die Muslime verrichten, wird von *Allāh* belohnt werden:

[3:57]: Denen aber, die glauben und tun, was recht ist, wird er ihren vollen Lohn geben. Allāh liebt die Frevler nicht.

[36:34, 35]: Und wir legten Gärten auf ihr (der Erde) an mit Palmen und Weinstöcken und ließen Quellen auf ihr hervorsprudeln. (Wir haben das alles für die Menschen gemacht), damit sie von dem, was sie davon ernten, essen können.

- Die Mühen der Arbeit gelten im Islam nicht (wie im Juden- und Christentum) als Folgen des Sündenfalls.
- Allerdings sind Besitz und Eigentum sozialverpflichtend und gemeinschaftserhaltend. Die Sozialabgabe (*zakāh/zakat*) als Referenz dieser Ethik ist deshalb im Islam obligatorisch (►F/A 30).
- Hingegen sind Spekulationen (*gharar*), ruinöser Wettbewerb, betrügerische Geschäfte u.a.m. nicht mit den Grundsätzen des Islam vereinbar und daher verboten oder geächtet (*harām*).
- Der Islam übernahm zwar das christliche Zinsverbot, das im Verlaufe der Geschichte abgeschwächt bzw. ganz aufgehoben wurde, handhabt es aber bis heute konsequenter und strenger. So wird kommerzialisierter Geldverleih gegen Zins (*ribā*) bereits im Koran untersagt, da die Zinspraktiken im 7. Jahrhundert unserer Zeitrechnung oftmals wirtschaftliche Notlagen ausnutzten:

[3:130]: Ihr Gläubigen! Nehmt nicht Zins, (indem ihr) in mehrfachen Beträgen (wiedernehmt, was ihr ausgeliehen habt)! Und fürchtet Allāh! Vielleicht wird es euch (dann) wohl ergehen.

- Das Geben und Nehmen von Zinsen gehört deshalb zu den größten Sünden (*kabā'ir*). Sofern bei einem Kredit Zinsen allein wegen der Rendite für Dienstleistungen erhoben werden, ist der Kredit unzulässig, also *harām*. Dabei spielt es zunächst keine Rolle, was mit dem Kredit finanziert werden soll: Investitionen, Handel, Industrie, wichtige Immobilien wie Eigenheim und Grundstück oder private Wünsche wie Konsum- und Luxusgüter. Allerdings gibt es Ausnahmen hiervon:
- Was nämlich Geschäfte auf der Grundlage regelmäßiger Ratenzahlung betrifft (z. B. Raten- oder Finanzkäufe, bei denen man für eine Ware einen höheren Preis zahlt als bei Barzahlung), so handelt es sich um ein zulässiges Zinsgeschäft. Nicht unter das Zinsverbot fallen daher Verzugs- und Kreditzinsen, sie sind erlaubt und moralisch gleichgültig (*halāl* oder *mubāḥ*).

Andere Fragen sind die, inwieweit eine islamisch geprägte Wirtschaftsordnung mit wirtschaftlicher Dynamik und Effizienz verbunden ist. Anders ausgedrückt: Stehen die Zins- und Spekulationsverbote sowie weitere Bank- und Wirtschaftsprinzipien des Islam der wirtschaftlichen Entwicklung eher förderlich oder hinderlich gegenüber? Und: Gelten die Verbote universell oder nur für die *umma?*

Antworten auf diese Fragen verlassen unser Thema und werden an dieser Stelle deshalb nicht gegeben (►F/A 39, 49, 77).

73. Welche Folgen hat die islamische Medizinethik für Muslim*innen?

Die Haltung des Islam zu Gesundheit, Krankheit und Heilung sind in Koran und *sunna* grundgelegt und wurden im Rahmen der damaligen Lebensumstände getroffen, gelten jedoch als allzeit gültig. Exemplarisch werden koranische Aussagen zu Krankheiten des Herzens (2:10, 5:52), zur Heilung der Brust (9:14, 10:74), von physischer Krankheit und leiblicher Heilung (26:80, 16:69) sowie von Heilung durch Offenbarung (17:82, 41:44) genannt. Und von *Abū Dâwūd* und *Sunan al-Tirmidhî* wird der folgende „starke" *hadîth* überliefert:

> Gott hat keine Krankheit herabgesandt, ohne für sie eine Heilung herabzusenden. So wendet Arzneien an.

Zwar formulierten Asketen und Mystiker Einwände dagegen – aus unbegrenztem Gottvertrauen. Gleichwohl setzten sich die Tradition sowie Textzeugnisse bedeutender Autoren der islamischen Rechtsgeschichte vor allem des 11. bis 19. Jahrhunderts durch.

Wichtiger für die Gegenwart erscheint jedoch die zeitgenössische bioethische Debatte islamischer Rechtsgelehrter. Bei ihnen hat der Würdebegriff keine überragende Bedeutung bei der Frage des Umgangs mit vorgeburtlichem menschlichem Leben. Zentral ist für sie vielmehr die Beseelung am 120. Tag der Schwangerschaft, durch die der Embryo letztendlich Menschenstatus erhielte und nicht mehr abgetrieben werden dürfe (►F/A 63). Die Würde wird nun an die Beseelung gekoppelt, bei der die Seele als ein „Instrument" angesehen wird, durch das der Mensch bestimmte Eigenschaften erwirbt, vornehmlich die der Erkenntnisfähigkeit. Diese Koppelung bedeutet somit, die Würde von einem spezifischen Teilaspekt des Menschseins abhängig zu machen und nicht vom Menschsein an sich.

Das Beseelungsargument kann natürlich nicht empirisch belegt, sondern nur auf der Grundlage von Offenbarung geglaubt werden, Koran und *sunna* lassen jedoch durchaus mehrere Lesarten zu. Zudem ist es schwierig, die Erkenntnisse moderner Embryologie mit jahrhundertealten Textaussagen der „heiligen Quellen" in Zusammenhang zu bringen, wie etwa die Diskussion zu der Frage zeigt, ab welchem Zeitpunkt denn nun die 120 Tage genau berechnet werden sollen, ab dem Geschlechtsverkehr, der Befruchtung oder der Nidation.

Seit den 1980er Jahren werden bioethische Fragen durch die aufkommende Reproduktionstechnologie neu diskutiert. Ohne an dieser Stelle in Details zu gehen, hat sich inzwischen im Islam die Meinung durchgesetzt, embryonale Bewegung gehe auf einen Willen zurück, und der wiederum sei Ausdruck der Existenz einer Seele, durch deren Einhauchung in den Körper individuelle Personalität hergestellt werde. Dieses Konzept eines Leib-Seele-Dualismus wurde seitdem zur Basis medizinischer Praxis z. B. des Iran und von Saudi-Arabien. Inzwischen haben sich auch in anderen islamisch geprägten Staaten zumeist international besetzte Rechtsgremien etabliert, die islamische Antworten auf medizin-ethische Herausforderungen der Moderne jenseits der bestehenden Grenzen der Rechtsschulen geben. Neben der klassischen Frage nach Schwangerschaftsabbrüchen geht es um Formen künstlicher Befruchtung (intrauterine Insemination, In-Vitro-Fertilisation sowie Varianten), Präimplantationsdiagnostik und Stammzellenforschung. Dabei wird auch der Aspekt der Rechtsgüterabwägung berücksichtigt, letztendlich also die Frage, welche Indikationen für „Eingriffe in die menschliche Biologie" als legitim erachtet werden. Deren besondere Herausforderung ist es, religiöse Grundlagen vor zeitgemäßem medizinischem Hintergrund zu perpetuieren.

74. Wie steht der Islam zum Umweltschutz?

Der Mensch gilt in den abrahamischen Religionen als Statthalter Gottes und Hüter der Schöpfung. *Chalq* ist das arabische Wort für Erschaffenheit, Schöpfung. In den islamischen Quellen gibt es zahlreiche Prinzipien und Praktiken, die einen ethischen Umgang damit verlangen und zu konkretem Umwelthandeln auffordern. Drei von mehreren Koranversen sollen dies belegen:

> [16:14–22, 65–69]: Und er ist es, der das Meer in euren Dienst gestellt hat, damit ihr frisches Fleisch daraus esset und Schmuck daraus gewinnt, um ihn euch anzulegen [...]. Und Allāh hat vom Himmel Wasser herabkommen lassen und dadurch die Erde, nachdem sie abgestorben war, (wieder) belebt. Darin liegt ein Zeichen für Leute, die (zu) hören (vermögen).

> [6:99]: Und er ist es, der vom Himmel Wasser hat herabkommen lassen. Und wir haben dadurch Pflanzen jeder Art hervorgebracht, und aus ihnen Grün, und aus ihm (in Ähren) übereinandergeschichtete Körner. Und aus der Fruchtscheide der Palmen entstehen tief herabhängende Dattelbüschel. Und (wir haben) Gärten mit Weinstöcken (hervorgebracht) und die Öl- und Granatapfelbäume, (deren Früchte) einander ähnlich oder auch unähnlich (sind). Schaut (doch), wenn sie tragen, auf ihre Früchte und auf ihr Reifen! Darin liegen Zeichen für Leute, die glauben.

> [25:48–49]: Und er ist es, der die Winde schickt, daß sie frohe Botschaft bringen (indem sie) vor seiner Barmherzigkeit (vorauseilen und Regen ankündigen). Und wir lassen vom Himmel

reines Wasser herabkommen, um damit abgestorbenes Land (wieder) zu beleben und viele unserer Geschöpfe, Vieh und Menschen, zu tränken.

Der Mensch soll Gottes Schöpfung als *khaliefa* bewahren. Dieser arabische Begriff meint „Sachwalter" oder „Statthalter", im weiteren Sinne auch „Stellvertreter" Gottes, was für Muslim*innen eine Motivation darstellt, für den Umweltschutz einzutreten.

> [2:30]: Und (damals) als dein Herr zu den Engeln sagte: „Ich werde auf der Erde einen Nachfolger (khaliefa) einsetzen!" Sie sagten: „Willst du auf ihr jemand (vom Geschlecht der Menschen) einsetzen, der auf ihr Unheil anrichtet und Blut vergießt, wo wir (Engel) dir lobsingen und deine Heiligkeit preisen?" Er sagte: „Ich weiß (vieles), was ihr nicht wißt."

Auch ein starker *hadîth* von *Sahîh Muslim* unterstreicht das bisher Gesagte:

> Die Welt ist wunderschön und frisch, und wahrlich Gott, der Erhabene, hat euch zu Seinen Statthaltern darauf gemacht, und Er sieht, wie ihr (eure Ansprüche) befriedigt.

In weiteren *hadîthen* werden Muslim*innen angehalten, kein Wasser zu verschwenden, Bäume zu pflanzen und die Umwelt nicht zu verschmutzen. Allerdings gehören viele islamisch geprägte Staaten zu den größten Umweltsündern und leiden selbst unter den Folgen. 2015 mahnten deshalb islamische Würdenträger auf einer Konferenz in Istanbul unter Bezug auf den Koran, die Schöpfung zu bewahren. Sie forderten zu einem *ǧihâd* der anderen Art auf: Es sei Pflicht eines jeden Muslim, die Erderwärmung zu stoppen und mit einem bescheidenen und umweltbewussten Leben dem Beispiel des Propheten Mohammed zu folgen. Dies führte dazu, dass manche islamische Staaten Arten- und Klimaschutzmaßnahmen installierten. Europa gilt dabei als Vorbild.

2010 entstand HiMA e.V., ein Zusammenschluss von Muslim*innen, die sich für Umwelt- und Naturschutz engagieren. Deren Website informiert über Ziele und Aktivitäten (►Link im Anhang).

75. Was sagt der Islam zum Umgang mit Tieren?

> [6:38]: Und es gibt kein Tier (dâbba) auf der Erde und keinen Vogel, der mit seinen Flügeln fliegt, ohne daß es Gemeinschaften (umam) wären gleich euch (Menschen). Wir haben in der Schrift (in der alles, was ist und sein wird, verzeichnet ist) nichts übergangen. Schließlich werden sie (alle) zu ihrem Herrn versammelt werden.

Dâbba sind alle Lebewesen, die sich fortbewegen, also Menschen und Tiere. Einige Rechtsgelehrte unterscheiden jedoch zwischen Tieren, die kriechen und solchen, die fliegen. Nach deren Auffassung sind Vögel nicht von dem zitierten Koranvers umfasst, andere Islamgelehrte ziehen allerdings noch Vers 42:29 hinzu und folgern daraus, es seien alle Tiere – einschließlich Vögel und Fische –, Menschen, Engel und sonstige metaphysische Lebewesen gemeint. Bemerkenswert ist zudem in dem Vers, dass auch Tiere am Tag des Jüngsten Gerichtes vor *Allāh* „versammelt" würden, denn auch die Gemeinschaft der Tiere (*umam/umma*) würde nach dem Tod auferweckt und für ihre Taten im Diesseits zur Verantwortung gezogen.

Manche Muslime beziehen allerdings die Unreinheit von Schweinen (6:145) auf Hunde, denn diese werden in Berichten häufig als „unreine" Tiere bezeichnet, die nur gehalten werden dürften, wenn sie einen „Nutzen" erfüllten, also z. B. dem Herdenschutz dienten. Dazu zitieren sie aus der *Hadîthe*-Sammlung von *al-Bukhârî:*

> Ich habe den Gesandten Gottes sagen hören: Die Engel betreten kein Haus, in dem sich ein Bild oder ein Hund befindet.

Weitere Risse bekommen die positiven Einschätzungen von Tieren und der damit verbundene Tierschutz dann, wenn es um die Frage des Schächtens geht, der *zakāh* in Form von Schlachttieren sowie der Opferung von Tieren zum Opferfest *'îd al-adhā*.

Wenn man jedoch weltweit und ohne religiöse Konnotation an Tiere in Versuchslaboren, Astställen und Schlachthöfen erinnert, kann von einer Schlechterstellung von Tieren in islamischen gegenüber kulturell anders geprägten Gesellschaften nicht gesprochen werden. Daran ändert auch der Vers eines Songs des muslimischen Rappers *SadiQ* nichts: „Ihr habt eure Hunde, wir unsere Familien", denn der zielt eher auf eine als ignorant wahrgenommene deutsche Gesellschaft. Außerdem werden inzwischen auch in islamisch geprägten Staaten Hunde zunehmend als Haustiere und Begleiter von Menschen gehalten.

76. Sind Muslim*innen auch gegenüber Nichtmuslimen vertragstreu?

> Alle Gesetzesnormen Gottes befehlen, die Abkommen zu erfüllen und gebieten, das Anvertraute zurückzugeben. Sie verbieten am heftigsten die Hinterhältigkeit und den Verrat. Sie bekräftigen die Pflicht, in den Geschäftsbeziehungen die Rechte der Menschen, abgesehen von ihrer Rasse, Farbe oder Glauben, zu wahren. Gott liebt die Gottesfürchtigen unter seinen

Dienern, die sein Abkommen und das Abkommen seiner Diener erfüllen und keinen Verrat begehen [...] und die Menschen mit Gerechtigkeit und Billigkeit behandeln, indem sie dem folgen, was Gott in seinen Büchern an Gesetzen festgelegt hat und was er auf seine Gesandten herabgesandt hat (Ausführungen zum Thema „Erfüllung der Abkommen und ihre Auswirkungen in der Orientierung der islamischen Gesetzgebung“ von Muhammad al-Sadiq ‘Ardjun, Bd. 1, 1972, S. 333, übersetzt von Adel Theodor Khoury -2-).

Damit bezieht sich der Autor bereits zum Einstieg auf einen Koranvers, in dem es heißt:

[5:1]: Ihr Gläubigen! Erfüllt die Verpflichtungen, (die Allāh euch auferlegt hat).

Um diese Weisung des Koran eindeutig, unmissverständlich und lückenlos zu erläutern, fährt der zitierte Autor ein paar Seiten weiter fort:

[So] betrachtet der Islam die Erfüllung der Abkommen als eine menschliche Tugend, die nicht einer Rasse oder Glaubensüberzeugung oder einer Gemeinschaft vorbehalten ist. Sie gilt als unantastbar und heilig gegenüber dem Ungläubigen genauso wie gegenüber dem Muslim; sie gilt als unantastbar und heilig gegenüber dem Feind wie gegenüber dem Freund; sie gilt als unantastbar und heilig gegenüber dem Fernen wie gegenüber dem Nahen. Der Imam Maymun ibn Mahran hat gesagt: Wenn du mit jemandem ein Abkommen geschlossen hast, dann sollst du deine Verpflichtung ihm gegenüber erfüllen, ob er ein Muslim oder ein Ungläubiger ist. Denn die Abkommen gehören Gott dem Erhabenen.

Schließlich werden aus einer größeren Anzahl noch zwei *hadîthe* von *al-Bukhârî* zitiert, die Vertragstreue mit Glauben gleichsetzen bzw. bei Vertragsbruch mit Konsequenzen beim Jüngsten Gericht drohen:

Der hat keinen Glauben, der keine Treue hat. Der hat keine Religion, wer nicht zu der von ihm eingegangenen Verpflichtung steht.

Am Tage der Auferstehung werde ich der Widersacher dreier Menschen. Und wem ich ein Widersacher bin, mit dem werde ich streiten. Es sind der, der ein Abkommen schließt und dann nicht dazu steht; und der, der einen Arbeiter anheuert, ihm aber nach getaner Arbeit seinen Lohn ungerechtfertigt vorenthält; und der, der einen freien Menschen verkauft und seinen Preis ausgibt.

Die Pflicht zur Vertragstreue bindet Muslim*innen, solange deren Vertragspartner sich ebenfalls an die Abmachungen halten. Allerdings verlieren die Abmachungen ihren bindenden Charakter, wenn einer der Vertragspartner Verrat übt:

Wer einen Vertrag mit Leuten hat, darf keinen Knoten lösen oder ihn fester ziehen, bevor die Frist abgelaufen ist, sonst muss er ihnen den Vertrag im Zustand der Gleichheit aufkündigen (*hadîth* von *Sunan al-Tirmidhî*).

So gilt in jeder Situation für Muslim*innen die koranische Anweisung, die zudem Bestandteil der „Islamischen Zehn Gebote“ ist (►F/A 36):

> [17:34]: Und erfüllt die Verpflichtung (die ihr eingeht)! Nach der Verpflichtung wird (dereinst) gefragt.

77. Welche Zielgruppen hat der Cyber-Islam im Visier?

Web-2.0-Anwendungen (Internet, Social Media) sind ein selbstverständlicher Bestandteil des Medienalltags von Kindern und Jugendlichen, die Konsumenten und zugleich Prosumenten sind. Das Surfen im World Wide Web bedingt jedoch einiges an Ausstattung und Zeit, wie die „JIMStudie Jugend, Information, (Multi-) Media“ aus Deutschland feststellt. Haushalte, in denen Jugendliche aufwachsen, sind mit Computern, Handys, Fernseher und Internetzugang gut ausgestattet. Speziell für Smartphones und Tablet-PCs wird ein deutlicher Zuwachs dokumentiert (►Diese und die folgende Quelle als Link im Anhang).

Im Rahmen des Projekts „EU Kids Online“ wurden und werden aktuell verfügbare empirische Studien aus den verschiedenen europäischen Ländern zusammengetragen und in einer Datenbank (European Evidence Base) erfasst. Ergebnisse sind für Kita-, Schulkinder und Jugendliche unter den Links „Unterstützungen…“ abrufbar.

Die Shell-Jugendstudie 2019 konstatiert, die „Generation Internet“ sei bestens vernetzt. Die beliebtesten Messaging-Dienste seien WhatsApp, Instagram, Snapchat und Facebook. 99 Prozent der 12- bis 19-Jährigen hätten Zugang zum Internet, 97 Prozent besäßen ein Smartphone, 74 Prozent hätten einen eigenen Laptop oder PC und 95 Prozent der Jugendlichen kommunizierten über WhatsApp.

Kaum eine „Gruppe“ von Internetnutzern wächst so rasant wie die muslimische, sie alle verbindet ihr Religionsmerkmal. Es verwundert daher nicht, dass es für Muslim*innen mittlerweile ein Angebot von Tausenden spezialisierter Websites gibt, deren gemeinsamer Fixpunkt der Islam ist. Wirbt ein Angebot damit, dass es von Muslimen für Muslime gemacht ist, soll dies signalisieren: Hier seid ihr unter euch, ihr beteiligt euch an islamischer „Community Building“, an der *umma!* Die Unterschiede der Websites sind jedoch erheblich. Verlässliche Statistiken über islamische Websites gibt es bislang nicht. Ziel all‘ dieser Insider-Infos ist es, Muslim*innen auf einen Mainstream-Islam einzuschwören, ihnen Alltagsfragen zu beantworten und ihnen Rechtsbeistand z. B. bei Konflikten in Bildungseinrichtungen anzubieten. Die Diversifizierung ist enorm und reicht bis zu Institutionen der traditionellen Gelehrsamkeit, etwa der für Sunniten bedeutsamen *al-Azhar*-Universität in Kairo oder der des schiitischen Gelehrten Ali al-Sistani, Großajatollah im irakischen Nadschaf. Auch Liberale, Moderate, Kulturmuslime sowie fromme Blogger und sogar Agnostiker haben sich längst Web-Präsenzen gesichert und diskutieren islamische Frauenrechte, Polizeiübergriffe gegen Muslim*innen oder Argumente für und gegen islamistischen Terror.

Andere Websites sprechen gezielt Nichtmuslime an, um sie für den Islam zu interessieren oder sie zu einer Konversion zu bewegen. Dazu gehören Auftritte von „Hilfswerken" (►F/A 23) sowie auch von islamischen Verbänden und Organisationen betriebene „interreligiöse" und „interkulturelle" Websites, die im Ergebnis die moralische und religionspolitische Überlegenheit des Islam herausstellen und/oder Muslim*innen in der Opferrolle inszenieren.

Schließlich gibt es virtuelle *da'wa*-Versuche der neo-*salafistischen* Szene. Plattformen wie Facebook, Twitter und YouTube fungieren nicht nur als Informationsträger, sondern bieten darüber hinaus geschlechterspezifische Möglichkeiten der Interaktion mit Sympathisanten und Anhängern an – bei gleichzeitiger Anonymität. In diversen Foren und Chats können dann neugierige Internet-Surfer*innen zum Opfer islamistisch-extremistischer Indoktrination werden, da die vermeintlichen Beschützer schwacher Glaubensbrüder und -schwestern als Problemlöser eine beträchtliche Anziehungskraft vorwiegend auf junge Menschen, darunter auch Konvertiten, ausüben.

Alle Gruppierungen, die Menschen radikalisieren wollen, mithin neben Neo-*Salafisten* insbesondere Rechtsextreme, bedienen sich vergleichbarer Internetstrategien. Die Radikalisierungsversuche aller Gruppierungen setzen nicht auf ein Mindestalter, sie haben bereits Kinder im Visier. Ziel von Eltern und Kitas sowie Schulen aller Schulformen muss es deshalb sein, Kinder und Jugendliche möglichst dazu zu bewegen, ihren Glauben undogmatisch zu leben und Pluralität sowie Selbstbestimmung als zentrale Werte zu erkennen. Dies lässt sich nur annäherungsweise in einem langfristigen Prozess erreichen, mit dem aber sofort begonnen werden kann. Ein Weg, der dahin führt, ist es, Kinder und Jugendliche altersgerecht an Internetstrategien und Einflüsse von Social Media durch radikale Gruppierungen heranzuführen, damit sie jederzeit und an jedem Ort kritisch mit IT-Angeboten umzugehen lernen. Das schließt ein, Fakten von Fake News unterscheiden zu lernen (Internet unter den Stichwörtern „Medienbildung", „Medienkompass" oder „Medienkompetenz").

78. Welche Vorstellungen begründen das Bilderverbot im Islam?

Das Bilderverbot im Islam beruht auf der Ächtung bildlicher Darstellungen, die Ausdruck polytheistischer Religionen seien und nicht die der monotheistischen islamischen Religion. Der Koran selbst enthält kein solches Verbot, wohl jedoch die *Hadîthe*-Sammlung von *Sahîh al-Bukhârî:*

> Ich habe den Gesandten Gottes sagen hören: Die Egel betreten kein Haus, in dem sich ein Bild oder ein Hund befindet.
>
> Ich habe ihn sagen hören: Wer ein Bild herstellt, den wird Gott so lange Qualen leiden lassen, bis er ihm (dem Bild) Lebensodem einhaucht. Er wird ihm aber niemals welchen einhauchen können [...].

Die Argumentationen islamischer Rechtsgelehrter zum „Bilderverbot" stammen alle etwa aus dem 11. Jahrhundert christlicher Zeitrechnung und führen es auf den Versuch zurück, es mit künstlerischen Abbildungen lebendiger Wesen Gott gleich zu tun. Der Künstler maße sich damit eine Stellung in der Schöpfungsgeschichte an, die jedoch *Allāh* alleine zustehe. Dies wird islamisch als *širk* gewertet, als Polytheismus und Vielgötterei.

Da Mohammed gleichwohl auch bestimmte Formen von menschlichen Darstellungen toleriert habe und es zudem in der islamischen Kunstgeschichte Darstellungen von Lebewesen gibt, empfiehlt heute eine Minderheit unter den Rechtsgelehrten einen flexiblen Umgang mit dem Bilderverbot und rechtfertigt damit auch Filme und Fotos einschließlich Passbildern.

Dass die Mehrheit der Muslime aktuell aber weiterhin eher im Sinne *al-Bukhârîs* denkt, machen zwei einschneidende Ereignisse deutlich: der 2005 durch die dänische Tageszeitung Jyllands-Posten ausgelöste Karikaturenstreit sowie 2015 der Anschlag auf die Pariser Satirezeitschrift Charlie Hebdo.

Die strikte Ablehnung war aber nicht durchgängig so. Jim Al-Khalili beschreibt, dass sich in der Hochzeit der Abbasidenherrschafft (ca. 750 – 1258) in deren Hauptstadt Bagdad eine gesellschaftlich, wissenschaftlich und künstlerisch eigenständige Kultur entwickelt habe, die alles hinterfragt und vor nichts Halt gemacht hätte. Die Muslime, Christen, christlichen Araber, Juden, Sabianer, Zoroastrier und Heiden wären durch den Kalifen *al-Mansur* nicht wegen ihrer Religion eingestellt, gefördert oder gehemmt worden, sondern ausschließlich wegen ihrer Beiträge zu Wissen und Erleuchtung. In dieser neuen Mischung aus Religionen, Kulturen und Wissenschaften wären auch satirische Religionswettbewerbe, Streitgespräche, szenische Aufführungen und Performances an der Tagesordnung gewesen, bei denen es weitgehend keine Tabus gegeben hätte, damit unter keinen Umständen die multikulturelle und multireligiöse Toleranz – und damit Wissen und Erleuchtung – gefährdet worden wären. In diesen originellen Bagdader Denkschulen in Theologie, Philosophie und Naturwissenschaften, die sich selbst keine Grenzen gesetzt hätten, habe es kein generelles Bilderverbot gegeben.

79. Bereichern islamische „schöne Künste" Lerngruppen?

Eine Möglichkeit von Kitas, Schulen und der Jugendhilfe, Brücken zu Muslimen zu bauen, ist es, sich mit den „schönen Künsten" im Islam zu beschäftigen. Dazu zählen – neben historischen Rückblicken auf *Al-Andalus*, die frühen Zeiten in Bagdad (►F/A 78) sowie die orientalische Baukunst – Kalligrafien, die Architektur (►F/A 91), Dicht- und Buchkunst, die Kunst des Teppichknüpfens, die Musik sowie Buchillustrationen u.a.m. Auch wenn die zwei letztgenannte Kunstbereiche unter islamischen Rechtsgelehrten umstritten sind, gibt es zahlreiche Belege für ihre Bedeutung in der Geschichte des islamischen Kulturkreises. Dazu zählt auch das dort erfolgreichste Instrument, die Laute (*al-ut*). Einige der „schönen Künste" des Islam haben Eingang in den europäischen Kulturraum gehalten, so die Architektur in der Hochgotik. Und über Übersetzungen sind auch das arabische Schrift- und Zahlensystem in die nichtislamische Welt gelangt. Nicht nur in Spanien, auch andernorts, evtl. sogar direkt vor der Haustüre, ist die kulturelle Bedeutung des Islam zu bewundern – und zu erforschen. Ein erster Schritt dazu kann ein Moscheebesuch sein (►F/A 48, 49). Den Einrichtungen eröffnen sich also vielfältige Möglichkeiten, den „schönen Künsten" des Islam nachzuspüren – und so ihren muslimischen Kindern Wertschätzung entgegenzubringen.

80. Sind Menschen, die den Islam ablehnen, islamophob?

Ablehnungen des Islam und von Muslim*innen können in vielen Bereichen stattfinden, bei Bewerbungen aller Art: um Ausbildungs- und Arbeitsplätze, bei der Kita- oder Schulwahl, um politische Mandate u.a.m. Sie reichen von verbalen und physischen Attacken, der Verbreitung negativer Stereotypen in den Medien und öffentlicher Statements von Politikern bis zu tatsächlichen oder vermeintlichen Demütigungen, Kränkungen, Verunglimpfungen und Diskriminierungen durch Einzelne. Detlef Pollack, Ruud Koopmans, Sabine Schiffer, das Institut für Demoskopie Allensbach, 2018 die EKD und andere haben in den letzten Jahren dazu Umfragen durchgeführt sowie Studienergebnisse publiziert.

Dabei ist der Begriff „Islamophobie" als Bezeichnung für anti-islamische Einstellungen und anti-islamisches Verhalten nicht unumstritten. Problematisch daran ist, dass die Verwendung des Begriffs und seine Instrumentalisierung zugleich legitime Kritik an Religion, Kultur, Geschlechter- und Gesellschaftsmodell des Islam, nicht nur des Islamismus und Dschihadismus, eher verhindert. Menschen, die missliebige legitime Kritik am Islam als Religionssystem mit spezifischen kulturellen Ausprägungen äußern, laufen Gefahr, schnell mit dem Vorwurf „islamophob" belegt zu werden.

Der Begriff „Islamophobie“ ist zudem älter als seine Verwendung und in einem ganz anderen Kontext entstanden. Eberhard Seidel wies nach, dass iranische Mullahs 1979 in explizit frauenfeindlicher Absicht den Begriff „Islamophobie“ verwendet hätten. Er diente ihnen zur Diffamierung von nicht verschleierten Frauen als „schlechte Muslima“ und sollte die Verweigerung gegenüber islamischen Bekleidungsvorschriften anprangern.

Islamophobie wird heute jedoch vielfach als Kampfbegriff verstanden, der auch für jede vermeintlich anti-islamische Äußerung und jedes angeblich antiislamische Verhalten herhalten muss. Augenscheinlich wird das bei Kritik an der aktuellen Politik der Republik Türkei.

Islamophobie ist also ein nebulöser Begriff, der alle möglichen tatsächlichen und eingebildeten Feindseligkeiten gegen Muslim*innen einschließt. Allerdings zielt er nicht auf deren physische Eliminierung – wie der Antisemitismus in Bezug auf Juden. Es ist die diffuse Angst vor den negativen Begleiterscheinungen islamischer Religion, Kultur und seiner Werte. Diese Ängste gilt es nüchtern aufzuarbeiten. Dazu dient u. a. auch ein kritischer und streitbarer Dialog zwischen Muslimen und Nicht-Muslimen – und mit Anhängern rechtskonservativer Organisationen und Parteien.

Personal an Kitas, Schulen und in der Jugendhilfe sollten um die Problematik wissen, aber dennoch „dem Islam“ und „den Muslimen“ auch verbal unverkrampft begegnen.

81. Was unterscheidet die Charta der Menschenrechte von der islamischen Charta?

Am 3. 2. 2002 verabschiedete die Vertreterversammlung des Zentralrats der Muslime in Deutschland (ZMD) eine Grundsatzerklärung mit dem Titel „Islamische Charta“. Anlass für deren Zustandekommen waren die Ereignisse des 11. September 2001 samt ihren Folgen.

Die Charta gliedert sich in 21 Thesen. Die ersten acht Thesen beschäftigen sich sehr grundsätzlich mit den fundamentalen Glaubensaussagen und ethischmoralischen Prinzipien des Islam. Die Thesen 9 – 21 nehmen Stellung zu Fraugen, die sich aus der Diaspora-Situation von Muslimen in einer nichtmuslimischen Mehrheitsgesellschaft ergeben. Es werden Grundsätze formuliert, auf Vorhaltungen reagiert, Versicherungen abgegeben und Aufforderungen an die Muslim*innen in Deutschland gerichtet.

Zugegebenermaßen reicht an dieser Stelle der Platz nicht für eine Würdigung aller 21 Thesen. Gleichwohl macht die Analyse von je zwei Thesen aus beiden Blöcken deutlich, dass sich die islamische Charta von der Charta der

Menschenrechte im substanziellen Verständnis von Grundrechten, Gleichstellung sowie Demokratie und Pluralismus deutlich unterscheidet:

> These 4: Die Muslime [...] glauben, dass der Koran die ursprüngliche Wahrheit, den reinen Monotheismus nicht nur Abrahams, sondern aller Gesandten Gottes wiederhergestellt und bestätigt hat.

Damit formuliert die Charta den Monopolanspruch des Islam auf Besitz der „ursprünglichen Wahrheit“, liegt dadurch mit Art. 4 über Kreuz und räumt zugleich der *šarīʿa* Priorität ein.

> These 6: Der Muslim und die Muslima sehen es als ihre Lebensaufgabe, Gott zu erkennen, Ihm zu dienen und Seinen Geboten zu folgen. Dies dient auch der Erlangung von Gleichheit, Freiheit, Gerechtigkeit, Geschwisterlichkeit und Wohlstand.

These 6 unterstreicht die „Lebensaufgabe“ von Muslim*innen, Gott zu erkennen und seinen Geboten zu folgen. Wo dies konsequent geschieht, sind die Folgen rosig. Allerdings findet sich weder in dieser These, noch in der gesamten Charta auch nur ein Wort zu problematischen religiösen Positionen und kulturellen Praktiken, die Freiheiten einschränken, Gleichheit verhindern und Gerechtigkeit erschweren (arrangierte Ehen, Zwangsheiraten, Kinderehen, asymmetrisches endogames Heiratsverhalten, islamische Sonderwege beim Sport- und Schwimmunterricht sowie Klassenfahrten u. a. m.).

> These 11: [...] die im Zentralrat vertretenen Muslime [bejahen] daher die vom Grundgesetz garantierte gewaltenteilige, rechtsstaatliche und demokratische Grundordnung der Bundesrepublik Deutschland, einschließlich des Parteienpluralismus, des aktiven und passiven Wahlrechts der Frau sowie der Religionsfreiheit. Daher akzeptieren sie auch das Recht, die Religion zu wechseln, eine andere oder gar keine Religion zu haben. Der Koran untersagt jede Gewaltausübung und jeden Zwang in Angelegenheiten des Glaubens.

An dieser These – mit positivem Bekenntnis zum Grundgesetz – befremdet dennoch mit Blick auf Frauen die Einschränkung auf deren aktives und passives Wahlrecht und nicht die Betonung universaler Rechte, die ihnen Art. 3 GG garantiert. Zudem ist aufgrund des islamischen Apostasie-Verbots nur Nicht-Muslimen der Religionswechsel erlaubt (►F/A 38).

> These 13: Zwischen den im Koran verankerten, von Gott gewährten Individualrechten und dem Kernbestand der westlichen Menschenrechtserklärung besteht kein Widerspruch [...].

Diese These nimmt Bezug auf das Verhältnis von Islam und Menschenrechten. Dies ist die wohl problematischste These der Charta. Die Charta leitet die „Individualrechte“ alleine von Gott ab. Und wie Muslim*innen den „Kernbestand der westlichen Menschenrechtserklärung“ definieren, wird nicht gesagt. Dieses Verständnis liegt in der Linie der islamischen Menschenrechtserklärungen von 1981 und 1990 sowie der später verabschiedeten „Europäischen Muslim-Charta“, die Menschenrechte nur als Ausdruck göttlicher Gnade und als göttliches Geschenk gelten lassen und damit ihre Inanspruchnahme an die Erfüllung religiöser Pflichten binden. Wenn die *šarīʿa* den Rahmen für die Geltung der Menschenrechte bilden soll, haben Anders-, Nichtgläubige und Frauen keinen oder nicht den uneingeschränkten Anspruch auf Menschenrechte. Damit wird ein krasser Widerspruch zwischen dem islamischen Verständnis und dem universalen Anspruch der Menschenrechte deutlich, wie er in der Referenz-Charta der Menschenrechte sowie der „Charta der Grundrechte der Europäischen Union“ formuliert ist.

Grundlage der Arbeit von Kitas, Schulen und der Jugendhilfe kann nur die Charta der Menschenrechte sein.

82. Weshalb wenden deutsche Gerichte die *Scharia* an?

Die ►F/A 82, 83, 62, 70 und 31 bilden einen Zusammenhang.

Auf das deutsche Recht hat ausländisches Recht, so z. B. der Code civil, der auf Napoleon zurückgeht, einen maßgeblichen Einfluss ausgeübt. Und das europäische Recht nimmt zunehmend Einfluss auf deutsche Gesetzgebung und Gesetzesanwendung. Zudem finden vor allem im Familien- und Erbrecht in Deutschland Normen von Herkunftsstaaten von Migrant*innen Anwendung, mithin für Muslim*innen auch die *šariʿa*. Doch während etwa Kanada für seine Einwanderer grundsätzlich keine ausländischen Rechtsregeln anerkennt und diese auch nicht in nationales Recht überführt, lässt das deutsche Recht solche Normen gelten, solange sie nicht der öffentlichen Ordnung und den Grundrechten zuwiderlaufen:

> Alle Arten von Straftaten wie Fälle häuslicher Gewalt werden ausschließlich nach deutschem Recht behandelt (Mathias Rohe in der WELT am 1. 2. 2012).

Mithin sind deshalb auch Zwangsehen und Steinigungen verboten. Jordanier können aber z. B. in Deutschland nach jordanischem Recht verheiratet und geschieden werden. Ebenfalls erkannte ein deutsches Gericht eine Heirat an, die in Tunesien per Handschlag zustande gekommen war. Selbst Frauen, die in ihrem Herkunftsland rechtmäßig eine polygame Ehe eingehen, können in Deutschland Ansprüche geltend machen: Unterhaltszahlungen, vom Ehemann erworbene Anrechte auf Sozialleistungen und einen Teil des Erbes.

In diesen und weiteren Fällen berufen sich deutsche Richter auf die *šari'a:* So lehnte das Bundessozialgericht in Kassel vor einigen Jahren die Klage einer Marokkanerin mit dem Verweis auf islamisches Recht ab. Die Witwe hatte sich geweigert, die Rente ihres Mannes mit der Zweitfrau zu teilen. Beiden Frauen stehe der gleiche Rentenanteil zu, betonten die Richter. In einem anderen Verfahren gestand das OVG Koblenz auch der Zweitfrau eines Irakers eine Aufenthaltsbefugnis zu. Nach fünf Jahren Ehe in Deutschland sei es ihr nicht zuzumuten, allein in den Irak zurückzukehren. Und in Köln verpflichtete das OLG einen Iraner, nach der Scheidung 600 Goldmünzen Morgengabe an seine Ex-Frau zu zahlen. Die Richter stützten sich dabei auf die im Iran geltende *šarī'a*. Zu einem ähnlichen Urteil kam das OLG Düsseldorf, das einen Türken zur „Rückgabe der Morgengabe" in Höhe von 30.000 Euro an seine ehemalige Schwiegertochter verurteilte.

Alle Offizialdelikte werden jedoch nach deutschem Recht verhandelt und entschieden. Wenn es aber um die private Lebensführung von Migranten geht, gilt das Internationale Privatrecht (IPR), nach dem etwa bei Scheidungsfällen oder in Erbrechtsfällen bei Ägyptern nach ägyptischem Recht und bei Iranern nach iranischem Recht geurteilt wird.

> In Gestalt dieser Rechtsordnungen kommt dann auch die Scharia ins Spiel (Ebenda).

Auch in diesen Fällen gilt uneingeschränkt der Grundsatz des ordre public, mithin steht auch hier im Mittelpunkt der Prüfung des Gerichts die Vereinbarkeit der *šarī'a* mit dem deutschen Rechts- und Wertesystems (►F/A 62). Und offensichtlich sahen die Richter in den zitierten Fällen die wesentlichen Grundlagen des deutschen Rechts nicht berührt.

Ungeachtet dieses spezifischen Rechtssystems des ordre public wird selbstverständlich deutsches Recht in Fällen der Unvereinbarkeit mit der deutschen Rechtsordnung durchgesetzt. Hier wird zudem das Konzept der „militant democracy" bedeutsam: Dieses Konzept ist bereits seit ca. 80 Jahren bekannt, wurde von Karl Loewenstein vorgestellt und später von Karl Mannheim in den begrifflichen Zusammenhang einer „streitbaren" Demokratie gebracht. Beide traten dafür ein, dass man Demokratiegegnern durch Partei- und Organisationsverbote Rechte im Sinne der hier beschriebenen Fälle beschneiden sollte (►F/A 51, 52). Sie wandten sich damit prinzipiell gegen einen „Laissez-faire-Liberalismus", der Toleranz mit Neutralität verwechselte.

Das Prinzip der streitbaren oder wehrhaften Demokratie hat drei Wesensmerkmale: **Wertegebundenheit**, d. h. der Staat bekennt sich zu Werten, denen er eine besondere Bedeutung beimisst und die deshalb nicht zur Disposition stehen. **Abwehrbereitschaft**, d. h. der Staat ist gewillt, diese wichtigsten Werte gegenüber extremistischen Positionen zu verteidigen, sowie Verlagerung des Verfassungsschutzes in den Bereich der **Vorfeldaufklärung**, d.h. der Staat reagiert nicht erst dann, wenn Verfassungsfeinde gegen gesetzliche Bestimmungen verstoßen.

83. Ist der Islam ohne *Scharia* denkbar?

Weil in erster Linie die *šarīʿa* Stein des Anstoßes am Islam ist, fordern manche säkulare Modernisten und nichtmuslimische Islamkritiker pauschal deren Abschaffung als einzigen Weg hin zu einem zeitgemäßen Islam (vgl. dazu z.B. Bassam Tibi -2-). Eine solche Forderung stößt bei den meisten Muslim*innen auf Ablehnung. Für sie ist die *šarīʿa* integraler Bestandteil des Islam und Ausdruck ihrer Lebensweise. Nicht zuletzt deshalb, weil für sie die *šarīʿa* die maßgebliche Norm ist, die an jedem Ort und jederzeit gilt.

Sie ist aufgeteilt in kultische Pflichten sowie in rechtliche und moralische Vorschriften und wird als islamisches Gesetz aus Koran und *sunna* sowie den Methoden der Rechtsfindung gespeist (►F/A 8, 13). Die *šarīʿa* ist nicht zu einem Buch zusammengefasst, sondern Bestandteil des Koran sowie mündlich wiedergegeben worden. Im Unterschied zum *fiqh* gilt sie als Teil des (islamischen) Rechts, das auf göttlicher Offenbarung beruht.

Die *šarīʿa*-bewehrten Fundamentalgüter des Daseins (►F/A 33) gelten als von *Allāh* begründet, als von ihm selbst mit Strafen belegt und schließen deshalb einen menschlichen Ermessensspielraum aus.

Der Fachdiskurs um eine Reform des *Šarīʿa*-Verständnisses wird deshalb auch nicht um ihre Abschaffung geführt, sondern um ihre Vereinbarkeit mit den universalen Menschenrechten (►F/A 81). Dazu entwickeln einige die Vorstellung, dass die menschlichen Erkenntnismöglichkeiten potenziell unendlich seien und deshalb lediglich Annäherungen an die göttliche Wahrheit möglich wären. Der Mensch könne nie vollständig wissen, was Gott von ihm erwarte. Er kann und soll sich aber darum bemühen, die Ziele *Allāhs* mit dem Verstand zu begreifen und danach zu handeln.

Ein anderer Gedanke geht von einem Islamverständnis aus, das vom Volksislam und dem europäischen Humanismus geprägt ist und sich um eine islamische Begründung von Rechtsstaatlichkeit und Menschenrechten bemüht. Dieser Ansatz verweist darauf, dass frühere islamische Rechtsgelehrte die *šarīʿa* den Bedürfnissen ihrer jeweiligen Zeit angepasst hätten. Das heutige *Šarīʿa*-Verständnis berufe sich jedoch nicht auf ihre eigentlichen göttlichen Ideen, sondern auf ihre späteren menschlichen Anpassungen und Ausformungen.

In den wenigen, aber zentralen Reformansätzen, die hier dargestellt wurden, ist erkennbar, dass eine Reform der *šarīʿa* möglich ist, wenn der Wille dazu besteht. Wie die Diskussion auch immer geführt wird: Für keinen Gläubigen und keinen *ʿulemāʿ* ist die *šarīʿa* allerdings völlig verzichtbar, ein Islam ohne sie wäre kein Islam (vgl. sowie Khorchide -2-).

84. Hat nur der Islam eine eigene Kriegstheorie?

Kriege, denen Heiligkeit zugeschrieben wurden, haben eine endlose Geschichte und reichen bis in die Gegenwart. Jan Assmann, zusammen mit seiner Frau Aleida Friedenspreisträger des Deutschen Buchhandels 2018, sieht Gewalt zwar nicht allein in den monotheistischen, den sog. „sekundären" Religionen. Diese würden jedoch ein Alleinstellungsmerkmal postulieren, das nicht zwischen dem Einen und den vielen Göttern unterscheide, sondern zwischen „wahr" und „falsch", zwischen Glaube und Unglaube, der wahren Lehre und den Irrlehren, zwischen Wissen und Unwissenheit.

> Sekundäre Religionen müssen intolerant sein, das heißt sie müssen einen klaren Begriff von dem haben, was sie als mit ihren Wahrheiten unvereinbar empfinden, wenn anders diese Wahrheiten jene lebensgestaltende Autorität, Normativität und Verbindlichkeit haben sollen, die sie beanspruchen. Diese kritische und umgestaltende Gewalt speist sich aus ihrer negativen Energie, das heißt ihrer Kraft der Verneinung und der Ausgrenzung (Jan Assmann, S. 26).

Jan Assmanns Thesen und die Fallsammlungen in Klaus Schreiners Buch – dass offenbar auf dem Bund zwischen Moses und dem einen Gott, auf der dreitausend Jahre alten Grundlogik der monotheistischen Religionen, kein Segen ruht – haben zu heftigen, nicht nur religionswissenschaftlichen, Reaktionen geführt. Ohne auf die Einzelargumente hier näher einzugehen, lohnt es sich, die Gewaltmuster in den drei großen monotheistischen Religionen näher zu betrachten:

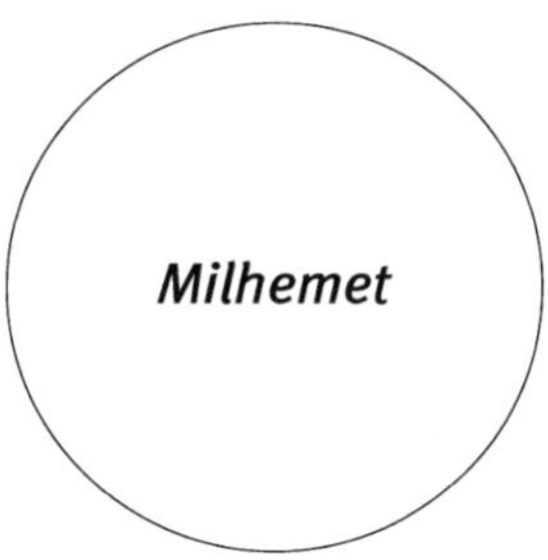

1. *Milhemet mitzvah*
   gebotener, verpflichtender Krieg – ohne Entscheidung der Sanhedrin –
2. *Milhemet reschut*
   erlaubter, freiwilliger Krieg – mit Sanhedrin –
3. *Qiddusch HaSchem*
   vorbildliches ethisches Handeln; Gruppe oder Armee nicht erforderlich

Abbildung 3: Kriegstheorien im Kontext der jüdischen Religion

Die jüdische Religion kennt den Begriff des „Milḥemet Qodesch", des Heiligen Krieges, der ebenso wie der „Qiddusch HaSchem", der Märtyrertod, den mit der monotheistischen Glaubensvorstellung in Zusammenhang stehenden Begriff der Heiligkeit enthält. Jüdische Schriftgelehrte unterscheiden zudem die Begriffe „Milḥemet mitzvah" und „Milḥemet reschut". Mit Milḥemet mitzvah werden Kriege in den Zeiten des Tanach bezeichnet, die ein Herrscher eines Königreichs in Israel führte, auf Basis und legitimiert durch die Tora und ohne Genehmigung des Hohen Rates, des Sanhedrin. Er verstand sich als verpflichtender Verteidigungskrieg. Als Milḥemet reschut hingegen wurde freiwilliger Krieg verstanden.

Alle genannten Begriffe beziehen sich wesentlich auf die biblische Zeit und die Zeit des zweiten Tempels. Zudem äußern sich die verschiedenen jüdischen Denominationen sehr unterschiedlich zu Kriegsfragen. Höchstens ultraorthodoxe Juden greifen auf diese alten Begriffe zurück. Dafür mögen als aktuelles Beispiel die Landnahmen durch Israel dienen: Seit den 1970er Jahren treten religiöse Zionisten auf, die die Besetzung von Gebieten Palästinas, die einst zum biblischen Land gehört hatten, heilsgeschichtlich als Etappe im messianischen Prozess der Rückkehr Israels ins verheißene Land deuten.

Und der jüdische Attentäter Amir rechtfertigte die Ermordung des damaligen israelischen Ministerpräsidenten Jitzchak Rabin mit dem Begriff „Din Rodef" (hebräisch für: „Urteil gegen einen Verfolger"). Dabei bezog er sich auf eine Passage aus dem Religionskodex „Mischnei Tora" von Maimonides aus dem 12. Jahrhundert. Darin wird ohne Gerichtsverfahren die Tötung eines „Verfolgers" erlaubt, der andere Menschen in Lebensgefahr bringt. Rabin, so Amir, habe das jüdische Volk in Gefahr gebracht, weil er Siedlungen aufgeben wollte, und deswegen den Tod verdient. Allerdings sind Konzepte wie dieses sowie des „Qiddusch HaShem" umstritten, wie die kontroverse und umfangreiche Literatur dazu belegt.

Auch christliche Religionen kennen Kriegstheorien. Mit dem Begriff „proelium sanctum" werden die Kreuzzüge des Mittelalters belegt, also ein „Heiliger Krieg", zu dem der Papst rechtlich bindend aufgerufen hatte. Nach den Erfahrungen moderner Kriegführung schien es immer weniger möglich, Zugang zum Verständnis des Heiligen Krieges zu finden; gleichwohl findet er bis in unsere Zeit hinein statt. So reichte die politische Instrumentalisierung der Kreuzzugsidee über das 19. bis in das 21. Jahrhundert hinein, etwa, als Kreuzzugsmotivik im Spanischen Bürgerkrieg (1936–1939), in der Bezeichnung des Überfalls der Wehrmacht auf die Sowjetunion (ab 1941 als „Unternehmen Barbarossa" bezeichnet) oder beim Einmarsch in Afghanistan auf Befehl des damaligen US-Präsident George W. Bush, der im Auftrag Gottes zu handeln vorgab.

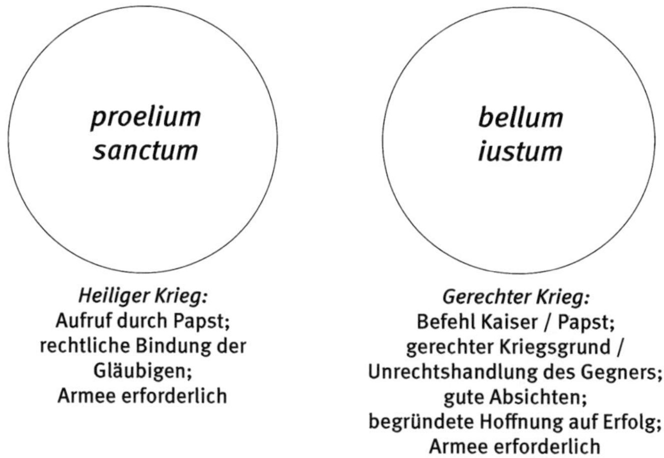

Abbildung 4: Kriegstheorien im Kontext der christlichen Religionen

Die Lehre vom gerechten Krieg (lat. bellum iustum) hat römische Wurzeln und geht auf Cicero zurück, wurde später aber von Augustinus und Thomas von Aquin wirkmächtig weiterentwickelt und damit in den christlich-abendländischen Wertekanon aufgenommen. Sie wurde in der spätscholastischen Theologie verfeinert, ist in die völkerrechtliche Diskussion eingegangen und ist die bis heute maßgebliche ethische Theorie, die Prinzipien für die normative Beurteilung zwischenstaatlicher Gewaltanwendung enthält. Denn die Tradition des bellum iustum unterscheidet zwischen den Kriterien des Rechts zum Kriegseintritt, ob es also gerechtfertigt ist, einen Krieg zu beginnen und den Kriterien der Gerechtigkeit im Krieg, wie und mit welchen Mitteln in einem gerechten Krieg gekämpft werden darf. Dabei ist ein zentrales Prüfkriterium das der Verhältnismäßigkeit der Mittel.

Als bellum iustum können Kriege in Geschichte und Gegenwart angeführt werden, nicht zuletzt der völkerrechtswidrige Krieg auf Befehl des amerikanischen Präsidenten der USA und seiner Verbündeten im Irak ab 2003.

Bei Kriegstheorien im Kontext des Islam unterscheiden islamische Rechtsgelehrte im Wesentlichen zwei *Ǧihâd*-Theorien: (1) Der *ǧihâd* des Herzens („großer *ǧihâd*“) ist die Anstrengung jedes einzelnen Muslim, sich anzustrengen, ein besserer Mensch zu werden und auf dem Weg, ein rechtgeleitetes Leben zu führen und darin möglichst vielen Menschen Vorbild zu sein. (2) Der *ǧihâd* des Schwertes dagegen wird als „kleiner *ǧihâd*“ bezeichnet. Er verlässt die friedliche Mission und meint kriegerische, gewaltsame, heute auch terroristische Auseinandersetzungen. Heutige Islamisten und Neo-*Salafisten* verstehen den *ǧihâd* als sechste

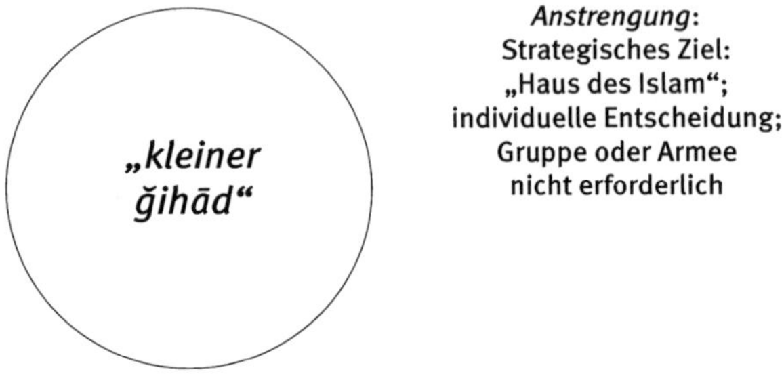

Abbildung 5: Kriegstheorien im Kontext des Islam

Säule des Islam, mithin als Verpflichtung, den Islam im Zweifel auch herbeizubomben und zu morden (►F/A 86, 89, 90). Dabei berufen sie sich auf den Koran, in dem der Begriff 35 Mal genannt wird.

85. Gibt es einen Zusammenhang zwischen Religion und Gewalt?

Die Vereinten Nationen hatten erstmalig 1986 ein Mandat eines UN-Sonderberichterstatters über Religions- und Weltanschauungsfreiheit eingerichtet. Der Bericht des Erlanger Mandatsträgers Heiner Bielefeldt stellte damals fest, Gewalt im Namen der Religion habe zugenommen, dazu viele Erscheinungsformen und Gründe: Gewaltexzesse des „Islamischen Staates“ in Syrien und im Irak; Gewalt gegen sexuelle Minderheiten in afrikanischen Staaten; Gewalt gegen kritische Journalistinnen und Journalisten sowie Islamophobie in Westeuropa. Die Liste ließe sich beliebig verlängern, etwa um weltweit bedrängte und verfolgte Christen; dem sog. Schariakonflikt zwischen Christen und Muslimen in Nigeria; der religiösen Gemengelage zwischen Muslimen, Christen und Buddhisten in Myanmar; die gegenseitigen Übergriffe von Juden und Muslimen im Nahen Osten und nicht zuletzt die Gewalt *salafistischer* Gruppierungen gegen *kuffar*, „Ungläubige“. Oft werde allerdings, so der UN-Bericht, der Eindruck vermittelt, Religion sei der einzige Grund für Gewalt. Soziale, wirtschaftliche oder politische Ursachen würden dabei häufig ausgeblendet.

Bei der Zuordnung eines Konflikts als Religionskonflikt kommt es entscheidend auf die Klärung des Religionsbegriffs an. Dabei erscheint es unverzichtbar, zwischen Religion und der Zugehörigkeit zu einer Religionsgemeinschaft zu unterscheiden. Denn viele aktuellen lokalen, regionalen oder umspannenden Konflikte machen ja offenkundig, dass es möglich ist, formal zwar einer Religionsgemeinschaft anzugehören, sich in seinen persönlichen Überzeugungen und

Auslegungen aber weit von dieser entfernt zu haben. Beispiele dafür liefern die *salafistisch*-terroristischen Aktionen der *Hizb al-Tahrir*, des IS, der *Boko Haram*, der *al-Nusra-Front* und der *al-Shabaab* (►F/A 88–90, 77).

Gewalt im Namen der Religion hat häufig massive Menschenrechtsverletzungen zur Folge. Sie richtet sich gegen Menschen wie gegen Gemeinschaften. Sie existiert in Form von Gewalt gegen Individuen, Gewaltausbrüchen in Gemeinden, innerhalb oder zwischen religiösen Gruppen, in Form von terroristischen Attentaten sowie als diskriminierende Politik und staatliche Unterdrückung. Gewalt im Namen der Religion sei, so der Bericht, eine Reaktion auf aktuelle, menschengemachte Umstände und kein unabwendbares Naturphänomen, sie sei auch nicht historisch in einer Religion angelegt. Andere, wie Michael Schmidt-Salomon, sehen den „wahren Kern" der Religionen nicht im „Humanum", sondern in der konfliktträchtigen Differenzierung zwischen Ingroup- und Outgroup-Mitgliedern (►F/A 57). Während die humanistische Ethik notwendigerweise auf alle Menschen die gleichen Prinzipien anwende, um auf diese Weise Diskriminierungen aufgrund von Hautfarbe, Geschlecht, Nationalität, Bildung, sozialer Herkunft, sexueller Präferenz, Religionszugehörigkeit etc. aufzuheben, seien die Religionen geradezu darauf ausgerichtet, weltanschauliche Diskriminierungen und damit Verstöße gegen die Grundwerte vorzunehmen.

Dazu zögen Christen die Bibel heran, um Gewalt gegen sexuelle Minderheiten zu begründen, die Ungleichheit zwischen den Geschlechtern zu legitimieren oder um fragwürdige militärische Feldzüge zu rechtfertigen. Muslime rotteten Gemeinschaften aus, weil sie meinten, sie würden im Sinne des Koran handeln. Und Juden beriefen sich auf ihre religiösen Quellen, wenn sie koloniale Unterdrückung von Bevölkerungsgruppen, Vertreibungen, Enteignungen und Entrechtungen vor sich und der Welt zu legitimieren suchten.

Georg Baudler erkennt in diesem religiös begründeten Verhalten die „Vergöttlichung durch Aneignung des Raubtierstatus" sowie das „(Sich-)Einverleiben des Göttlichen", das sich in eine „archaische Gewaltvergöttlichung" niedergeschlagen habe, deren wesentliche Quelle in einer humanistisch-ethischen Suche nach einer gerechteren Gesellschaft nach Maßgabe einer transzendenten Vision sei (S. 28 ff.).

Diese Einschätzung will u. a. der „Gesprächskreis Christen und Muslime" korrigieren, indem er „keine Gewalt im Namen Gottes" einfordert (vgl. die entsprechende kleine Publikation). Und er kann dabei auf historische Vorbilder verweisen, auch in islamischen Zentren. Wer beispielsweise

> [...] um 1600 nach Kairo oder Istanbul reiste, fand dort multikulturelle Metropolen vor, wo Sunniten, Schiiten, orthodoxe Christen, Katholiken, Armenier, Kopten Juden und sogar ein paar Hindus in relativer Harmonie Seite an Seite lebten (Yuval Noah Harari -2-, S. 309).

86. Lässt sich Terror im Namen des Islam rechtfertigen?

Die Frage ist „eigentlich" kurz beantwortet: nein! Eine differenzierte Antwort beleuchtet jedoch den Vorbehalt.

Der Islam ist zwar keine pazifistische Religion, dennoch verkennt Terror im Namen des Islam seine Frühgeschichte und seine religiösen Prinzipien. Damit ist zunächst gemeint, dass der Islam in kriegerischen Zeiten entstand, in denen Muslime fürchten mussten, ausgerottet zu werden, und deshalb selbst gewalttätig waren. Damit ordnet sich Gewalt im Namen des Islam in einen historischen Kontext ein. Zum anderen war bereits damals Gewalt an Bedingungen geknüpft, nämlich an die Verteidigung von Leben und Eigentum:

> [22:39, 40]: Denjenigen, die (gegen die Ungläubigen) kämpfen, ist die Erlaubnis (zum Kämpfen) erteilt worden, weil ihnen (vorher) Unrecht geschehen ist. Allāh hat die Macht, ihnen zu helfen. (Ihnen) die unberechtigterweise aus ihren Wohnungen vertrieben worden sind, nur weil sie sagen: Unser Herr ist Allāh.

Immer wieder wird zudem von Befürwortern eines friedfertigen Islam und Gegnern von Gewalt im Namen des Islam („Das ist nicht Islam!" – ►F/A 58, 59) der folgende Vers angeführt:

> [5:32]: Aus diesem Grund haben wir den Kindern Israel vorgeschrieben, daß, wenn einer jemanden tötet, (und zwar) nicht (etwa zur Rache) für jemand (anderes, der von diesem getötet worden ist) oder (zur Strafe für) Unheil (das er) auf der Erde (angerichtet hat), es so sein soll, als ob er die Menschen alle getötet hätte. Und wenn einer jemanden am Leben erhält, soll es so sein, als ob er die Menschen alle am Leben erhalten hätte [...].

Andererseits könnten – und werden – zur Rechtfertigung von Gewalt und Terror die zahlreichen sog. Schwertverse herangezogen, die Gewalt im Islam konstituieren. Auf sie beziehen sich islamistische Terroristen und Dschihadisten. Allerdings ist der Koran nur als Gesamtwerk im historischen und textuellen Kontext zu verstehen, was Einzelbelege für Einzelfälle ausschließt und auch die Rechtfertigung von Gewalt aufgrund von erlittenem Unrecht nicht kasuistisch zulässt. Es liegt nahe, zu behaupten, dass nicht ein bestimmtes Verständnis des Koran zu Gewalt führt, sondern der Wille zur Gewalt, die Lust daran sowie ausgeprägte Menschenverachtung führen zu dem entsprechenden Verständnis und suchen im Koran Legitimation. Damit sind die Motive von islamistischen Terroristen abschließend beschrieben.

Gegen eine Rechtfertigung von Terror im Namen des Islam wird noch der folgende Vers angeführt, weil er sich ausdrücklich dagegen positioniert, „Ungläubige" gewaltsam zu missionieren oder bei Weigerung zu foltern und zu töten:

> [10:99]: Und wenn dein Herr wollte, würden die, die auf der Erde sind, alle zusammen gläubig werden. Willst nun du die Menschen (dazu) zwingen, daß sie glauben?

Es gibt also hinreichend koranische Quellen gegen Terror im Namen des Islam, um der Legitimierung islamistischer Terroristen und Dschihadisten für ihr Tun den Boden zu entziehen. Mit ihrem Rekurs auf die Schwertverse fallen sie in frühislamische Muster zurück. Deshalb sehen viele Kritiker, unter ihnen Navid Kermani und Hamed Abdel-Samad, zwischen dschihadistischem Islamismus und Faschismus eine Geistes- und Haltungsverwandtschaft (►F/A 89).

Wer an Terror denkt, muss auch die Täter und die Folgen der Taten in den Blick nehmen:

> Terroristen sind Meister der Gedankenkontrolle. Sie töten nur sehr wenige Menschen, schaffen es aber gleichwohl, Milliarden in Angst und Schrecken zu versetzen und riesige politische Gebilde [...] zu erschüttern (Yuval Noah Harari -1-, S. 215).

Islamistische Terroristen verstehen sich selbst als Märtyrer. Hier lassen sich zwei Märtyrertypen unterscheiden: Solche, die im Kampf gegen „Ungläubige" und „Tyrannen" sterben und im Diesseits wie Jenseits als *šahīd* gelten, und diejenigen, die z. B. während der *haddsch* sterben und deshalb nur Märtyrer im Jenseits sind. Im schiitischen Islam gilt der dritte Imam *Husain* als herausragender *šahīd*. Das verbindende Privileg aller *šahīds* ist, dass ihnen alle Sünden vergeben werden und sie im Jenseits „den wahren Frieden" und „die ewige Glückseligkeit" erfahren:

> [3:169]: Und du darfst ja nicht meinen, daß diejenigen, die um Allāhs willen getötet worden sind, (wirklich) tot sind. Nein, (sie sind) lebendig (im Jenseits), und ihnen wird bei ihrem Herrn (himmlische Speise) beschert.

In manchen Köpfen von Terroristen mag dies zu besonderem Ansporn für ihr mörderisches Tun führen (►F/A 18).

87. Sind Pop-Muslime schlafende *Dschihadisten?*

Der folgende Beitrag lehnt sich in Teilen an Marc Dietrich und Martin Seeliger an.

Im Rap, der Teil der Hip-Hop-Kultur ist, wird so ziemlich alles artikuliert: Banküberfälle (Bözemann), gescheiterte Beziehungen (Fanta4/Amar), Schussverletzungen (Massiv), Orgasmen (Sido), die Freude am heterosexuellen (und neuerdings auch homosexuellen) Sex (Bushido/Juicy Gay), Lokal- und Nationalpatriotismus (Fler), Verabscheuung der Heimat (Refpolk), Erwerbstätigkeit als Türsteher (Twin und Kollos), das Aufräumen von Wohnungen (NMZS und Danger

Dan) oder Lobpreisungen germanischer Stämme (Makss Damage). Auch über Fußballspiele (Blumentopf) und Würstchenbuden wurde schon gerappt (Imbiss Bronko). Weitere Themen sind Migration, Integration und ihre Verweigerung, soziale Ängste vor dem Fremden oder gar Überfremdung.

„Gangstarap“ und „Islam“ sind jedoch beide Gegenstand eines Mediendiskurses, der sich wesentlich aus einer negativen ethnisch-religiösen Konnotation ergibt. Die Sozialfiguren „Pop-Muslim“ und „Gangstarapper“, die (sub-)kulturelle ästhetische Praxis des Rap sowie ihre Verquickungen sind Betätigungsfelder für Akteure mit ganz unterschiedlichen Lebensorientierungen und Überzeugungssystemen. Hier als Beispiel ein Rap von Amar (alias Markus Endörfer):

> Ich habe gesehen was das Tier in mir nicht sehen wollte
> Als ich es sah wurde mir klar Allah hu Akbar
> Die Frau die ich liebte hatte mich einfach so verlassen
> Ich fing an jeden zu hassen wollte und konnte es nicht fassen
> Plötzlich war ich wieder ganz allein
> Trauer in den Augen mein Herz wurde zu Stein
> Der Schicksalsschlag traf mich hart
> Ich weiß noch ganz genau es war gerade Februar ein Montag
> Ich erlag meinen Gefühlen blickte zurück mir wurde klar
> Das ich Schuld an meiner Lage war
> Ein Jahr verschwendet und das an meine Ex
> Gab es Stress ging ich kiffen dachte ständig nur an Ssss
> Mein Wissen hatte mich verlassen nicht auf einmal sondern langsam
> Langsam aber sicher wurde ich ein Freund von *Shaitan*
> Wie blind bin ich gewesen meinen größten Feind als Freund zu nehmen
> Heute kann ich darüber reden damals mußte ich schweigen und mich schämen
> Wegen meinem Benehmen war ich ein Jahr lang verwirrt
> Ein Jahr lang gespürt wie man gläubig seinen Glauben verliert
> Ich danke Dir Allah denn mein Glaube ist geblieben
> Stärker als zuvor laß mich Dich für immer lieben
> Schenke mir Deinen Frieden laß mich siegen
> Im Kampf gegen *Shaitan* ich will nicht mit ihm in die Hölle fahren (sic!).

In neueren Varianten des Genres wird sogar nur noch „meta“ gerappt, d. h., ironisierend über die gängigen Zeichen des Rap und seiner häufigen Zelebrierung des Rausches und der Dekadenz (etwa Kool Savas‘ „Rap über Rap“).

Rap mag eine Menge potenzieller Aktivisten anziehen, die ihre Texte zu politischen Statements nutzen. Allerdings macht ein Zitat aus dem Koran oder einem *hadîth* noch keine islamische Rap-Performance aus, geschweige denn kreiert sie einen dschihadistischen Rapper. Ob er das wirklich ist, lässt sich nur am Einzelfall prüfen. Dabei geht es dann auch nicht allein um den „Basistext“, sondern zusätzlich um den gesamten Paratext, das heißt vom Künstler lancierte Äußerungen in verschiedenen Formen und Foren (Social Media, Interviews etc.). Die Nähe von Gangstarap und Islamismus scheint bei Pop-Muslimen zunächst auf der Hand zu liegen: Die Provokation und Herabwürdigung eines Gegners sowie eine dualistische Weltsicht stellen für beide eine generative Regel dar, und die offensive bis martialische Selbstcharakterisierung der Figur bedient sich zur Steigerung von Aufmerksamkeit oft dort, wo prekäre gesellschaftliche Semantiken (Sexualität, Gewalt) vermutet werden. Eine „Punchline", also die pointierte Zeile eines Textes, der eine andere Person angreift und sich terroristische Inhalte zunutze macht, ist in dieser Genrelogik fast konsequent.

Andererseits lassen sich islamaffine – nicht islamistische – Rapsongs in Deutschland nur vereinzelt feststellen. Über die Gründe kann nur spekuliert werden: Es könnte damit zusammenhängen, dass Muslime ihren Glauben nicht mit dem verankerten Symbol- und Erzählungs-Kosmos des Rap zusammenbringen möchten und/oder dass Musik unter Neo-*Salafisten* als *harām* gilt.

Es scheint, als seien Islamismus und Rap in Deutschland insgesamt kaum in der Lage, eine breitentaugliche Verbindung einzugehen. Dies mag auch damit zusammenhängen, dass die oft zirkulierenden, aufregenden Semantiken der lustvollen Grenzüberschreitung und Eskapismusphantasien nicht gerade Domänen von islamistisch-*salafistischen* Lehren sind. Religion scheint für das zeitgenössische Publikum eher das Gegenstück zu allem zu sein, was Rap und Pop interessant macht. Es handelt sich letzten Endes also um eine Vermeidungsstrategie, die auf Produktions- wie Rezeptionsseite vorzufinden ist: Die einen halten ihren Glauben aus verschiedenen Gründen aus dem musikalischen Schaffen heraus, während die anderen offenbar froh sind, von religiösen Inhalten verschont zu bleiben. Pop-Muslime sind deshalb auch eher keine schlafenden *Dschihadisten*. Dazu als Einzelbeleg noch einmal Amar:

> An jeden Feigling, der Hass und Terror toleriert
> Und sich freut, wenn in der Öffentlichkeit 'ne Bombe explodiert.
> Jeder, der so was unterstützt und ausführt,
> im Namen des Islam den Frieden attackiert:
> Ihr betreibt Unrecht und folgt dem *Shaitan*,
> euren inneren Schwächen, aber nicht dem Islam [...].

Kitas, Schulen und die Jugendhilfe sollten also eher entspannt mit Kindern und Jugendlichen umgehen, die Rap konsumieren.

88. Was unterscheiden Fundamentalismus, Islam und Islamismus?

Beim islamischen Fundamentalismus muss zunächst ein Blick auf den Begriff des Islamismus geworfen werden, denn zwischen beiden Positionen gibt es Schnittmengen. Islamismus ist zwar kein einheitliches Phänomen. Allen Ausprägungen gemeinsam ist jedoch der Missbrauch der Religion für politische Ziele und Zwecke:

> Islamistische Ideologie geht von einer göttlichen Ordnung aus, der sich Gesellschaft und Staat unterzuordnen haben (Bundesamt für Verfassungsschutz 2019).

Islamischer Fundamentalismus bezeichnet in seinem ursprünglichen, terminologischen Sinn zunächst ja nichts anderes, als dass man zu den Fundamenten, zu den ursprünglichen Glaubensvorstellungen zurückwill (vgl. Peter Tepe). Dabei werden die „heiligen“ Schriften Koran und *sunna*, ihre Sachaussagen wie ihre Handlungsnormen wortwörtlich gelebt. Beim islamischen Fundamentalismus handelt es sich um ein totalitäres soziales und politisches System. Kennzeichnend ist, dass die Menschen entmündigt werden und der Staat über ihre Frömmigkeit herrscht, Öffentlichkeit und Privatleben sind nicht sicher vor dem Zugriff des Staates.

Es gibt unterschiedliche Gruppierungen des islamischen Fundamentalismus: Die klassische *salafiyya* meint die religiöse Reformbewegung um die Wende des 19. zum 20. Jahrhundert, mit der *Jamal ad-Din al-Afghani* und *Muhammad Abduh* Religion und Gesellschaft in den islamischen Ländern durch die „Rückkehr zu den reinen Ursprüngen des Islam“ zu erneuern suchten, um dem Bedeutungsverlust zu begegnen, den der Islam infolge des vornehmlich britischen und französischen Kolonialismus erlitt.

Davon zu unterscheiden ist die zeitgenössische *salafiyya*. Sie ist vom konservativen saudi-arabischen *Wahhabismus* beeinflusst. Aufgrund gemeinsamer Merkmale von *Salafismus* und *Wahhabismus* und in Abgrenzung zur klassischen *salafiyya* wird die zeitgenössische *salafiyya* inzwischen als *Salafismus* bezeichnet und deren Anhänger als Neo-*Salafisten*. Deren Ziel ist eine Gesellschaft, die nicht auf demokratischen Aushandlungsprozessen beruht, sondern vollständig dem Gedankengebäude des Islam unterworfen ist. Alle zur Identitätskonstruktion verwendeten Glaubensinhalte sind mithin darauf gerichtet, dass alle Menschen zweifelsfrei *Allāhs* Wort befolgen und zwangsläufig mit der Überzeugung verknüpft, dass alle anderen Anschauungen falsch sind und nur der eigene Glaube richtig sein kann.

Die mit „wahr vs. falsch" gekennzeichneten Dualismen sind gewaltgeladen: Soll die von der Heterogenität gekennzeichnete Welt traditionalisiert werden, wie dies z. B. Bestandteil des islamischen Fundamentalismus ist, muss die Moderne („der Westen") bis zur Unkenntlichkeit bekämpft und dadurch verändert werden. Im umgekehrten Fall muss der Traditionalismus bis zur Selbstaufgabe erzwungen werden. Häufig sind fundamentalistische Formationen bestrebt, die jeweils andere Position zu marginalisieren.

Islamische Fundamentalisten setzen intolerant und kompromisslos den vermeintlich authentischen Islam („den Urzustand") wieder her. Ihr Menschenbild ist das eines nichtautonomen Objekts, das es gilt, durch aggressives Missionierungsverhalten („*da'wa*") auf ihr polarisierendes und intolerantes Weltbild zu verpflichten und auf Linie zu trimmen (►F/A 23). Dieses Weltbild reklamiert für sich das Interpretationsmonopol der Schriften, in denen für hermeneutische Analysen und externe religiöse Kritiken kein Platz verbleibt:

> Die Ablehnung [...] der verschiedenen (islamischen) Rechts-, theologischen und philosophischen Schulen zugunsten einer strikten Rückkehr zum Koran und zur Sunna ist eine ständige Charakteristik des islamischen Fundamentalismus (Olivier Roy in einem ZEIT-Interview am 26. 3. 2016).

Ziel ist die ideale Gesellschaft, das langfristige spirituelle Ziel ist die Prüfung im Diesseits zur Erlangung jenseitigen Lebens in Gemeinschaft mit *Allāh*. Dies führt im Islam zu normativen Dimensionen: Selbst „schwache" *hadîthe* sind verbindlich, weil sie Teil des kollektiven Gedächtnisses sind. Und dieses Credo richtet sich gegen alle *kuffar*, Ungläubige in ihrem Sinne, also vor allem Christen, Juden und Muslime aller Glaubensrichtungen, die sich dem Fundamentalismus verweigern.

89. Was kennzeichnet die Ideologie des zeitgenössischen *Salafismus?*

> Der Koran ist unsere Verfassung, der Prophet ist unser Führer, der *ǧihâd* ist unser Weg, und der Tod für Allāh ist unser höchstes Ziel.

Dieser Satz von Vertretern des zeitgenössischen *Salafismus* verankert ihn im Islam, er weist zudem in jedem Punkt Merkmale des Faschismus auf: Politisierung einer Religion, Hierarchisierung mit unfehlbarem Führer, Glorifizierung der Militarisierung, Einteilung der Welt in Freund und Feind, Opferbereitschaft bis in den Tod, lückenlose Überwachung. Der bewaffnete Kampf („kleiner *ǧihâd*") gilt als Gottesdienst (►F/A 84).

Salafistische Strömungen lassen sich in ideologischer Hinsicht unterscheiden, was jedoch die Möglichkeit multipler Loyalitäten oder die Kombination verschiedener Ideologieversatzstücke ausdrücklich nicht ausschließt. Allen gleich sind ihre ideologischen Grundlagen:

- der subjektiv empfundene Glaubens- und Werteverlust, den Teile der muslimischen Gemeinschaft als charakteristisch für die islamische Gemeinschaft (*umma*) insgesamt reklamieren;
- die Ausrichtung an den im 7. Jahrhundert auf der Arabischen Halbinsel herrschenden Rechtsvorschriften und Lebensweisen des Propheten und der *salaf*, der Anhänger Mohammeds und damit verbunden ein gesellschaftlicher Antimodernismus;
- die Schaffung einer weltweiten muslimischen Idealgesellschaft auf dieser Grundlage;
- der Glaube an die Allmacht *Allāhs* (samt Spezifika im jeweiligen Glaubenskonstrukt);
- die Annahme der Irrtumslosigkeit von Koran, *sunna* und *sira*, der Biografie über das Leben Mohammeds;
- ein weitgehend wörtliches Verständnis von Koran und *sunna*;
- ontologische Vorstellungen, d.h. eigene Konstruktion von Raum, Zeit und Realität;
- die Vorstellung von der Unteilbarkeit von Religion und Politik;
- eine Jenseitsorientierung;
- eine *Ǧihâd*-Rhetorik;
- eine potenzielle Gewaltbereitschaft zur Durchsetzung der Ziele;
- eine geringe Ambiguitätstoleranz;
- ein Modernismus in der Nutzung von Kommunikationstechnologien;
- die tendenzielle Ablehnung von (Natur-)Wissenschaft;
- eine Enklavenmentalität mit expansionistischen Tendenzen;
- eine Polarisierungs-Rhetorik (islamische Welt vs. „Westen", Ungläubige);
- der Versuch, die *šarīʿa* vor allem in ihrer ursprünglichen Form vorrangig anzuwenden;
- die verpflichtende Vorgabe eines umfassenden *salafistischen* Regelwerks zu lebensweltlichen Fragen (Bart, Kleidung, Verschleierung, Geschlechtertrennung, Abgrenzung gegenüber nichtmuslimischer Umwelt);
- die Ablehnung politischer Parteien, westlicher Demokratiemodelle, von Wahlen und der Gleichberechtigung von Frauen;
- die Stigmatisierung von Juden und Christen, Verbot des Kontakts zu „Ungläubigen", extremer Antisemitismus sowie die Propagierung des militanten *ǧihâd* als sechsten Glaubenspfeiler des Islam;
- die Rekrutierung von Gefolgschaft;

- das Verständnis einer Höherwertigkeitsideologie gegenüber christlichen, jüdischen sowie anderen islamischen und nicht-islamischen Glaubenslehren.

Teile des zeitgenössischen *salafistischen* Gedankenguts entsprechen weitgehend der Ideologie gewaltbefürwortender islamistischer Gruppen (z. B. *hizb al-tahrir*) oder sind mit terroristischen Netzwerken (z. B. *al-Qaʿida*, der *al-Nusra*-Front, der *al-Shabaab*-Milizen oder dem *IS*) identisch. Dass sie dabei ggf. eher vom Faschismus oder/und von Marx als von Mohammed beeinflusst sind, haben bereits Christopher de Bellaigue und andere nachgewiesen.

90. Wo können Kitas, Schulen und die Jugendhilfe wirksam gegen *Salafisten* ansetzen?

Radikalisierungsversuche von Neo-*Salafisten* setzen nicht auf ein Mindestalter, sie haben bereits Kinder im Vor- und Grundschulalter im Visier (►F/A 77). Ziel von Eltern, Kitas, Schulen aller Schulformen und Einrichtungen der Jugendhilfe muss es deshalb sein, Kinder und Jugendliche möglichst dazu zu bewegen, ihren Glauben undogmatisch zu leben und Selbstbestimmung als zentralen Wert zu erkennen. Dies lässt sich nur annäherungsweise in einem langfristigen Prozess erreichen, mit dem aber sofort begonnen werden kann (►F/A 59). Denn niemand kann darauf vertrauen, dass in absehbarer Zeit auf religiöse Irrationalitäten und politische oder sonstige Indoktrinationsversuche verzichtet wird, die sich in Form von Fundamentalismus, Intoleranz, Extremismus, Gewalt und Terror Ausdruck verschaffen.

Und kein Kind, kein Jugendlicher ist a priori unanfällig gegen deren Verlockungen, es lässt sich kein Psychogramm „des Gefährdeten“ erstellen, von dem sich dann – rezeptartig – pädagogische Heilmethoden ableiten lassen. Es lassen sich jedoch Situationen beschreiben, durch die Gefährdungspotenziale entstehen:
- Kinder und Jugendliche sind auf der Suche nach Wissen über ihren Glauben;
- sie wollen ihren Horizont erweitern und Neues erproben;
- sie möchten unbekanntes Terrain betreten und Grenzen testen;
- sie wollen sich bewähren und Verantwortung übernehmen;
- sie wollen Ungerechtigkeiten und Ohnmacht nicht weiter hinnehmen;
- sie möchten die Welt verbessern und vermissen Akzeptanz und Anerkennung.

Wenn ihnen Vertraute bei dieser Suche nicht weiterhelfen können oder sie gar behindern, landen manche bei den Neo-*Salafisten*. Denn hier finden sie, was viele von ihnen in ihrem Alltag vermissen: Antworten auf Fragen, Akzeptanz als Person, Verständnis für ihre Zweifel, Zugehörigkeit und ein Gefühl von Stärke. Sie sehen die Chance, eigene Vorstellungen auch zu realisieren, kurz: Sie sind auf der Suche nach Selbstwirksamkeit.

Jungen mögen für die Annahme, sie könnten gezielt Einfluss auf die Dinge und die Welt nehmen, anfälliger sein, aber auch Mädchen sind dagegen nicht immun. Jungen spricht vielleicht der Männerbund der Neo-*Salafisten* besonders an, der Zusammenschluss männlicher Personen, die das gemeinsame Ziel vereint, aktiv gesellschaftliche Kontrolle auszuüben, ggf. sogar, indem männliche Dominanz- und Gewaltfantasien realisiert werden. Und Mädchen werden gezielt in den Social Media über Mode, Sexualität und „bunte Bildchen“ angesprochen und indoktriniert. Gerade Kinder und Jugendliche mit einer brüchigen und schwierigen Biografie und einem bildungsfernen Umfeld erliegen den eindimensionalen und keine Nachfrage duldenden Antworten der *salafistischen* Lesart des Koran leichter als risikokompetente, eigenständige, selbstbewusste und integrierte. Aber selbst die können anfällig sein, wenn sie sich für eine gerechte Sache einsetzen können. Und zweifelsfrei ist für sie das Anliegen der Neo-*Salafisten* gerecht, denn sie vertreten ja die Sache *Allāhs*.

Die lange Zeit gültige Faustregel der vier M = männlich, muslimisch, migrantisch, minderbegabt ist längst überholt, sie trifft lediglich auf einen Teil der Gefährdeten zu. Inzwischen orientieren sich auch gut Ausgebildete und Integrierte hin zu den Neo-*Salafisten*, weil sie sich Einfluss und einen vorderen Platz in deren Hackordnung versprechen.

Aus sonstigen Erfahrungsbereichen wissen wir: Eine Methode, junge Menschen etwa vor Gefährdungen oder Missbrauch zu schützen, ist, sie stark zu machen (Fachbegriff: Empowerment),
- sich zu verweigern;
- widersprüchliche Wahrnehmungen auszuhalten;
- eigene Entscheidungen zu treffen und sie nicht anderen zu überlassen;
- tragische individuelle oder öffentliche Ereignisse zu verarbeiten und nicht zu „Tipping Points“ für Radikalisierung werden zu lassen;
- mit Niederlagen umzugehen;
- an die eigene Stärke zu glauben und auf sie zu vertrauen;
- gerade Einleuchtendes, Überliefertes und Selbstverständliches zu überprüfen;
- auch das Schwere im Leben anzunehmen und zu wissen, dass der leichte der falsche Weg sein kann;
- Angebote Dritter auf Interessen zu hinterfragen;
- Gruppendruck auszuhalten;
- Verlockungen nicht zu erliegen;

- schnelle Antworten auf komplexe Fragen zurückzuweisen;
- unterscheiden zu können zwischen eigenen Bedürfnissen und denen Dritter;
- vor allem aber: für sich das Recht in Anspruch zu nehmen, ein selbstbestimmtes Leben zu führen und sich nicht verführen zu lassen.

Dieses pädagogische Einmaleins verdeutlicht: Bewahrungspädagogik ist auch als Strategie gegen Neo-*Salafisten* ungeeignet. Erfolgreich erscheint vielmehr, Risikokompetenz als Schlüssel für gelingende Lebensführung zu vermitteln, also die Fähigkeit, Risiken oder Gefahren als solche zu erkennen und abzuwägen, ob sie es wert sind, sich darauf einzulassen oder nicht, und sie schließlich zu bewältigen.

Wer sich in Einrichtungen mit Präventionsmaßnahmen gegen Verlockungen der Neo-*Salafisten* beschäftigt, sollte dies nicht im Alleingang tun: Kolleginnen und Kollegen, die Kita- und Schulleitung, die Jugendhilfe und auch der Islambeauftragte der Polizei oder der Staatsschutz der Landeskriminalämter sollten informiert und befragt, „Profis" hinzugezogen werden. Derjenige, der sich entscheidet, etwas „dagegen zu tun", sollte sein pädagogisches Engagement auch fachlich und rechtlich absichern.

Zudem ist es notwendig, altersgerecht über die Absichten von Neo-*Salafisten* zu informieren und deren Internetstrategien und Einflüsse von Social Media durch radikale Gruppierungen zu hinterfragen, um jederzeit kritisch mit IT-Angeboten umzugehen. Das schließt ein, Fakten von Fake News unterscheiden zu lernen. Die Landesregierungen stellen dazu Hilfen ins Netz.

91. Gibt es für die Entwicklung der Menschheit islamische Leuchtturmprojekte?

Bevor einige Leuchtturmprojekte genannt werden, muss die Leistung islamischer und islamisch geprägter Staaten und Gesellschaften unter dem Fokus „Entwicklung der Menschheit" betrachtet werden (►F/A 79).

Islamisch geprägte Staaten haben lange Widerstand gegen den Buchdruck geleistet – hauptsächlich aus religiösen Gründen. Die Vorstellung eines gedruckten oder gar eines in nichtarabische Sprachen übersetzten Koran war bis ins 20. Jahrhundert völlig inakzeptabel. Der generelle Verzicht auf die Nutzung der Buchdruckerei – Grundlage für das moderne Bildungswesen – gilt Kulturhistorikern als eine der folgenreichsten Fehlentscheidung der islamischen Eliten. So weist der Politikwissenschaftler Rainer Tetzlaff nach, dass seit der Zeit des Kalifen *al-Maʿmūn ibn Hārūn ar-Raschīd* (9. Jahrhundert) nur etwa 100.000 Bücher ins Arabische (der Sprache des Islam) übersetzt worden seien, das entspräche der Jahresproduktion an Übersetzungen ins Spanische. Und was die Zahl der in der

Forschung aktiven Wissenschaftler*innen angeht, so seien etwa im Jahr 1998 in den vier reichsten Staaten der arabischen Welt – Saudi-Arabien, Kuwait, Algerien und Ägypten – 7.500 Wissenschaftler gezählt worden (darunter hatte Ägypten mit 3.800 den Hauptanteil). Allein die Schweiz mit 8,4 Mio. Einwohnern konnte mit 17.000 Wissenschaftler*innen aufwarten (►F/A 95).

Nach Markus Loewe, der über die Transformation der Wirtschafts- und Sozialsysteme forscht, gehören weiterhin zu Fehlentwicklungen in islamisch geprägten Staaten vor allem defizitäre Bildungseinrichtungen, die sich auch durch den UN-Bericht zur menschlichen Entwicklung in arabischen Ländern mit Zahlen belegen lassen. Schließlich werden ökonomische Optionen (Steigerung von Einkommen und Vermögen sowie Bekämpfung von Einkommensarmut); soziale Möglichkeiten (Bildung, Gesundheit, Ernährung, sexuelle Selbstbestimmung); Möglichkeiten der sozialen Absicherung gegen Risiken; gesellschaftliche Chancen (Würde, Akzeptanz, Integration in die Gesellschaft) sowie politische Perspektiven (Menschenrechte, politische Freiheiten, Mitsprachemöglichkeiten, Rechtsstaatlichkeit) in deutlich geringerem Maße genutzt als in vergleichbaren nichtislam-islamischen Gesellschaften und Staaten.

Loewe benennt zudem drei Determinanten, von denen die Beschleunigung der menschlichen Entwicklung durch aktive Politik abhängt: **Problemlösungsdringlichkeit** (die Rückständigkeit des betreffenden Landes bei der menschlichen Entwicklung); **Problemlösungsfähigkeit** (die finanziellen, analytischen und administrativen Kapazitäten staatlicher Stellen) sowie **Problemlösungsbereitschaft** (von Staat und Gesellschaft). In allen genannten Gelegenheiten und Determinanten würden islamisch geprägte Staaten aktuell deutlich hinter nichtislamischen Staaten hinterherhinken.

Die Frage muss deshalb zulässig sein: Kann diese Rückständigkeit in zentralen Entwicklungsbereichen durch aktuelle islamische Leuchtturmprojekte ausgeglichen werden? Solche „Monumente Großer Kulturen“ (vgl. John Johansen) gibt es auch im Islam, wie z. B. das Museum für Islamische Kunst in Doha im Emirat Katar, das als eines der bedeutendsten Museen für islamische Kunst gilt. Ebenso ist die Baukunst in den Vereinigten Arabischen Emiraten zu nennen. Sie weist eine große gestalterische Vielfalt auf: Neben der bekannten Rekord-Architektur in Abu Dhabi und Dubai sowie neotraditioneller Baukunst in Sharjah finden sich auch in den kleineren Emiraten anspruchsvolle Bauten und zukunftsweisende Projekte. Zudem sind regionale und örtliche Projekte zu nennen, die zu Verbesserungen vor Ort beitragen (►F/A 39). Und diese Projekte gelingen, weil Muslim*innen hier selbst das Heft des Handelns in die Hand nehmen, ihre Bevormundung abstreifen.

92. Inwiefern verändern eingewanderte Muslim*innen Deutschland?

Es ist nicht möglich, auch nur annähernd alle Folgen zu benennen, die mit den ca. 4,5–5 Mio. Muslim*innen verbunden sind, von denen viele irgendwann eingewandert sind und andere aktuell Deutschland als Ziel wählen. Die meisten Muslim*innen kommen aus der Türkei und arabischen Staaten (►F/A 1). An dieser Kurzbeschreibung der Zielgruppen wird bereits deutlich, dass Geflüchtete und Muslim*innen unter unserer Fragestellung eng miteinander verbunden sind. Einige Schwerpunkte müssen als Antworten reichen:

Gesellschaft: Die Gesellschaft spaltet sich zunehmend in Menschen, die akzentuiert einen humanitären Imperativ vertreten, und solchen, die sich dem mehr oder weniger strikt verweigern und eher die Grenzen der Zumutbarkeit der Belastung betonen und/oder sich offen islamophob geben (►F/A 80, 58). Dazwischen gibt es viele, die hin und her gerissen sind, weil sie die Frage umtreibt, ob Offenheit gegenüber Fremden das Eigene destabilisiert.

Politisches Spektrum: Nicht erst seit dem verstärkten Zuzug von Geflüchteten seit 2015 sind in Deutschland und Europa rechtskonservative und rechtspopulistische Parteien und Bewegungen entstanden, deren Themen sich im Kern auf Migration und Eingrenzung des Islam beschränken und damit Widerhall in den Social Media finden.

Gesetzgebung: Im Zusammenhang mit der Zuwanderung nach Deutschland treten zahlreiche neue Gesetze im Bund und den Ländern in Kraft: zum Asyl, zum Arbeitsmarkt, zur Integration, zur Schleierfahndung, zu den Befugnissen der Polizei, zur Grenzsicherung, zu sicheren Herkunftsstaaten usw. Die Zuwanderung verengt zuweilen den Blick auf lediglich dieses Thema, auch in den Parlamenten und Medien.

Finanzen: Ein Grund, weshalb es bislang im Bund kein Integrationsministerium gibt, mag der Etat sein, der dem Ministerium für die Bewältigung seiner Aufgaben zugewiesen werden müsste und der dann transparent würde. Wie hoch die Kosten von Zuwanderung und Integration tatsächlich sind, soll im Interesse des Zusammenhalts der Gesellschaft eher nicht bekannt werden. Ungeachtet der tatsächlichen Höhe wird die Diskussion im Kern um die „Opportunitätskosten" geführt, also um Geld für die Integration, das deshalb anderen Politikfeldern nicht zur Verfügung stehe. Zudem müssten Vorteile, etwa für den Arbeitsmarkt und die Sozialkassen, gegengerechnet werden.

Wirtschaft: Exemplarisch wird deshalb die Studie der Deutschen Bank „Zielgruppe Zuwanderer" vom 24.6.2015 herangezogen, weil die Bank bislang nicht durch eine besondere Nähe zu Migranten/Muslimen aufgefallen ist. Die Studie gibt einen Überblick über die Einwanderungsszene, wie er besser und präziser schwer zu finden ist. 23,1 Prozent aller Personen, die in den Jahren 2013–2015 ein Unternehmen gegründet haben, waren Migranten. Die Studie stellt fest:

> Bei Produktinnovation, Alter der Produktionstechnologie sowie dem Produktionsverfahren sind diese Gründer auf dem gleichen Stand wie die Deutschen [...]. Bei allen Unterschieden zwischen den Gruppen kann festgehalten werden, dass Migranten die Alters- und Bevölkerungsstruktur des Landes zukunftsfester machen. Sie mildern die Auswirkungen des demografischen Wandels sowie des Mangels an Fachkräften ab, der spätestens ab 2030 über ein gemindertes Erwerbspersonenpotenzial zum Wachstumshemmschuh für Deutschland wird.

Migranten, unter ihnen Muslim*innen, sind ein entscheidender Wachstumsfaktor. Sie tragen mehr als ein Fünftel zum Wirtschaftswachstum bei. Ohne Zuwanderung wäre das Bruttoinlandsprodukt geschrumpft, anstatt stetig in den letzten Jahren zu wachsen.

Recht und Justiz: Anwendungen des Verfassungsrechts werden augenscheinlich, wenn Muslim*innen vor Gericht ziehen, um dort Rechte einzuklagen. Das betrifft das Kopftuchtragen von Staatsbediensteten und Schülerinnen, den Moscheebau, die Vorfeldaufklärung durch Organe des Verfassungs- und Staatsschutzes u.a.m. Hinzu kommen Rückgriffe auf die *šarīʿa* im Rahmen von Gerichtsverfahren, bei denen es um Internationales Privatrecht geht (►F/A 82). Die jährlich veröffentlichte und im Internet abrufbare Polizeiliche Kriminalstatistik (PKS) weist als Tatverdächtige auch Ausländer und Geflüchtete aus. Allerdings können amtliche Daten zur „Ausländerkriminalität" nicht mit der tatsächlichen Kriminalitätsentwicklung gleichgesetzt werden. Bei der Interpretation von Daten zur Straffälligkeit – im Unterschied zum Tatverdacht der PKS – von Deutschen und Nichtdeutschen müssen zahlreiche Aspekte beachtet und differenziert werden: Wie wird Kriminalität polizeilich erfasst? Wer gilt als Ausländer? Begehen Ausländer andere Straftaten als Deutsche? In welchem Verhältnis stehen deren Straftaten zu ihrem Aufenthaltsstatus? Inwiefern beeinflussen soziale Merkmale das Kriminalitätsrisiko? Und: Warum werden überhaupt Deutsche und Ausländer verglichen? Zwar sind Ausländer/Migranten mit ca. einem Drittel auch in Gefängnissen vertreten. Einen Zirkelschluss auf deren Religionsmerkmal lassen die Erkenntnisse jedoch nicht zu.

Verhältnis Staat – Religionsgemeinschaft: Verträge mit Religionsgemeinschaften können durch den Bund und die Länder (für den Bereich des Bildungswesens, der Kultur und der Beziehungen zwischen Staat und den Religionen) abgeschlossen werden. Sie tragen dazu bei, die Beziehungen zwischen Staat und Religionsgemeinschaft auf eine dauerhafte rechtliche Grundlage zu stellen. Konkordate mit der katholischen und Kirchenverträge mit der evangelischen

Kirche, Verträge mit den jüdischen Gemeinschaften sowie neuerdings Staatsverträge mit islamischen *šūrās* kennzeichnen diese Entwicklung (►F/A 27).

Sozialkassen: Zuwanderer werden oft pauschal als Belastung für die deutschen Sozialkassen gesehen. Millionen von ihnen stabilisieren jedoch mit ihren Beiträgen die Sozialkassen und sorgen dafür, dass auch Deutsche weniger einzahlen müssen und später mehr erhalten.

Integration: Ein Teil der Muslim*innen verarbeitet sein Fremdsein sowie Erfahrungen in Deutschland oftmals dadurch, dass er sich an Hergebrachtem und Überliefertem festhält, was den Betroffenen ein Gefühl der Sicherheit in Fragen kultureller und erzieherischer Werte vermittelt. Da vielen zugewanderten Muslimen ein Leben in einer pluralistischen Gesellschaft bislang durchweg unbekannt war, reagieren manche muslimische Familien mit einem Rückzug in die eigene Community, verbunden mit starken Selbstausschlusstendenzen bis hin zu selbstgewählter Segregation (►F/A 53). Die Mehrheit der Nichtmuslime verliert dabei schnell aus dem Blick, dass das Gros der Einwanderer von Generation zu Generation jedoch höhere Bildungsabschlüsse erzielt, sich in Gesellschaft und Arbeitsmarkt gut integriert und sich nicht abgrenzt.

Sprache: Der Sprachgebrauch im Zusammenhang mit Zuwanderung markiert Trennlinien und verhindert Verbindendes und Empathie: Auf der einen Seite sind es die „Biodeutschen" oder die „Angehörigen der Mehrheitsgesellschaft", Menschen „mit christlich-abendländischer Kultur", auf der anderen Seite „Menschen mit Zuwanderungshintergrund", „Deutsch-Türken", „Muslime" und „Menschen mit hybrider Identität" (►F/A 100).

Werte: Da es sich bei muslimischen Zuwanderern vornehmlich um Menschen handelt, die aus ländlichen Gebieten mit einer eher traditionellen und wenig modernen Struktur kommen, sind die Unterschiede für Migranten wie Aufnahmegesellschaft gravierend. Die in Paris lehrende Soziologin Nilüfer Göle spricht von der Herausforderung für immigrierte Muslime, sich der „Anverwandlung" an die Spielregeln der europäischen Kultur zu stellen, während es für die europäischen Gesellschaften zum „demokratischen Test" ihrer Institutionen komme. Dieser könnte nur bestanden werden, wenn sie die Kapazitäten entwickeln würden, mit Hilfe derer

> [...] Menschen von unterschiedlicher Herkunft, mit unterschiedlichen Glaubensvorstellungen und Meinungen sich näherkommen und sich mit den jeweiligen Differenzen des Anderen vertraut machen können (Thinking Islamic Difference in Pluralistic Democracies, 2011, S. 169, übersetzt).

Kunst, Kultur, Wissenschaft, Publizistik: Viele Muslim*innen haben sich in Deutschland inzwischen in die erste Reihe gearbeitet, sie sind mit ihren Beiträgen ein großer Gewinn für Theater-, Film- und Literaturbetrieb, Publizistik, Wissenschaft, Kabarett, Comedy, gesellschaftlichen Diskurs u.a.m.

Kitas, Schulen und die Jugendhilfe: Diesen Einrichtungen sind die Aufgaben übertragen worden, eine große Anzahl muslimischer Kinder und Jugendlicher zu unterrichten, zu erziehen und zu integrieren. Dazu versuchen sie, eine Brücke zwischen den familiären und den gesellschaftlichen Bezugssystemen zu schlagen, Kinder und Jugendliche darin zu unterstützen, die Diskrepanz zwischen dem Kollektivgedanken der *umma* und der individualistischen Konsumgesellschaft in Deutschland zu bewältigen, die deutsche Sprache kompetent anzuwenden und sie auf qualifizierte Abschlüsse und Ausbildung vorzubereiten. Hinzu kommen Angebote in Herkunftssprachen und Islamischem Religionsunterricht (►F/A 56). Viele muslimische Familien zeigen ein hohes Aspirationsniveau, wollen für ihre Kinder das Beste an Bildung und nutzen diese Angebote.

93. Welche Ziele verfolgen „säkulare" Muslim*innen?

Es empfiehlt sich, dieses und das folgende Kapitel im Kontext zu lesen.

Säkulare Menschen sind nicht per se areligiös, sie meinen aber um die dunklen Seiten von Religionen zu wissen. Sie leiten ihre Moral deshalb auch nicht von göttlichen Geboten und Verboten ab, sondern gewinnen sie aus personaler und zivilrechtlicher Verantwortung. Einen Ansatz, den z. B. 2018 die „Initiative Säkularer Islam" vertritt, will deshalb den Islam nicht abdrängen, sondern durch strukturelle Veränderungen in Deutschland gesellschaftsfähig machen (►F/A 98):

> Wir, eine Gruppe von Publizist/innen, Wissenschaftler/innen und Aktivist/innen der Zivilgesellschaft, nehmen die Eröffnung der vierten Deutschen Islamkonferenz (DIK) zum Anlass, eine „Initiative säkularer Islam" zu gründen, die einem Spektrum innerhalb des Islam Sichtbarkeit verleihen soll, das bislang wenig repräsentiert war [...]. Unser Selbstverständnis: Säkularität bedeutet für uns die Betonung der positiven Neutralität des Staates und die weitgehende Trennung von Religion und Politik [...]. Wir sprechen uns für eine Verbesserung der bürgerlichen Teilhabe von Muslim/innen (etwa durch Bildungsangebote), aber gegen Sonderrechte für Muslim/innen aus. Das im Grundgesetz garantierte Recht auf die Freiheit des Bekenntnisses und auf ungestörte Religionsausübung beinhaltet unserer Ansicht nach nicht das Recht, religiöse Normen im öffentlichen Raum durchzusetzen. [...] Unser Ziel: Wir lehnen ein totalitäres Religionsverständnis ab. Religiöse Texte müssen unserer Meinung nach mit modernen hermeneutischen Verfahren interpretiert werden, um ein zeitgemäßes Islamverständnis zu begründen [...]. Die in dieser Initiative zusammengeschlossenen Personen stehen für einen aufgeklärten, demokratiefähigen Islam, der selbstkritisch und offen für Kritik von außen ist [...].

Ein Jahr zuvor hatten bereits Muslime aus Deutschland, Österreich und der Schweiz die sog. „Freiburger Deklaration" veröffentlicht, mit der sie für eine tiefgreifende Reform im Islam warben:

> Wir träumen von einer Islamreform. Von einer Aufklärung, aus der eine muslimische Gemeinschaft erwächst, die sich als integralen Bestandteil der europäischen Gesellschaft sehen will, die offen und neugierig gegenüber ihren Mitmenschen, der europäischen Kultur und den Herausforderungen der Moderne ist. Wir träumen von einer muslimischen Gemeinschaft, die Frieden, Toleranz und Nächstenliebe predigt und lebt, die Gleichberechtigung predigt und lebt, die Respekt vor anderen Religionen und andersdenkenden Menschen predigt und lebt. Wir träumen von einer muslimischen Gemeinschaft, die alle Formen der individuellen Persönlichkeitsentfaltung respektiert und schützt, die alle Formen der individuellen Lebensgestaltung respektiert und schützt, die alle Formen des Miteinanders und alle Lebensformen respektiert und schützt. Wir träumen von einer muslimischen Gemeinschaft, die den Glauben als eine persönliche Angelegenheit zwischen Gott und dem Einzelnen sieht, die sich nicht davor scheut, ihre Religion kritisch zu hinterfragen und ihre Positionen immer wieder neu zu überdenken, weiterzuentwickeln und sie in Einklang mit der Lebensrealität zu bringen.

Den Unterzeichnern beider Bewegungen, unter ihnen Aleviten, sowie möglichen weiteren, die unter dem Label „säkularer Islam" und „säkulare Muslim*innen" firmieren, ist zu wünschen, dass sie nach innen und in die Zivilgesellschaft hinein gehört werden und breite Unterstützung zur Durchsetzung ihrer Ziele finden.

94. Welche Reformansätze sind im Islam erkennbar?

Es empfiehlt sich, dieses und das vorherige Kapitel im Kontext zu lesen.

Bei Diskussionen über die Zukunft des Islam geht es im Kern um Auseinandersetzungen über divergierende Reformbegriffe. Dabei dominieren auf muslimischer Seite traditionalistische und islamistische Stimmen, progressive Denker und Projekte spielen im innerislamischen Diskurs über Reformen kaum eine Rolle. Dabei meint der Begriff „Reform" (*iṣlāḥ*) eine planvolle und gewaltlose Umformung des Bestehenden zu etwas Besserem. Diesen Gedanken lehnen viele Muslime – unter ihnen die Verbände – (►F/A 24–26) strikt ab, weil der Islam für sie etwas grundsätzlich Vollkommenes darstellt, das nicht verbesserungsfähig sei und deshalb auch nicht reformiert werden müsse:

> Der islamische Glaube braucht keine Reformen, Veränderungen und Erneuerungen. [...] Die Thesen einiger Radikaler, Konvertiten und Reformer sind komplett falsch. Im Islam gibt es keine Reformen. [...] Reformen und Veränderungen können nur in verdorbenen Religionen,

> in menschlichen Ideologien und Lehren durchgeführt werden (die türkische Zeitung Milli Gazete am 9.9.2005, zitiert bei Martin Engelbrecht, S. 25).

Da der „reine“ und „unverfälschte“ Islam bereits alle Antworten auf alle Fragen der Moderne bereithalte, müsse die Versöhnung von Islam und Moderne deshalb mit einer Rückbesinnung auf den Koran und die Prophetentradition sowie mit der inneren Erneuerung der Gläubigen einhergehen. In diesem Sinne verstehen sich auch Neo-*Salafisten* als radikale Reformer unserer Zeit.

Gleichwohl gab es in den letzten Jahrhunderten Denker, die als Boden für den Kolonialismus das tradierte Verständnis und verkrustete Normensystem des Islam und die Rückständigkeit islamischer Gesellschaften verantwortlich machten. Die napoleonische Invasion Ägyptens (1798–1801) ist als Wendepunkt im kollektiven Bewusstsein von Muslim*innen haften geblieben. Sie war ihnen ein Zeichen dafür, dass sich nicht nur die islamische Welt und ihre Gesellschaften, sondern auch der Islam in Stagnation befanden, während gleichzeitig Europas Stärke und Macht durch technische und industrielle Entwicklungen weiter zunahmen.

Nun mag man die Ansicht vertreten, eine Reform setze eine Aufklärung voraus. „Aufklärung“ in diesem Sinne meint das historisch akkumulierte Wissen von Ballast zu befreien, den Menschen angesammelt haben und der patriarchalisch durchtränkt ist. Dieses Verständnis könnte Aufklärung zum Ausgangspunkt einer spirituellen Identitätsbewegung mit freien Wahlentscheidungen anstelle unüberlegter Nachahmung machen, nicht nur im Islam. Denn Aufklärung, die eher auf Vernunft als auf Tradition setzt, entsteht nicht im Schoß der Religionen, sondern im Streit mit ihnen.

Solche Wege beschreiten derzeit jedoch (nicht nur im Islam!) nur wenige Reformer, denn damit verbunden wären eine konsequente Koranexegese, eine Abkehr vom dogmatisierten Prophetenbild Mohammeds sowie eine Lossagung von herkömmlich-klassischer Wissenstradition, die in anderen Zeiten gedacht worden ist und die Menschen allezeit in ihrer Mündigkeit einschränkt. Im Rahmen dieser Reformströmungen sind u. a. die niederländische Politikerin Ayaan Hirsi Ali, die Soziologin Necla Kelek und der Politikwissenschaftler Hamed Abdel-Samad zu nennen, die die Überwindung von Tabus fordern. Sie setzen bei der Frage nach dem Verständnis der „heiligen Quellen“ des Islam an. Auf der Grundlage eines wissenschaftlich begründeten Text- und Offenbarungsverständnisses haben sie vor allem das islamische Recht, die Rolle der Frau, die Schwertverse und somit auch das Verhältnis zu anderen Religionen im Blick. Kritische Koranauslegung sei die Voraussetzung für religiöse Erneuerung, und dafür müssten die Grundlagen geschaffen werden. Sie weisen zudem darauf hin, dass ohne eine religiös-theologische Grundlagenarbeit eine Lösung der politisch-kulturellen Probleme der islamischen Welt aussichtslos sei:

> Die jetzige kulturelle Reform, die wir dringend brauchen, muss eine grundlegende religiöse Reform sein. Sie muss all diese Ideen, auf denen die selbstständigen Interpretationen der Quellen derjenigen aufbauen, die die Anschläge vom 11. September verübt haben, mit einschließen (sic!) (Muhammed Shahrur, zitiert 2003 bei Heiner Bielefeldt).

Die Kritik am gelebten Islam entzündet sich deshalb vor allem an der *šarīʿa*. Sie zementiere die Unterdrückung der Frau, widerspreche modernen rechtsstaatlichen Prinzipien, sehe zum Teil grausame und unmenschliche Strafen vor und lasse Religionsfreiheit nicht zu. Juristisches Reformdenken im Islam müsse deshalb ihre Entstehungsgeschichte „zurücklesen“, um zu ihrer eigentlichen Aussage zu gelangen (►F/A 33, 70).

Einen völlig anderen Reformbegriff verwenden der Enkel des Gründers der ägyptischen Muslimbruderschaft, Tariq Ramadan, der Prediger Fethullah Gülen (►F/A 16), die Politikerin Nadia Yassin sowie weitere. Sie gehen von einem „islamischen Gesellschaftsmodell“ als der besseren Option gegenüber modernen westlichen Gesellschaften aus. Ihnen geht es weniger darum, den Islam mit der Moderne zu versöhnen. Sie bevorzugen die Entwicklung eines islamischen Modells der Moderne, Gegenstand ihrer Reformüberlegungen ist eher nicht der Islam, sondern die Moderne.

Zu keiner Zeit, so scheint es, war eine Reform des Islam so notwendig wie heute angesichts von globalislamistischem Terror (►F/A 86) und einer in Teilen misslungenen Integration religiös verwurzelter Muslim*innen (►F/A 53). Nicht nur etliche Muslime, sondern auch Nichtmuslime empfinden die Dringlichkeit eines differenzierten Konzepts einer Islam- und Selbstkritik aus innerislamischer Sichtweise. Aber: Wie soll sich seine Reform gegen die Widerstände der weltweit mächtigen Bewahrer des Status quo und ihrer kritikarmen Gefolgsleute überhaupt durchsetzen (►F/A 24)? Denn die werfen Reformern mangelnde Authentizität, Verunsicherung der Gläubigen, Beliebigkeit und wissenschaftliches Elitedenken vor und besetzen damit die Köpfe vieler „Rechtgläubigen“. Deshalb sind Reformen im Islam weder jetzt noch mittelfristig zu erwarten, zumal die Gläubigen die Funktionsträger nicht – wie in der Katholischen Kirche – vor sich hertreiben.

95. Wie steht der Islam heute zur Wissenschaft?

Die Kernfrage ist, ob sich die im Mittelalter hochentwickelten Wissenschaften in der islamisch geprägten Welt inzwischen aus dem Griff der Religion, die sie aus Ignoranz, Missachtung, Fortschrittshindernissen und islamischem Dogmatismus – vom Ergebnis im Einklang mit der Kolonialherrschaft – fast zum Erliegen gebracht hatten, haben befreien können (►F/A 91). Es geht also um eine Antwort auf die Frage, in welchen Anteilen sich die heutigen islamisch geprägten Staaten am weltweiten Wissenschaftsbetrieb, der von einem modernen säkularen Rationalismus geprägt ist, beteiligen. Denn Fortschritt durch Wissenschaft bedarf eines weltweiten freien, ungefilterten und unzensierten Austauschs von Gedanken, Ideen, Vorstellungen und Forschungsergebnissen, jenseits unterschiedlicher Zivilisationen und Kulturen. Dabei geht es um mehr Staaten als den aktuell 57 Mitgliedsstaaten der OIC (Organisation der Islamischen Konferenz), in denen der Islam offizielle Religion ist.

In vielen dieser Staaten ist die staatliche Finanzierung von Wissenschaft und Bildung seit der Jahrtausendwende zwar gestiegen – allein schon aus militärischen und nationalen Sicherheitsgründen. Dennoch nehmen sie nur begrenzt am internationalen Wissenschaftsaustausch teil. Statistiken und Studien aus dieser Zeit, etwa von M. A. Anwar und A. B. Abû Bakar, belegen, dass diese Staaten im Durchschnitt weniger als ein halbes Prozent ihres BIP für Forschung und Entwicklung ausgaben, der weltweite Durchschnitt lag in der Zeit bei 2,36 Prozent, in Industriestaaten noch höher. Bestätigt wurden diese Studien durch aktuelle Daten von COMSTECH (Committee on Scientific and Technological Cooperation), das zudem herausstellt, dass in islamisch geprägten Staaten auf 1.000 Einwohner weniger als zehn Wissenschaftler, Ingenieure und Techniker kommen (Vergleich: weltweit 40, Industriestaaten 140). Schließlich ist im „Atlas of Islamic-World Science and Innovation" nachzulesen, dass Wissenschaftler aus den arabischen Staaten 2005 insgesamt 13.444 Fachartikel veröffentlichten (Vergleich: allein die Harvard University 15.455). Wenn jetzt noch auf Grundlagenforschung fokussiert wird, werden überhaupt nur zwei OIC-Staaten beim „relatve citation index – RCI" dazu – in Physik – genannt: die Türkei mit einem Index von 0,344 und der Iran mit 0,484 (Vergleich: Schweiz 1,304).

An Hintergründen für den großen Abstand in Wissenschaftsfragen gegenüber nicht-islamischen Gesellschaften nennen Betroffene einschränkende Vorgaben durch die Politik, fehlende internationale Literatur an den Universitäten, religiösen Konservatismus bis hin zum Ausschluss aus der *umma* wegen Forschungsinhalten, die als „unislamisch" diskreditiert werden – so geschehen mit dem pakistanischen Physik-Nobelpreisträger Abdus Salam. Der resümiert:

> In allen Zivilisationen auf diesem Planeten ist die Wissenschaft in den Staaten des Islam am schlechtesten. Die Gefahren dieser Schwäche kann man nicht deutlich genug betonen, denn das ehrenvolle Überleben einer Gesellschaft hängt unter den Umständen der gegenwärtigen Zeit unmittelbar von ihrer Wissenschaft und Technologie ab (Abdus Salam, The Future of Science in Islamic Countries. Vortrag im Januar 1987 in Kuwait, Auszug übersetzt).

96. Sollten Muslim*innen unterstützt werden, die Akzeptanz des Islam zu erhöhen?

Zur bisherigen Unterstützung von Islam und Muslim*innen durch die Mehrheitsgesellschaft sowie staatliche Institutionen sind die Bildung der Deutschen Islam Konferenz, die Einrichtung von Islamischem Religionsunterricht an öffentlichen Schulen, die Aufnahme von muslimischen Kindern auch durch christliche Kitaträger, der Abschluss von Staatsverträgen mit *šūrās*, die Verleihung des Körperschaftsstatus an islamische Gemeinschaften, die Mitgliedschaft von Muslimen in Rundfunkräten, Änderungen des Staatsangehörigkeitsgesetzes und vieles mehr zu nennen. In einigen dieser Fälle wandte der Staat sein „wohlwollendes Neutralitätsverständnis" überwiegend fallorientiert an (►F/A 22, 27, 50, 79). Neben den genannten Beispielen gibt es zahlreiche regionale und lokale Integrations- und Präventionsprogramme, u. a. von Kitas, Schulen, der Jugendhilfe und Ehrenamtlern.

Gleichwohl ist die Frage zulässig, ob einer Religion und Kultur staatlich und zivilgesellschaftlich beigestanden werden sollte, denen Gewalt, Geschlechterungleichheit und ein Gesellschaftsmodell inhärent sind und die in Teilen nicht mit demokratischen Grundwerten übereinstimmen (►F/A 81). Eine Abkehr scheint jedoch der falsche Weg zu sein, eine Konsequenz ist vielmehr, genau auf gesellschaftliche Entwicklungen zu schauen, zu differenzieren, weder schön- noch schlechtzureden und jederzeit bereit zu sein, Rechtsstaat und Demokratie durch konsequente Anwendung von geltendem Recht durchzusetzen. Eine weitere Konsequenz liegt darin, sich diejenigen Personen und Organisationen genau anzusehen, denen Rückhalt gegeben werden soll. Bei dieser Suche können die islamischen Dachverbände derzeit keine Option sein, sie haben die Erwartungen an einen in Deutschland akzeptierten Islam, als deren Speerspitze sie jahrzehntelang wie selbstverständlich angesehen wurden, nicht erfüllt (►F/A 24–26). Da viele Muslim*innen in Deutschland jung sind, müssen sie in die Pflicht genommen werden:

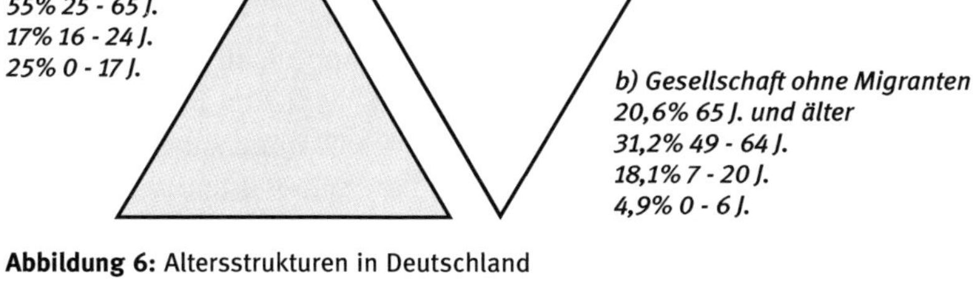

Abbildung 6: Altersstrukturen in Deutschland

Die Prozentwerte, die auf aktuellen Angaben von BAMF und STATISTA beruhen, machen deutlich, dass die Alterspyramide der Gesellschaft ohne Migranten auf dem Kopf steht und ohne Zuzug von außen keine Zukunft hat, während die Alterspyramide der Muslim*innen in Deutschland eine perfekte Verteilung zeigt.

Das ist ein wichtiger Grund, den Dialog mit jungen Muslim*innen, auch mit deren Organisationen außerhalb der Dachverbände, zu suchen und die dialogische Kompetenz zur zentralen Anforderung für die Frage nach dem „Zukunftsmodell Deutschland“ zu machen: Wie kann eine uneingeschränkte Zustimmung zum Grundgesetz erzielt werden? Wie kann Abstand von allen Religionen erreicht werden, ohne sich deren Perspektive aber ganz zu verschließen? Wie können gegenseitiges Vertrauen, gemeinsame Werte und miteinander gelebte Solidarität ethnische, religiöse und generationelle Grenzen überschreitend vermittelt werden? Wie kann erreicht werden, dass möglichst viele in Deutschland die Gesellschaft als diverse und zugleich inklusive Gemeinschaft verstehen? Wie kann sichergestellt werden, dass alle die gleichen Partizipationschancen haben (►F/A 100)?

Dem Dialog sollte Zeit eingeräumt werden. Den jungen Muslim*innen muss jedoch deutlich werden, dass ein „Weiter so“ nicht geht und die Perspektiven des Islam in Deutschland weitgehend von ihnen abhängen und mit ihrer Zukunft verknüpft sind. Zugleich muss dieses Projekt der Prüffall dafür sein, ob die Aktivitäten, die Akzeptanz des Islam zu erhöhen, weiterhin auch von Seiten der Mehrheitsbevölkerung – gegen viele Widerstände – getragen werden sollen. Es muss beim Dialog mit jungen Muslim*innen im Vergleich zur Unterstützung der Dachverbände nicht alles anders, vieles aber deutlich besser gemacht werden.

97. Können Pädagog*innen die kulturelle Integration von Muslim*innen fördern?

Geht das, aus Zugewanderten „Deutsche“ zu machen, ohne sie zu assimilieren?

Die rhetorische Frage verweist darauf, dass Einwanderung und Integration zu unserer Geschichte gehören, dass Miteinander Toleranz und Respekt verlangt und von Engagement lebt.

Eine Definition von kultureller Integration ist bislang nicht geglückt. Relative Einigkeit herrscht beim Integrationsbegriff ohne das Adjektiv „kulturell“: Sie beinhaltet u.a. Teilhabe und Bildung. Beide stellen den Zugang zur Gesellschaft her. Bildung ist das originäre Arbeitsgebiet von Kitas, Schulen und der Jugendhilfe. Der Bildungsbegriff umfasst die Gesamtheit der dort vermittelten Kenntnisse, Fertigkeiten, Einstellungen und Wissenselemente und meint für Zugewanderte neben den herausgehobenen Kompetenzen in deutscher Sprache auch das Erreichen formaler Abschlüsse.

Zwar haben sich Religion und Kultur seit den 60er Jahren des 20. Jahrhunderts einander angenähert. Das mit dem Begriff „cultural turn“ erweiterte Kulturverständnis verwischt Grenzen zwischen Religion und Kultur. Obwohl kulturelle Vielfalt Stärke unserer Gesellschaft ist, wird der Blick dennoch unweigerlich auf die „deutsche Leitkultur“ gelenkt:

> Gelingende Integration liegt vor, wenn Menschen in unserem Land sich für die gleiche Gesellschaft verantwortlich fühlen. Sich zugehörig fühlen. Das schließt nicht aus, dass sie sich mit ihren Landsleuten oder ihrer alten Heimat verbunden fühlen – fühlen können, fühlen sollen. Aber an erster Stelle sollten die Gesellschaft und das Land stehen, in der und in dem sie leben (Auszug aus einer Rede des damaligen Bundesministers des Innern Thomas de Maizière am 19.7.2016).

Soweit kann man zustimmen. Wenn jedoch in Integrationskursen „Wertevermittlung“ auf dem Stundenplan steht oder von Minderheiten für ihre Eingliederung verlangt wird, auf die „Herausstellung ihrer Besonderheiten im öffentlichen Raum zu verzichten“ – so die Analyse des Medienwissenschaftlers Kai Hafez – sind das abzulehnende Assimilierungsversuche.

Für Kitas, Schulen und die Jugendhilfe gilt auch bei der Förderung kultureller Integration von Muslim*innen: Ambitioniert bleiben; ihre starken Kompetenzen leben und weitergeben; kulturelle, ethnische, religiöse Vielfalt als Kultur mithelfen zu etablieren. Diesem Verständnis sollten anlassbezogen die Grundrechte des Grundgesetzes hinzugefügt werden: Gleichheit von Personen und Geschlechtern, Pluralismus, Religions- und Meinungsfreit. Denn das Grundgesetz als Grundlage für das Zusammenleben aller Menschen in Deutschland muss täglich als Bekenntnis zu dieser Nation gelebt werden (►F/A 59).

98. Sind ein deutscher oder europäischer Islam absehbar realisierbar?

Einige deutsche Politiker wünschen sich einen „deutschen Islam“, ohne zu sagen, was sie darunter verstehen. Mit einer Antwort beauftragten sie z. B. die Deutsche Islam Konferenz – DIK (►F/A 99).

Der kleinste gemeinsame Nenner von Nicht-Muslimen für einen deutschen oder europäischen Islam ist: ohne *šarīʿa*. Damit wird eine Hürde aufgebaut, die Muslim*innen, jedenfalls aktuell, nicht überwinden können (►F/A 33, 70). Weitere Erwartungen richten sich an die bedingungslose Akzeptanz der jeweiligen Verfassung, in Deutschland des Grundgesetzes. Hierzu hatten sich Muslime bereits in These 11 der Islamischen Charta bekannt, die im ZMD vertretenen Muslime bejahen darin

> [...] die vom Grundgesetz garantierte gewaltenteilige, rechtsstaatliche und demokratische Grundordnung der Bundesrepublik Deutschland einschließlich des Parteienpluralismus.

Die Einschränkungen, die sich auf „die im ZMD vertretenen Muslime" sowie Frauen beziehen, wurden an anderer Stelle erörtert (►F/A 81). Die Anerkennung des GG wurde allerdings etliche Male durch Vertreter des KRM erklärt. Mit der Forderung, das GG zu akzeptieren, ist die Forderung nach Gewaltfreiheit verbunden. Auch diese Forderung bekräftigen Verbandsfunktionäre sowie die Charta in derselben These, indem sie islamistischer Gewalt die religiöse Grundlage entzieht:

> Der Koran untersagt jede Gewaltausübung und jeden Zwang in Angelegenheiten des Glaubens.

Gleichwohl findet vielerorts, auch in Europa, Gewalt im Namen des Islam statt und schärft die Skepsis von Nicht-Muslimen gegenüber „dem Islam" (►F/A 80, 85, 86, 58).

Der Historiker Michael Wolffsohn verdeutlicht, dass „die Muslim*innen" aber nicht lediglich Forderungen erfüllen, sondern eigene Vorstellungen realisieren wollen:

> Sie werden ihren politischen Druck im und fürs eigene Interesse erhöhen und deshalb über kurz oder lang (mindestens und vernünftigerweise) eine Partei gründen.

Zugleich zeigt er eine weitere Strategie auf:

> Wer wollte bestreiten, dass innerhalb der muslimischen Minderheit viele mehr oder weniger gemeinsame politische, wirtschaftliche oder gesellschaftliche Interessen haben und vertreten, die sich mit Interessen von mal größeren, mal kleineren Teilen der nichtmuslimischen Mehrheit decken? („Zwischenruf" in der BILD am 16.6.2016).

Das heißt, die Frage nach einem deutschen Islam muss sich in einem Aushandlungsprozess herausbilden, dessen Eckpunkte klar sind und in den die Öffentlichkeit eingebunden werden muss: Es ist unverhandelbar, an fundamentalen Glaubensaussagen der Religion sowie dem substanziellen Verständnis von Grundrechten, Gleichstellung, Freiheit sowie Demokratie und Pluralismus zu rütteln. Die Herrschaft des Rechts und der Anspruch der Werte müssen zugesagt und ungeteilt eingefordert werden. Dazu bedarf es konkreter Schritte: Abkehr von ausländischer Steuerung und Finanzierung des Islam hierzulande; Abkehr vom

„Import von Imamen mit Touristenvisum“ (Andreas Jacobs u. a.); Ausbildung von Imamen in Deutschland; Nachweis von Sprach- und Landeskenntnissen von Imamen und Predigten in Deutsch; konsequente Auflösung von antidemokratischen Moscheen und Vereinen; konsequente Anwendung des Allgemeinen Gleichbehandlungsgesetzes; sukzessives Zurückdrängen aller Religionen aus öffentlichen Bereichen und Beschneidung ihrer Privilegien; Ablösung der DIK durch eine Konferenz relevanter gesellschaftlicher Gruppierungen, Religionen und säkularer Muslime, die den Prozess begleitet und besonders die Realisation von Grundrechten, die Gleichstellung sowie umfassende Partizipation in den Blick nimmt. Weitere Themen würden sich aus dem Diskurs ergeben.

99. Was können Kinder- und Jugendeinrichtungen von der Deutschen Islam Konferenz erwarten?

Am 28. und 29.11.2018 fand die Auftaktveranstaltung zur Deutschen Islam Konferenz (DIK) in der 19. Legislaturperiode des Bundestages statt. An affinem Thema für Kitas und Schulen wurde vom Forschungszentrum des BAMF das Working Paper 78 „Vorschulische Kinderbetreuung aus Sicht muslimischer Familien“ erstellt. Diese Studie liefert grundlegende Informationen zur Inanspruchnahme und Bewertung vorschulischer Kinderbetreuungsangebote von Seiten muslimischer Familien.

Auch wenn die nunmehr vierte Phase der DIK sich selbst als praxisnah, flexibel und themenoffen bezeichnet, werden Kita- und Schulfragen sowie Unterstützungen der Jugendhilfe eher am Rande behandelt mit den Themen „Bildungsarbeit gegen Antisemitismus in der Migrationsgesellschaft“ und „Präventionsarbeit mit Jugendlichen“. Im Mittelpunkt der DIK steht vielmehr die Verbesserung von Lebensverhältnissen sowie der gesellschaftlichen Akzeptanz von Muslim*innen. Der Gastgeber, Bundesinnenminister Seehofer, sagte zur Eröffnung, dass Muslime „selbstverständlich die gleichen Rechte und die gleichen Pflichten wie jeder hier in Deutschland“ hätten und er sich „einen Islam in, aus und für Deutschland, einen Islam der deutschen Muslime“, wünsche. Entsprechend geht es um Fragen nach einer Beteiligung der Islamischen Dachverbände, einer Moscheesteuer, der Altenpflege für Muslime sowie der Zukunft des Islam in Europa u.a.m. Konkrete Erziehungs- und Lernangebote sind nicht zu erwarten.

100. Wie können Muslime und Nichtmuslime ein Wir-Gefühl entwickeln?

Voraussetzung für die Entwicklung eines „Wir-Gefühls" zwischen Muslim*innen und Nichtmuslim*innen ist die gegenseitige Bereitschaft, auf ein Überlegenheitsgebaren – hier kulturell-gesellschaftliche, dort religiöse Vorrangstellung – zu verzichten, sich auf Augenhöhe und mit gegenseitigem Respekt zu begegnen, mehr als einen Minimalkonsens anzustreben, Konfliktpotenzial nicht zu tabuisieren und seinen moralischen Anker zu werfen. Moral bedeutet eher nicht, sich an Gebote des einen oder anderen Gottes zu halten (►F/A 20). Moral bedeutet vielmehr, Leid und Ungleichheit zu verringern und über deren Ursachen, Folgen und Vermeidung nachzudenken. Dazu gehört, Teilhabe-, Verteilungs- und Anerkennungsgerechtigkeit auszuhandeln und zu leben. Impulse für jeden Einzelnen finden sich dazu bei islamischen Mystikern:

> Du bist deine eigene Grenze, erhebe dich darüber (*Khwāja Shams-ud-Dīn Muḥammad Ḥāfeẓ-e Shīrāzī*, genannt *Ḥāfez*).
>
> Es ist dein Weg – manche können ihn mit dir gehen, aber keiner kann ihn für dich gehen (*Dschalal ad-Din Muhammad Rumi*).

Für ein Umdenken in diesem Sinne müssen deshalb auch Entwicklungen auf den Prüfstand, die die Diskussion um die Integration von Muslim*innen in Deutschland beherrschen: die Gründe für den Verlust der Diskussionshoheit und deren Preisgabe an Populisten in der Islam- und Flüchtlingsdebatte; die politischen Entwicklungen in der Türkei; die Menschenrechtsfragen in islamischen Staaten wie Iran und Saudi-Arabien; die Versuche des politischen Islam, Demokratie und Grundwerte infrage zu stellen; die durchsichtigen Versuche des Mainstreamislam nach Bildung islamischer Inseln – jenseits demokratischer Strukturen. Zugleich muss die konfliktfreie Praktizierung ihrer Religion von weit über 95 Prozent aller Muslim*innen in Deutschland sowie ihre grundsätzliche Offenheit für Veränderungen zur Kenntnis genommen und herausgestellt werden.

Schließlich müssen auch die Dogmenstarre und das Verhaken in Idealen bei der Suche um Verständnis für andere Kulturen überwunden werden – die Gegenüberstellung von multikultureller vs. nationaler Identität; die fehlende Differenzierung zwischen Islamophobie und Islamkritik; das Verheddern zwischen religiösem Konservatismus, Fundamentalismus, Kulturrelativismus und Reformorientierung.

Stattdessen sollte es darum gehen, die Frage in den Mittelpunkt zu rücken, in welcher Gesellschaft wir leben wollen. Nur wenn der Islam in Deutschland eine Heimat hat, werden auch Muslime hier heimisch.

Jenseits von Richtig und Falsch gibt es einen Ort. Hier können wir einander begegnen (*Dschalal ad-Din Muhammad Rumi*).

Dieser Ort kann die Kita, die Schule und die Jugendhilfe sein. Sie können Beiträge leisten, indem sie sich an Grundsatzfragen wie diesen bei der Wahrnehmung ihrer Aufgaben orientieren: Welche regelmäßigen Begegnungen können wir zwischen Muslim*innen und Nichtmuslimen organisieren? Wie können wir konfrontative Sichtweisen aufbrechen? Soll eine rote Linie definiert werden, die von niemandem überschritten werden darf? Wie können wir zugleich Wertschätzung und Streitkultur fördern? Wie stellen wir sicher, dass Kritik an Strukturen und Lebensweisen in muslimischen Milieus nicht in Überheblichkeit und Rassismus ausartet? Was können wir tun, damit Kinder und Jugendliche sich nicht nur in ihrer jeweiligen Subgruppe bewegen? Wodurch können wir Selbstreflexion fördern? Womit können wir Ängste vor Entfremdung und Verlust von Zukunft mindern? Was können wir gegen Diskriminierung und für Zusammenhalt tun? Sollen wir an unserer Arbeitsstelle eine Clearingstelle einrichten, die religiös konnotierte Konflikte zu entschärfen versucht? Welche Angebote machen wir den Verzagten, Ängstlichen und Verunsicherten? Wie entlarven und isolieren wir Rassisten und Spalter? Womit können wir soziale Gerechtigkeit und Empathie fördern? Auf welche gemeinsamen Leitbilder und Wertvorstellungen können wir uns verständigen? Womit können wir Frontstellungen gegen die Grundwerte unserer Verfassung begegnen? Welche Beiträge können wir für bessere Sprachkompetenzen und Bildung, mehr Arbeitsplätze und vergleichbare Lebensbedingungen mit fairen Aufstiegschancen leisten? Welche weiteren Impulse können wir in die Kommune und an Unternehmen geben? Sollten Kultur- und Freizeitangebote interkulturell geöffnet werden? Können wir herausragende Ideen für ein „Wir-Gefühl" mit Unterstützung Dritter gratifizieren?

Die Frage, in welcher Kita oder Schule oder Einrichtung der Jugendhilfe wir arbeiten und in welcher Gesellschaft wir leben wollen, geht von der Hinterfragung von Gewissheiten über Demokratie, Religion, Kultur, gesellschaftlicher Entwicklung und Teilhabe aus. Sie erkundet konkret gemeinsame Perspektiven für alle Menschen, unabhängig ihres Geschlechtes, ihrer Abstammung, Rasse, Sprache, Heimat und Herkunft, ihres Glaubens und ihrer religiösen oder politischen Anschauungen.

Gestern war ich klug und wollte die Welt verändern. Heute bin ich weise und möchte mich verändern (*Dschalal ad-Din Muhammad Rumi*).

Ausblick

Unser aller Gegenwart ist von einer kollektiven Wahrnehmungsverschiebung geprägt, bei der sich Sicherheiten, Erklärungen und Moral zunehmend auflösen. Daniel Pauly hat dieses Phänomen 2015 „shifting baseline“ genannt. Das, was er beschreibt, sind Veränderungen, die sich millimeterweise ins Bewusstsein schleichen und Wahrnehmungen, Einstellungen, Haltungen und Empfinden verändern. Die Social Media beschleunigen diese Entwicklung. Was gestern noch undenkbar war, ist heute völlig selbstverständlich und erfasst viele Sinneseindrücke, so auch den Blick auf „die Anderen“: Menschen anderen Geschlechts, anderer Abstammung, Rasse, Sprache, Heimat, Herkunft, Religion, sexueller Orientierung oder politischer Anschauungen. Und auch die Blicke „der Anderen“ sind von shifting baseline geprägt, bei dem sich Respekt, Achtung, Taktgefühl, Stil, Ausdrucksformen und Kommunikationsinhalte verschoben haben.

Kitas, Schulen und die Jugendhilfe erfahren täglich, dass heterogene Gruppenzusammensetzungen nicht selten konfliktträchtig und für Pädagog*innen anspruchsvoll und herausfordernd sind. Manche von ihnen stoßen häufig gerade im Umgang mit Geflüchteten oder mit denjenigen Muslim*innen, die anscheinend täglich neue Forderungen stellen, an die Grenzen ihrer Belastbarkeit. Gleichwohl haben sie den selbstgewählten und zugewiesenen Anspruch, Wert und Würde der ihnen anvertrauten Kinder und Jugendlichen zu achten und zu schützen. Würde ist durch kein Äquivalent austauschbar. Pädagog*innen wissen, dass man mit Menschen keine Güterabwägung vornehmen kann. Und sie wissen, dass man Menschen nicht aufwiegen kann, weil sie einen besonderen Wert, nämlich Würde haben. Es ist zu wünschen, dass die Leser*innen ihre zugewandte Grundhaltung und Diskursbereitschaft beibehalten und sich nicht verschieben lassen – und ihnen die Antworten auf viele Fragen dabei helfen.

https://doi.org/10.1515/9783110670059-004

Wenn uns die bedrückende Aktualität des Tages die Wahl des Themas aus der Hand reißt, ist die Versuchung groß, mit den John Waynes „unter uns Intellektuellen“ um den schnellsten Schuss aus der Hüfte zu konkurrieren [...].
[Sie] kann auch zu der vernünftigen Einstellung führen, von der Religion Abstand zu halten, ohne sich deren Perspektive aber ganz zu verschließen. Diese Einstellung kann die Selbstaufklärung einer vom Kulturkampf zerrissenen Bürgergesellschaft in die richtige Richtung lenken.

Jürgen Habermas, Auszüge aus der Dankesrede des Friedenspreisträgers 2001.

Hilfreiche Links, zuletzt geprüft am 28. 8. 2019

Das Angebot enthält Links zu externen Websites Dritter, auf deren Inhalte Autor und Verlag keinen Einfluss haben. Deshalb übernehmen sie für diese fremden Inhalte auch keine Gewähr, sie stellen zudem keine Empfehlung für die jeweils dahinterstehenden Inhalte dar. Für die Inhalte der verlinkten Seiten ist stets der jeweilige Anbieter oder Betreiber der Seiten verantwortlich sowie der Nutzer für ihre Inanspruchnahme:

Verbände, Organisationen, Moscheen

https://germany.mto.org/
https://alevi.com/
http://www.ditib.de/
https://www.islamrat.de/
http://zentralrat.de/
http://vikz.de/index.php/Startseite.html
http://koordinationsrat.de/
https://muslimischejugend.de/
https://www.ibn-rushd-goethe-moschee.de/
https://de.wikipedia.org/wiki/Liste_von_Moscheen_in_Deutschland

Unterstützungen für Kitas, Schulen und die Jugendhilfe

https://www.schule-ohne-rassismus.org/startseite/
hhttps://polizei.nrw/artikel/kontaktbeamte-muslimische-institutionen
https://www.polizei-dein-partner.de/themen/gewalt/extremismus/detailansicht-extremismus/artikel/was-man-nicht-kennt-macht-einem-angst.html
https://www.wegweiser.nrw.de/
https://www.ufuq.de/verein/uber-uns/verein/
https://www.verfassungsschutz.de/
https://www.lehrer-online.de/fokusthemen/extremismuspraevention/
https://www.zwangsheirat.de/
https://www.frauen-info-netz.de/
https://frauenrechte.de/
https://www.hilfetelefon.de/gewalt-gegen-frauen/genitalverstuemmelung.html

https://doi.org/10.1515/9783110670059-005

http://www.bpb.de/politik/extremismus/rechtsextremismus/180774/islamfeind lichkeit-islamophobie-islamkritik-ein-wegweiser-durch-den-begriffsdschungel
https://www.bildungsserver.de/Medienkompetenz-2924-de.html
https://www.eukidsonline.de/studienuebersicht/
https://www.mpfs.de/fileadmin/files/Studien/JIM/2017/JIM_2017.pdf
https://www.eukidsonline.de/

Islamische Sekundärquellen

https://listverse.com/2010/02/25/top-10-bizarre-or-ridiculous-fatwas/
https://www.islammarkt.de/Ilmihal-Handbuch-Islam

Interreligiöses

https://christeninnot.com/christenverfolgung/
https://ird.bistum-wuerzburg.de/gespr–chskreis/
https://www.kaiserslautern-kreis.de/aktuelles/detailansicht/artikel/details/zivil courage-und-mut.html
https://www.religionen-entdecken.de/lexikon/b/bird
https://www.bildungsserver.de/Interreligioeses-Lernen-und-interkulturelle-Be gegnung-in-Kitas-3853-de.html
https://www.bibernetz.de/wws/interreligioese-bildung-im-kindergarten.html
http://www.deutsche-islam-konferenz.de/DIK/DE/Service/Bottom/Projektfoer-derung/ProjektfoerderungInterreligioes/projektfoerderung-interreligioes-no-de.html

Reformislam, Aktivisten

http://saekulare-muslime.org/
http://www.liberale-muslime-deutschland.de/
https://heimatkunde.boell.de/2013/11/18/islamischer-feminismus-leitbilder-selbstverst%C3%A4ndnis-und-akteure
http://ismailmohr.de/islam_homo.html
http://www.vereint-im-islam.de/hima-e-v/

Sonstiges

https://www.smb.museum/museen-und-einrichtungen/museum-fuer-islamische-kunst/home.html
http://www.deutsche-islam-konferenz.de/DIK/DE/Startseite/startseite-node.html
https://www.sinus-institut.de/

Literaturverzeichnis

Abdel-Samad, Hamed (2015), Mohammed. Eine Abrechnung, München.

Abdel-Samad, Hamed und Rath, Hans (2016), Ein Araber und ein Deutscher müssen reden, Hamburg.

Arikan, Hasan (o. J.), Der kurzgefasste Ilmihal. Illustriertes Gebetslehrbuch, Köln.

Assmann, Jan (2003), Die Mosaische Unterscheidung oder der Preis des Monotheismus, München.

Ateş, Seyran (2009), Der Islam braucht eine sexuelle Revolution, Berlin.

Baudler, Georg (2005), Gewalt in den Weltreligionen, Darmstadt.

De Bellaigue, Christopher (2018), Die islamische Aufklärung. Der Konflikt zwischen Glaube und Vernunft, Frankfurt/M.

Bobzin, Hartmut und Katharina (2017), Der Koran. Die wichtigsten Texte, München.

Brettfeld, Katrin u. a. (2007), Muslime in Deutschland. Integration, Integrationsbarrieren, Religion und Einstellungen zu Demokratie, Rechtsstaat und politisch-religiös motivierter Gewalt. Ergebnisse von Befragungen im Rahmen einer multizentrischen Studie in städtischen Lebensräumen, Berlin.

Brettfeld, Katrin u. a. (2008), Religion und sexuelle Identität in muslimischen Gemeinschaften, Berlin.

Bundesamt für Migration und Flüchtlinge – BAMF – (2009), Muslimisches Leben in Deutschland, Nürnberg und Berlin.

Bundesamt für Verfassungsschutz (2018), Verfassungsschutzbericht 2017, Berlin.

Ceylan, Rauf (2010), Die Prediger des Islam. Imame – wer sie sind und was sie wirklich wollen, Bonn.

Deutsche Bank (2015), Zielgruppe Zuwanderer, Bayreuth.

Dietrich, Marc und Seeliger, Martin (2019), Islamistischer Pop? Schlaglichter auf einen deutschen Skandalisierungsdiskurs im Gangstarap, in: Barz, Heiner und Spenlen, Klaus (Hrsg.), Islam und Bildung. Auf dem Weg zur Selbstverständlichkeit, Wiesbaden.

El-Mafaalani, Aladin und Toprak, Ahmet (2011), Muslimische Kinder und Jugendliche in Deutschland. Lebenswelten, Denkmuster, Herausforderungen, Sankt Augustin.

El Masrar, Sineb (2016), Emanzipation im Islam – Eine Abrechnung mit ihren Feinden, Freiburg.

El Masrar, Sineb (2019), Muslim Girls, in: Barz, Heiner und Spenlen, Klaus (Hrsg.), Islam und Bildung. Auf dem Weg zur Selbstverständlichkeit, Wiesbaden.

Engelbrecht, Martin (2016), Diskursräume öffnen. Potentiale und Probleme der Einrichtung islamischen Religionsunterrichts am Beispiel des „Erlangener Modells", Nürnberg.

Fischer-Kowalski, Marina (1986), Erziehung zur Gleichstellung, o. O.

Fischer, Mirjam (2017), Antisemitismus bei Muslimen, Bonn.

Franz, Matthias (2019), Beschneidung in Deutschland. Eine Zwischenbilanz aus ärztlicher Sicht, in: Barz, Heiner und Spenlen, Klaus (Hrsg.), Islam und Bildung. Auf dem Weg zur Selbstverständlichkeit, Wiesbaden.

Gärtner, Claudia (2018), Hermeneutik des Fremden, Stuttgart.

Gerlach, Julia (2006), Zwischen Pop und Dschihad. Jugendliche Muslime in Deutschland, Bonn.

Gesprächskreis Christen und Muslime beim Zentralkomitee der deutschen Katholiken (2016), Keine Gewalt im Namen Gottes! Christen und Muslime als Anwälte für den Frieden, o. O.

Gülen, Fetullah (2014), Was ich denke, was ich glaube, Freiburg.

https://doi.org/10.1515/9783110670059-006

Hallenberg, Bernd (2017), Unser Leben in Deutschland Die neuen Migrantenmilieus. Erkenntnisse aus dem qualitativen Teil der vhw-Migrantenmilieustudie 2017/2018, Berlin.
Harari, Yuval Noah (2019), 21 Lektionen für das 21. Jahrhundert, München.
Harari, Yuval Noah (2019), Homo Deus. Eine Geschichte von Morgen, München.
Höbsch, Werner (2017), Einige Thesen zum Interreligiösen Dialog, Bonn.
Jacobs, Andreas und Lipowsky, Janosch (2019), Imame – made in Europe? Ausbildung und Beschäftigung von islamischen Geistlichen in Deutschland und Frankreich, in: Konrad-Adenauer-Stiftung, Analysen & Argumente, Nr. 346, Sankt Augustin.
Johansen, John (1992), Monumente großer Kulturen. Islam, Wiesbaden.
Al-Khalili, Jim (2012, Im Haus der Weisheit, Frankfurt/M.
Kaplan, Ismail (2015), Aleviten in Deutschland, Köln.
Kelek, Necla (2005), Die fremde Braut, Köln.
Khorchide, Mouhanad (2012), Islam ist Barmherzigkeit. Grundzüge einer modernen Religion, Freiburg.
Khorchide, Mouhanad (2013), Scharia – der missverstandene Gott. Der Weg zu einer modernen islamischen Ethik, Freiburg.
Khoury, Adel Theodor (2000), Handbuch Recht und Kultur des Islams in der deutschen Gesellschaft, Gütersloh.
Khoury, Adel Theodor (2008), Der Hadîth. Urkunde der islamischen Tradition. Mehrbändig, Gütersloh.
Krech, Volkhard (2009), Islam und Integration – 12 Thesen, in: Migration – Religion – Integration, Berlin.
Loewe, Markus (2010), Die Diskrepanz zwischen wirtschaftlicher und menschlicher Entwicklung in der arabischen Welt. Ursachen der schlechten Bilanz, Bonn.
Loewenstein, Karl (1931), Militant Democracy and Fundamental Rights, in: American Political Science Review 31/1937, S. 417–433 und S. 638–658.
Meißner, Volker u. a. (2016), Handbuch christlich-islamischer Dialog, Freiburg.
Nagel, Alexander-Kenneth (2016), Religiöse Netzwerke. Die zivilgesellschaftlichen Potentiale religiöser Migrantengemeinden, Bielefeld.
Nagel, Tilman (1994), Geschichte der islamischen Theologie, München.
Neumann, Ursula (1994) Ohne Jeans und Pille. Als „man" noch heiraten mußte, Stuttgart.
Ourghi, Abdel-Hakim (2017), Reform des Islam: 40 Thesen, München.
Paret, Rudi (2015), Der Koran, Mainz.
Rohe, Mathias u. a. (2013), Lexikon des Dialogs. Grundbegriffe aus Christentum und Islam, Freiburg.
Rohe, Mathias u. a. (2015), Handbuch Christentum und Islam in Deutschland, Freiburg.
Schimmel, Annemarie (1981), Und Muhammad ist Sein Prophet. Die Verehrung des Propheten in der islamischen Frömmigkeit, Düsseldorf.
Schirrmacher, Christine und Spuler-Stegemann, Ursula (2004), Frauen und die Scharia. Die Menschenrechte im Islam, München.
Schmidt-Salomon, Michael (2010), Religion und Gewalt. Warum die Religionen keine treibende Kraft für eine Kultur des Friedens sind, Osnabrück.
Schreiber, Constantin (2017), Inside Islam, Hamburg.
Schreiner, Klaus (2008), Heilige Kriege. Religiöse Begründungen militärischer Gewaltanwendung: Judentum, Christentum und Islam im Vergleich, München.
Schröter, Susanne (2016), Gott ist näher als die Halsschlagader, Frankfurt/M.

Seidel, Eberhard (2003), Die schwierige Balance zwischen Islamkritik und Islamphobie, in: Heitmeyer, Wilhelm (Hrsg.), Deutsche Zustände. Folge 2, Frankfurt/M.

18. Shell Jugendstudie (2019), Jugend 2019, Weinheim.

Spenlen, Klaus (2019), Sondieren, abwägen, handeln. Schule und Islam – wie sich 90 Alltagskonflikte lösen lassen, Dortmund.

Stanišić, Saša (2019), Herkunft, München.

Streib, Heinz (2005), Wie finden interreligiöse Lernprozesse bei Kindern und Jugendlichen statt?, Gütersloh.

Strobl, Rainer und Lobermeier, Olaf (2007), Zwangsverheiratung: Risikofaktoren und Ansatzpunkte zur Intervention, in: Schriftenreihe des Bundesministeriums für Familie, Senioren, Frauen und Jugend, Berlin.

Tepe, Peter (2019), Zur Kritik des Fundamentalismus, in: Barz, Heiner und Spenlen, Klaus (Hrsg.), Islam und Bildung. Auf dem Weg zur Selbstverständlichkeit, Wiesbaden, S. 105–128.

Tetzlaff, Rainer (2015), Orient und Okzident – Interne und externe Ursachen für den Bedeutungsverlust islamisch-arabischer Länder gegenüber dem modernen christlichen Europa, Heidelberg.

Tibi, Bassam (2006), Selig sind die Betrogenen. Christlich-islamischer Dialog – Täuschungen und westliches Wunschdenken, Hamburg.

Tibi, Bassam (2008), Die Islamische Herausforderung: Religion und Politik im Europa des 21. Jahrhunderts, Darmstadt.

Wagner, Joachim (2018), Die Macht der Moschee. Der Islam und die Integration, Bonn.

Weber, Max (1904), Die protestantische Ethik und der Geist des Kapitalismus, Gießen.

Wolffsohn, Michael (2015), Zum Weltfrieden. Ein politischer Entwurf, München.

Yazgan, Ayfer (2010), Morde ohne Ehre, Bielefeld.

Zirker, Hans (1999), Der Koran. Zugänge und Lesarten, Darmstadt.

Verzeichnis der Tabellen

https://doi.org/10.1515/9783110670059-007

Verzeichnis der Abbildungen

https://doi.org/10.1515/9783110670059-008

Zum Autor

Dr. Klaus Spenlen, Islam- und Migrationsforscher an der Heinrich-Heine-Universität Düsseldorf. Erziehungs- und Sozialwissenschaftler, Studien in Islamwissenschaften und Staatskirchenrecht. Erfahrungen in den Berufsfeldern Schule, Studienseminar, Ministerium, Deutsche Islamkonferenz.

https://doi.org/10.1515/9783110670059-009